纪念抗日战争胜利七十五周年

抗战大迁徙实录丛书
编委会

主　　任：潘　洵

副 主 任：刘东风　郭永新

顾　　问：张　生　黄正林

编　　委：（按姓氏笔画排序）

　　　　　王兆辉　王勇安　刘志英　张　炜　张守广

　　　　　高　佳　赵国壮　郭　川　唐润明

审　　稿：方大卫

抗战大迁徙实录丛书

丛书主编 潘洵

烽火兵工

王兆辉 著

陕西师范大学出版总社

图书代号：SK20N0720

图书在版编目（CIP）数据

烽火兵工 / 王兆辉著. — 西安：陕西师范大学出版总社有限公司，2020.7
（抗战大迁徙实录丛书 / 潘洵主编）
ISBN 978-7-5695-0839-0

Ⅰ.①烽… Ⅱ.①王… Ⅲ.①武器工业—工业史—史料—中国—近代 Ⅳ.①F426.48

中国版本图书馆CIP数据核字（2019）第104631号

烽 火 兵 工
FENGHUO BINGGONG

王兆辉　著

选题策划	刘东风	张 炜	王勇安	
执行编辑	郭永新	王西莹	胡 杨	
责任编辑	王西莹	王雅琨		
责任校对	陈柳冬雪			
封面设计	张潇伊			
图表设计	荣智广告文化			
出版发行	陕西师范大学出版总社			
	（西安市长安南路199号　邮编710062）			
网　　址	http://www.snupg.com			
印　　刷	中煤地西安地图制印有限公司			
开　　本	720mm×1020mm　1/16			
印　　张	18.25			
插　　页	2			
字　　数	270千			
版　　次	2020年7月第1版			
印　　次	2020年7月第1次印刷			
书　　号	ISBN 978-7-5695-0839-0			
定　　价	88.00元			

读者购书、书店添货或发现印装质量问题，请与本公司营销部联系、调换。
电话：(029) 85307864　85303629　传真：(029) 85303879

总序：气壮山河之大迁徙

潘 洵

抗日战争全面爆发前的中国，不仅经济、文化、教育、科技等十分落后，布局也极不合理，绝大多数现代工业、金融、文化、教育、科技等机构集中分布于东部沿海沿江地区。据国民政府实业部统计，战前工业主要分散在冀、鲁、苏、浙、闽五省及天津、威海、青岛、上海四市，尤其集中于长江三角洲地带的苏、浙、沪两省一市，广大中西部地区川、滇、黔、陕、甘、湘、桂七省共有工厂237家，占全国工厂总数的6.03%，稍具规模的工厂几乎没有。战前全国108所高等院校中大学42所、专科30所，大部分集中在中心城市及沿江沿海一带，其中上海与北平占1/3，而贵州、陕西则一所没有。一旦东部沿海沿江地区遭遇战争破坏，将会给中国经济、文化、教育等带来毁灭性的打击。

从1931年九一八事变，日军炮击沈阳北大营开始，到1945年抗日战争胜利，中国历经了一次史无前例的大迁徙。特别是在全面抗战爆发以后，为了躲避日寇的炮火，为了不当亡国奴，数以千万的社会精英和平民百姓扶老携幼、驮箱推车、风餐露宿，艰难地向大后方迁徙。而同时，在国民政府和社会各界的动员和组织下，各政府机关、厂矿企业、文化单位、科研机构、大中院校、金融机构等也艰难地向西迁移。抗战大迁徙，涉及地域之广、动员力量之大、跋涉路途之遥远、历经时间之长久、辗转周折之艰险、作用影响之巨大，在人类历史上实属罕见。

这场大迁徙始因于1931年日本军国主义对中国东北的侵略。东北大学成为日军侵略下第一所内迁的高等学府,在九一八事变爆发后被迫走上流亡之路,成为第一所流亡大学,揭开了抗战大迁徙的序幕,其先迁北平复课,后又迁开封、西安,最后南下四川三台继续办学。

1935年华北事变后,华北危在旦夕,华北之大,已放不下一张平静的书桌。北平的部分学校、科研及文化机构开始了国难迁徙。位于北平的中央地质调查所、故宫博物院、中央研究院历史语言研究所等陆续南迁南京、上海。

全面抗战爆发后,平津很快沦陷,淞沪会战打响,首都南京岌岌可危,政府西迁迫在眉睫。1937年10月29日,中国军队在淞沪战场上处于不利的形势,蒋介石在国防最高会议上发表《国府迁渝与抗战前途》的讲话,确定以四川为抗日战争的大后方,以重庆为国民政府的驻地。①11月16日晚,国防最高会议正式决定国民政府西迁重庆。国民政府主席林森即席辞别,于当晚乘军舰溯江而上,率领国民政府高级官员及随员800余人离开南京,首途重庆。11月20日,国民政府正式发表移驻重庆宣言:"国民政府兹为适应战况,统筹全局,长期抗战起见,本日移驻重庆,此后将以更广大之规模,从事更持久之战斗。"同日,四川省政府主席刘湘电呈林森,表示"谨率七千万人,翘首欢迎"。12月1日,国民政府宣布在重庆简陋的新址正式办公。

国民政府的西迁,迅速带动中国沿海沿江和中部地区的工业、金融、文化、教育、科技等机构及民众的大规模内迁。"中华民族6000万儿女,政府官员、大学教授、工商老板、小工苦力,他们挈妇带女,扶老携幼,从海边走向大山,从莽莽林海前往黄土高原,从富饶的江南奔赴偏远的西南。他们不分老幼,不分男女,不分信仰,不分党派;为了生存,为了延续民族的血脉,为了抗击日本侵略者,走上艰苦卓绝的迁移之路。"②

为了保存中国经济命脉,支援抗日战争,上海及其他战区的民族企业家纷纷冒险犯难,将机器、设备和员工迁到武汉,继而又转移到西南内地。他

---

① 《国府迁渝与抗战前途》(1937年10月29日),见秦孝仪主编:《总统蒋公思想言论总集》第14卷,中国国民党中央委员会党史委员会1984年版,第655—657页。
② 苏智良、毛剑锋、蔡亮等编著:《去大后方:中国抗战内迁实录》,上海人民出版社2005年版,前言第1—2页。

们长途跋涉，历尽艰辛，迁往内地恢复生产，仅1938年至1940年，内迁工厂448家，有技工12,182人，内迁后复工的308家。①高校内迁也是抗战大迁徙的重要组成部分，从1937年到1944年，经历三次大规模的内迁：第一次是全面抗战开始到武汉、广州会战前，内迁高校达56所，占当时全国高校总数97所的57.73%；第二次是太平洋战争爆发后，内迁高校21所，占21.65%；第三次是1944年2月至12月豫湘桂大溃败时期，原迁在此的21所高校仓促再迁，损失极大。据统计：迁校4次以上的有19所，其中4次的有东吴大学、国立戏剧学校等8所；5次以上的有浙江大学、私立贤铭学院，其中浙江大学两年5次迁徙，途经浙、赣、湘、桂、黔五省，行程5000余里；6次的有河南大学等3所；7次以上的有中山大学、山西大学等5所；8次以上的有广东省文理学院。而迁校2—3次的占绝大多数。②抗战期间迁移高校总计106所，搬迁次数多达300余次。内迁重庆的科学研究学术单位、文化机构也很多，如国民政府国史馆，中央广播电台，兵工署导弹研究所，中央工业实验研究所，中央农业实验研究所，国立中央研究院动物研究所、植物研究所、物理研究所，中国地质调查所，永利化工研究所，中山文化教育馆，国立编译馆，国立礼乐馆，商务印书馆，正中书局，国立中央图书馆，中央电影制片厂等100多家单位。大量报社、出版社也纷纷迁渝，当时国民党的主要大报《中央日报》《扫荡报》《大公报》等，以及共产党的《新华日报》都在重庆印行。在战时四川的"文化四坝"中，重庆就占据了"文化三坝"（北碚夏坝、市区沙坪坝、江津白沙坝）。重庆出现文化机构云集、文人荟萃的局面，大大推动了重庆文化的繁荣。随着战争的持续，大量东部、中部地区的人口也纷纷内迁，据国民政府铁道部部长、交通部部长张公权先生估计"到1940年，沿海各省逃往大后方的人民，从一亿八千万增加到二亿三千万，以致全国人口总数之一半定居于中国后方"③。而据陈达统计，七七事变后短短数年中，全国城乡共有一千四百二十五万人迁往后方。④陈彩

---

① 国民政府经济部：《经济统计月报》，1940年第4期。
② 季啸风主编：《中国高等学校变迁》，华东师范大学出版社1992年版。
③ 张公权：《中国通货膨胀的历史背景和综合分析》，见中国人民政治协商会议全国委员会文史资料研究委员会编：《工商经济史料丛刊》第1辑，文史资料出版社1983年版，第147页。
④ 陈达：《现代中国人口》，天津人民出版社1981年版，第93页。

章认为大后方除有组织的迁移人口外，仅难民就收容了一千余万人。① 而陆仰渊认为迁移人口多达五千万。②

太平洋战争爆发后，美国好莱坞著名导演弗兰克·卡普拉根据美国国防部参谋长马歇尔元帅的要求，制作完成了反映第二次世界大战真相的系列纪录片Why We Fight（《我们为何而战》），其中的第六集是1944年制作上演的The Battle of China（《中国战事》）。该纪录片以相当长的篇幅记述了抗战期间中国大迁徙的景况：

> 三千万人被本能驱赶着向西移动，路上崎岖难行，他们没有铁路快车可搭，在二千英里没有道路的荒地中往西移动，全世界目睹人类史上最不可思议的景象之一，史上最大的迁徙。任何可以使用和搬动的东西都被中国人带上路，他们的图书馆，他们的学校，他们的医院，全都被拆下来带走。一千多家工厂的机器，重达三亿多磅，被用卡车运走，用牛车运走，以及扛在背上带走。二千多英里的路程，向西二千多英里，只要可以，他们就聚集在仅存的少数几条铁路旁，等待着，希望在前往西方的目的地时，火车能多少载他们一程，当最后的一部火车载满人和机器后，铁轨也被拔起，一个横轨接着一个横轨，一块枕木接着一块枕木，都将运往西方，不留下任何东西给敌人。每一条往西的河都载满船只，每个舢板、每个驳船，都行在水面上，运送新中国所需的工具到河岸。什么也阻挡不了他们，即使是山谷里的狭窄河流也一样，运送比生命重要的机器往西行。旅程是以英里计，以英尺计，以英寸计，流着汗水一步步披荆斩棘，没有火车、没有船、没有牛车的地方，还是有自动帮忙的勤劳人手，三千万人往西迁移，往西离开侵略者，往西离开奴役与死亡，往西寻找自由。

中国铅笔工业奠基人，有"铅笔大王"之称的企业家吴羹梅曾回忆抗战内

---

① 陈彩章：《中国历代人口变迁之研究》，上海书店出版社1946年版，第112页。
② 陆仰渊、方庆秋主编：《民国社会经济史》，中国经济出版社1991年版，第636页。

迁经历："那是1937年8月，我在上海经营的中国标准铅笔厂为了救亡图存，加入了内迁的行列。由于上海江运已被日寇封锁，大轮船不能通过，同时火车又多被军队征用，陆路运输也不可能，因而只好出重价雇用木船，由小火轮拖到镇江，再以江轮转驶武汉。我与全体职工在敌机轰炸、炮火连天的危险时刻，争分夺秒，随拆随运。我们将拆下的机件，装上木船，在船外以树枝茅草伪饰，掩蔽船内物资。各船沿苏州河前行，途中遇到敌机空袭，就停避在芦苇丛中，空袭过去，再继续前进，终于经镇江运达武汉。次年三四月间，武汉吃紧，再迁宜昌。后因宜昌势难久留，又不得不溯江西上。宜昌以上川江，滩多水浅，只有木船可用。其时搁在武昌待运的物资堆积如山，运输大成问题。我们与工矿调整委员会武汉办事处负责人林继庸、李景潞多次商谈，承协助租到白木船几百只，始得成行。由宜昌至重庆水路全线1300哩，沿线有险滩75处，水流甚急，须由纤夫在岸上拉纤前行，速度很慢。过滩时，因水位不平，船头被纤拉住，往上倾斜，极为危险。如逢小轮急驶而过，激起高浪，最易倾覆沉没。我厂所租的白木船被浪涌入，有两只倾覆，物资落江，损失不小。我们就这样辗转设法把工厂的设备和物资，迁到了抗战后方的重庆。"[1]

抗战大迁徙是一曲撼人心弦的悲歌。由于国民政府对日本侵略的严重性、紧迫性认识严重不足，直到抗战全面爆发，日寇占领平津，上海即将沦陷，决定迁都重庆前不久，国民政府才匆忙部署政府机关和工矿企业的西迁事宜，造成了很大的被动。而对大中院校、文化单位、科研机构等的迁徙，更是缺乏统筹计划和组织，大多只能各自为政。且由于时间仓促，有的直接毁于战火，有的未来得及搬迁便沦于敌手，有的搬迁计划多次变更，搬了又迁，费尽周折。当时交通极不发达，公路铁路很少，西迁主要靠长江水道，运输能力严重不足。迁徙之路还不时面临日军的狂轰滥炸。更多的人只能靠双脚行走，肩挑背驮，颠沛流离，风餐露宿，艰难西行。

抗战大迁徙是一曲气壮山河的壮歌。对于大规模的工厂、机构的搬迁，即使在和平时期也是一项复杂的工程。但广大内迁员工同仇敌忾，满腔热情

---

[1] 孙果达：《民族工业大迁徙——抗日战争时期民营工厂的内迁》，中国文史出版社1991年版，序言第1页。

地投入搬迁，废寝忘食，夜以继日地拆卸、包装、装车、装船、造册，无论是机器设备，还是实验器材，无论是桌椅板凳，还是文物图书，都尽一切可能搬运到大后方。无论在迁徙途中，还是在大后方重建，完全陌生的环境，持续不断的无差别轰炸，无休无止的通货膨胀，"衣"的简朴、"食"的匮乏、"行"的艰难、"住"的简陋、"活"的困苦，都没有动摇他们一路向西的意志和抗战救国的信念。

抗战大迁徙是一曲可歌可泣的赞歌。抗战的西迁，粉碎了日军威迫中国首都、要挟国民政府妥协投降的企图，特别是国民政府移驻重庆，"一则防为城下之盟，一则更坚定抗战之决心，俾便从容为广大规模之筹计，使前方将士、后方民众感知政府无苟安求和之意念，愈加奋励"。抗战大迁徙，建立了一个长期抗战的战略后方基地，对支撑长期抗战，争取抗战最后胜利奠定了坚实的基础。"播迁想见艰难甚，辛苦谁争贡献多，宝气精心应不灭，从头收拾旧山河。"[①]抗战大迁徙，也给中国西部经济、文化、科技的发展创造了一个特殊的、前所未有的机遇。不仅为国民政府正面战场的抗战提供了物质基础，也在一定程度上调整了全国经济、文化、科技布局不均的状况，带动了西部地区经济、文化和社会事业的发展，极大地促进了西部地区的现代化发展。

抗战大迁徙，实现了抗击日军侵略的重大战略转移，奠定了中华民族持久抗战的坚强基石，是一部民族解放战争史上气壮山河的壮丽史诗。

为了再现抗战大迁徙波澜壮阔的历史画卷，弘扬伟大的抗战精神，陕西师范大学出版总社与西南大学中国抗战大后方研究中心共同策划推出"抗战大迁徙实录丛书"。该丛书包括《国府西迁》《文化存续》《金融对垒》《守望科学》《烽火兵工》《工业重塑》等六卷，由长期从事中国抗战大后方历史研究的学者编著。经过多年的不懈努力，力图以学术的视野，故事化的文字，并辅之以生动的图片，全景式呈现抗战大迁徙中那些颠沛流离的生活、悲欢离合的故事、可歌可泣的事迹和不屈不挠的抗争，给广大读者提供一套兼具思想性和可读性的学术读物。

---

① 黄炎培为迁川工厂出口展览会的题词，1942年2月。

引 言

中国近代兵器工业，继承于洋务运动的遗留成果，走过了一段崎岖而险峻的发展道路。在晚清洋务运动的数十年间，以曾国藩、李鸿章、张之洞等为代表的洋务派在全国各地发展中国第一批近代兵器工业，兴建了包括以安庆内军械所、江南制造局、金陵制造局、福州船政局、天津机器局、湖北枪炮厂等为代表的晚清兵工厂。这些工厂披荆斩棘，奋起直追，拉开了中国近代兵工事业的重重帷幕，逐渐建立了一套初具规模的近代兵器工业体系。从此，中国走上了一条以建设"兵器工业"为先导、以"富国强兵"为目标的近代化发展道路。

但是，由于在清廷封建专制政治体制管控下，洋务派创办的这些近代化兵工厂多采用旧式的衙门式管理，管理体制管控落后于时代的发展要求，暴露出积习难除的诸多问题。彼时，三元里抗英事件被国人广为传唱，是世人津津乐道的中国人民战胜西方近代化军队的典型案例。即便洋务派的中坚人物李鸿章也认为："中国文武制度，事事远出西人之上，独火器万不能及。"这表明，洋务派中作为中国开眼看世界的最早的一批有识之士，亦深受时代局限，未能触及封建专制制度，没有意识到封建政治体制才是阻碍中国走向富国强兵道路的根本所在。

甲午战争时期，号称"远东第一舰队"的北洋海军全军覆没。在当时，中国海军的武器装备等整体实力已经超过日本海军，可见中国败于日本，不是败于兵器，而是败于战略战术，败于封建体制，败于陈旧思想。甲午战争期间，日本海军司令伊藤在给中国海军舰长邓世昌的信函中坦言："贵国的现状无疑是一种政治体制的结果。……现在这种体制已经过时了。一个民族不可能在关闭中生存。您知道日本帝国在过去的30年中是如何在艰苦的环境中度过的，我们又是如何摒弃了旧制度而采用了新制度。贵国也应采取新的生活方式，否则它将灭亡。"在近代历史上，中国的洋务运动与日本的明治维新几乎是同步开启了国家的现代化改革道路。然而，正如伊藤所言，由于清廷未能动摇中国两千四百年的封建体制，尤其是在政治体制改革上毫无建树，使得清廷积重难返，逐渐落后于世界的发展潮流。

晚清时期，洋务运动以"兵工"为先，开启的中国近代化道路，可谓举步维艰。由于清廷在中央没有设立全国统一的兵工管理机构，故而没有能力对全国兵工进行有效统一的管理，只得将兵工这一"国之重器"托付给各地的洋务派。各地的洋务派往往是由拥有行政、财政及军政实权的地方督抚大员领导，近代化兵工厂的建设发展又不断增强了督抚的军事力量，逐渐形成地方割据，这成为晚清政治体制中的"痼疾"，也为民国初年地方将领与政府"分庭抗礼"的军阀割据埋下了隐患。并且，地方力量的扩张映射到兵工建设领域，使得政府对兵工的统筹管理及建设发展存在重大弊端，导致中国近代兵工事业发展长期处于各自为战的分散、无序状态。这主要表现为：其一，在兵工生产的武器装备方面没有实行统一制式标准，使得中国近代兵工事业的实际成果大打折扣。武器装备生产制式统一是兵器工业的基本的标准规范，制式不统一不仅制约着兵器工业的发展壮大，也严重影响着国家军队的战斗力。一直到南京国民政府时期，中国近代兵工的中央管理与"制式化"问题始终未能解决，这严重影响着中国近代兵工事业的进步。其二，晚清近代兵工厂在选址问题上，缺乏长远的统筹安排。兵工厂主要创设于交通便利的沿江口岸，以方便运输进口所需要的机器、原料、人才，便于枪炮、弹药等武器装备的转运；但随着兵工厂的建设发展，掌握这些兵工的洋务派督抚大员开始变得拥兵自重，以致各自为政，"厂随将走"成为普遍现象。这时，以兵工为支撑的军事利益集团形成，清廷逐渐丧失了对兵工厂的实际控制能力，中国兵工的布局调整更是难上加难，这也深刻影响着中国政局乃至国家的统一。

中华民国成立伊始,北洋军作为洋务运动的产物,直接掌控了中国第一批近代化兵工厂。在袁世凯死后,北洋军群龙无首,各地的北洋军将领拥兵自重,终于演变成为割据一方的军阀。这些北洋军阀为了维持地方的割据局面,纷纷扩大势力范围,不遗余力地同西方列强签订媾和条约,不惜血本地购置列国新式武器,并在晚清遗留下来的兵工厂的基础上不断发展自己的兵器工业,进而导致了民国初年军阀混战的政治格局,给中国兵工的布局调整带来更大困难。北洋政府时期,不同派系军阀背后依附的外国势力不同,军阀所辖兵工厂引进的机器设备来源国因而有异,生产的武器装备也不一样。到南京国民政府时期,无论是国内兵工厂仿制,还是从国外进口,德国的大炮、俄国的机枪、法国的步枪、美国的手枪、英国的弹药等五花八门的枪械弹药遍布全国各地军队,兵器杂乱纷呈,可谓"万国造",统一制式难上加难。

1928年,国民革命军第二次北伐成功,国民政府在形式上完成了统一中国大业。11月,国民政府成立军政部,下设兵工署,与陆军署、海军署、航空署并列,统筹管理全国的兵工建设事业,使中国兵工事业开始走向制度化、规范化的发展道路。1932年,国民政府参谋本部设立了国防设计委员会,军政部则提出了兵工三年发展计划,由兵工署具体推广实施。自此,国民政府开始有针对性地整顿兵工事宜,乃至进行全国军事建设。在国防设计委员会统筹下,国民政府相继拟具了《国防军事建设计划》《国防军备十年计划》《国防航空五年计划》《兵工整理计划》等指导性纲领文件。1933年,弹道学家俞大维担任兵工署署长之后,开始建立兵工研制生产的制度与标准,发展光学仪器,制造防毒面具,筹建新式炮厂,积极为中日战争做准备。其间,国民政府还获得德国的军事援助,拥有了德制M1924步枪、马克沁重机枪全套图纸,并加以试制仿造及改良,使中国兵工制式化建设迈出了真正的第一步。

不过,从1928年到1937年兵工大规模内迁期间,全国大多数地区的兵工厂依然掌握在各地将领手中。广西、湖南、湖北等地的兵工由桂系将领控制，东北地区的兵工由奉系张学良掌控，广东、福建地区的兵工在粤系陈济棠手中，山西、绥远地区的兵工是阎锡山的禁脔，山东、河南地区的兵工由冯玉祥控制，四川地区的兵工由刘湘掌握。军阀割据势力在某种程度上使得抗战兵工内迁计划迟迟得不到实施。早在1935年6月15日，蒋介石就给兵工署署长俞大维下达命令："凡各兵工厂尚未装成之机器，应暂停止，尽量设法改运于川黔两厂，并须秘密陆续运输，不露形迹，望速派妥员来川黔筹备整理。"可是由于种种原因，抗战兵工的迁移工作进展缓慢。1937年8月淞沪会战后，11月日军侵占上海，12月旋即攻陷南京。随后，日军溯长江而上，占领长江三角洲地区。国民政府一面宣布迁都重庆，一面心存侥幸，低估日军侵华的战略意图，将主要行政机关移驻武汉办公，部分兵工单位第一次只迁移到武汉周边地区复工生产，如上海炼钢厂。而湖北本地的汉阳钢铁厂、汉阳兵工厂等尚没有搬迁计划。同时，从另一个层面来说，为了保障抗战前线的武器弹药供应，兵工厂甚至坚持到了最后一刻才得以搬迁。1937年10月17日，兵工署紧急命令各兵工厂："查现时军需补给至关重要，前后方固站在同一战线上，各兵工机关非特应维持现有工作，且须增加效率至最高限度，方克有济"，"各厂非至不得已，不作迁移之举"。直至11月15日，各兵工单位才得到兵工署统一的迁移指令，在仓促之间急忙内迁。

在内迁完成之后，国民政府终于统一了全国兵工单位的管理运行机制。中国近代兵工建设形成了以重庆为中心，辐射四川、云南、贵州、湖南、广西、陕西等地的新布局，为抗日战争输出了大量的武器弹药，使国民政府军队正面作战不至于弹尽药绝而不战崩溃，为中国人民的抗日战争做出了巨大贡献。1938年12月21日，国民政府军事委员会政治部部长陈诚在重庆举行的外籍记者招待会上，就中国抗战的军械问题发表谈话："军械问题，自战争发生后，我重要兵工厂均已由东南迁往西南各省，业已开始大量出品，目前的产量，足供长期抗战，故一年半来掩护工作，完全成功。"① 在全面抗战之际，尽管有种种失策之处，有万般损失之实，在艰苦卓绝的环境中，中国兵工事业整体上

---

① 《陈诚答外籍记者提问》，原载1938年12月24日《新华日报》。

并没有严重萎缩。诸多兵工厂及其员工以民族大义为己任，树立了牢固的大局意识，在国家号召下艰难迁徙；弘扬了崇高的爱国精神，在重重困难中复工生产；发扬了无畏的英雄气概，在空袭轰炸下坚持生产。广大兵工人积极研发和改进兵工生产技艺，在自主研制生产能力上不断推陈出新，从光学望远镜到各种钢铁冶炼基本实现了自力更生。他们加班加点生产械弹装备，在枪械弹药等数量、产量上也有了极大提高，大多数品种的械弹产量比内迁之前都有了几倍甚至几十倍的高速增长，基本保障了抗战前线的武器装备供应。

抗战胜利后，《国民政府政绩报告》中指出："在珍珠港事变以前，所有兵器弹药均恃自力供应。"珍珠港事变之后，"盟邦始逐渐加以援助，但延至三十三年，有一部分取给于租借或贷与者，终以运输困难，大部分仍赖本国兵工厂之产量以维持……"蒋介石在南京召开的一次军事会议上特别强调道："……浴血抗日战争，艰苦备尝，我们的兵工厂支援了十大战区，三百二十万部队所需的武器、弹药供应……对国家的贡献是无法估计的。"抗战时期长期担任兵工署上级主管机关军政部部长的何应钦亦赞称，"在战时，枪炮弹药，补给无缺，得归功于42座兵工厂的生产"，"抗战以来，绝无因粮弹不济而致影响军事失利者"。这可谓对国民政府抗战时期大后方兵工事业建设发展的最高赞誉。

目　录

第一章　临时行宜：兵工内迁频向西 / 1

　　抗战前夕，兵工现状 / 3

　　东北三省，莫大损失 / 8

　　兵工整理，初步成形 / 14

　　兵工建设，着点西移 / 19

　　举国行动，智者先行 / 23

　　兵工迁徙，频向西行 / 29

　　组织实施，调整改制 / 40

第二章　中流击水："敦刻尔克"大奇迹 / 47

　　沪宁撤退：长江撤退序幕 / 49

　　汉宜转运：俯身更往深处 / 58

　　宜昌大撤退：凤凰浴火重生 / 68

　　宜昌再抢运：虎口险象环生 / 81

第三章　嘉陵之边：大后方兵工基地 / 87

　　两江重点布局，形成兵工集群 / 89

　　重庆兵工之强，位列全国之最 / 95

　　第二十一工厂：大后方兵工集群的中坚力量 / 99

　　各兵工厂：凝聚抗战军备力量 / 110

钢铁厂迁建委员会：大后方最大的钢铁联合企业 / 120
　　南川海孔洞：飞出中国第一架运输机 / 135
　　迁川的两家军用化学单位 / 141
　　虎啸风生，过化存神 / 145

第四章　湘滇黔桂：大后方兵工羽翼 / 155

　　第十一工厂：抗战最前线的兵工厂 / 157
　　彩云之南：大后方兵工要地 / 167
　　桂黔兵工：迂回曲折中前行 / 180

第五章　群贤毕至：铸造精兵为射日 / 193

　　海外赤子，诠释爱国情怀 / 195
　　少长咸集，哺育兵工英才 / 205
　　勤勉励耕，造就华彩篇章 / 215

第六章　英雄留名：咱们工人有力量 / 229

　　舍家弃子为抗战，不畏艰险度劫波 / 231
　　遗爱犹存报国志，遍地开花护中华 / 239
　　赤胆忠心忙生产，钢筋铁骨铸英魂 / 249
　　爱憎分明不忘本，立场坚定斗志强 / 261

后记 / 270

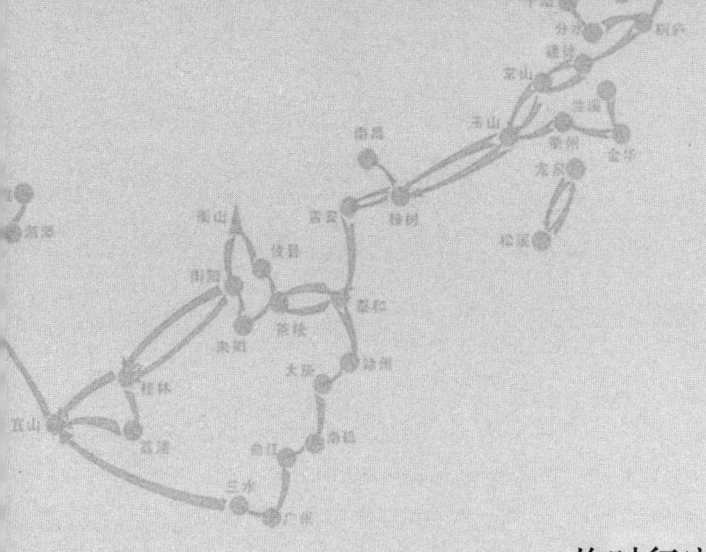

第一章
临时行宜：兵工内迁频向西

纵观中国近代的兵工事业，与日本、俄国相比较，起步并不算晚，发展也不算慢，多家兵工厂甚至一度超过日本，雄踞亚洲第一。但是，由于国家政治格局不统一，军事纷扰不断，人事更替频繁，以致慢慢落后于世界潮流发展的步伐。1928年国民政府军政部兵工署成立以后，始致力于全国兵工的整体布局与发展。然而，由于日本发动的侵华战争，中国近代兵工经过短暂的整顿之后，踏上了漫漫西迁征途，并在迁徙过程中再次进行改制调整，推进了兵工生产的专业化与管理的科学化。

抗战前夕，兵工现状

1950年6月18日，国民党军政元老、曾担任台湾地区领导人的陈仪在蒋介石的授意下，由蒋鼎文监刑，于台北马场町被枪决。

当时停驻巴黎的翁文灏赋诗《哭陈公洽》曰："海陆东南治绩丰，惊心旦夕弃前功。试看执楫理财士，尽出生前识拔中。"

1929年4月至1932年4月，陈仪执掌国民政府刚成立未满半年的军政部兵工署，担任兵工署署长。在此之前的1928年3月，陈仪率领国民政府考察团，赴德国、意大利、瑞典、瑞士等国，重点考察德国的国防军事相关工业。其间，陈仪不仅招募到了一些国外的军事将领和技术人员，更提拔、奖掖了很多中国留学生。陈仪招揽到的为国民政府服务的留学生，很多成为中国战时兵工的重要领导或专家骨干，这其中最著名的当首推俞大维。"透过谭延闿和俞大维的关系，陈仪又认识了许多中国留学生。当中有不少人是冯玉祥派去的，冯在国内势力减弱后，这批学生在德国顿时无所适从，他们便一一为陈仪所延揽……"①陈仪担任兵工署署长之后，这些留学生也有不少人，如俞大维、郦坤厚等进入兵工署及各附属兵工单位，为中国战时兵工事业发展提供了重要的人才智力支撑。

1928年，随着国民革命军第二次北伐的成功，国民政府基本完成对全中国的形式统一。由此，兵工事业进入全国统筹发展时期。11月，国民政府设立军政部，主管全国陆、海、空军行政事务，隶属于国民政府行政院。军政部下设陆军署、海军署、航空署、军需署、兵工署与审查处。其

---

① 李元平：《俞大维传》，台湾日报社1993年版，第33页。

中，兵工署主管兵工技术、军火制造、军械行政事务，由国民政府军政部政务次长张群兼任兵工署第一任署长。在同年12月11日颁行的《军政部兵工署条例》中规定："兵工署直隶于军政部，掌管全国兵工及关于兵工之一切建设事宜。"①随后，国民政府对兵工厂开展了组织编制规范建设。1929年10月，在谭延闿主持下，行政院颁布了《兵工厂组织法训令》，具体规定了兵工厂编制体系。1931年7月，时任行政院院长的蒋介石发布训令，颁布了《修正兵工厂组织条例》。明确规定：兵工厂直隶于军政部兵工署，制造陆、海、空军军用各种兵器、弹药、器具及材料，兵工厂设厂长一人，有必要时，得设副厂长一人，兵工厂下设总务处、审计科、工务处、审检处及教育委员会。②自此，我国兵工事业的组织建设初步完善，开始在制度规范下有序地发展起来。

兵工署全体职员合影

在1931年日本发动九一八事变前夕，据国民政府军政部兵工署统计编制的《全国兵工厂一览表》，纳入国民政府兵工体系行列的主要兵工厂有上海兵工厂、金陵兵工厂、汉阳兵工厂、巩县兵工厂、成都兵工厂等13家。这些兵工厂数量不多，布局分散，规模不一，但实际构成了中国近现代兵工事业的核心力量，也成为中国十四年抗日战争的重要支撑和保障。

① 《中国近代兵器工业档案史料》编委会编：《中国近代兵器工业档案史料》第3辑，兵器工业出版社1993年版，第12页。
② 参见《修正兵工厂组织条例》，贵州省档案馆藏，全宗号02，卷号255。

第一章　临时行宜：兵工内迁频向西

■ **全国主要兵工厂一览表（1931年3月13日）**[①]

| 1864年 | 金陵兵工厂在南京开工，包括制枪厂、制弹厂、制药厂。共1100名工人。月出马克沁机关枪35挺、修理步枪250支；日出子弹9万发、18千克、50千克飞机炸弹共700枚 |

| 1865年 | 上海兵工厂在上海开工，包括制炮厂、制枪厂、炮弹厂、枪弹厂、制药厂、机器厂。共3300名工人。月出30节机关枪64挺，6寸及8寸白郎林手炮20把，克式75山炮6门，克式陆炮1门，八二及四五迫击炮50门；日出枪弹17万发，开花弹200发，无烟药320千克，50、18千克飞机炸弹1000枚 |

| 1875年 | 成都兵工厂在成都开工，包括造枪厂、造弹厂、造药厂、硫酸厂。共1000名工人。日出枪弹3万发，无烟药100千克，步枪数十支，机关枪、自来得手枪等若干 |

| 1877年 | 济南兵工厂在济南开工，包括子弹厂、机器厂、炸弹厂。共1500名工人。月出子弹250万发，手榴弹3万个，50千克飞机炸弹500枚，18厘米飞机炸弹1000枚 |

| 1887年 | 广东兵器制造厂在广州开工，包括枪厂、机关枪厂、机关弹厂、无烟弹厂、无烟药厂、机器厂。共1860名工人。月出79步枪1200支，马克沁机关枪15挺，枪弹150万发，手提机关枪30挺，七五炮弹1600发，无烟药320千克 |

| 1891年 | 汉阳兵工厂在汉阳开工，包括制枪厂、制炮厂、制弹厂、机器厂、制酸厂、无烟药厂、动力厂。共4540名工人。月出30节机关枪52挺，自来得手枪200把，10年式山炮2门，三七平射炮8门，八二及七五迫击炮20门及其弹各600枚，50、18千克飞机炸弹共500枚；日出步枪200支，枪弹15万发，无烟药450千克 |

| 1904年 | 开封兵工厂在开封开工，包括子弹厂、炼铜厂、翻砂厂、木工厂、机械厂、修理厂。共1100名工人。日出各种枪弹数万发，马克沁机关枪、自来得手枪、迫击炮、迫击炮弹等若干 |

| 1911年 | 云南兵工厂在昆明开工，包括子弹厂、锉工厂、机器厂、砂模厂、木样厂、熟铁厂。共320名工人。月出七五炮弹66发，瓦斯弹200枚，55炮弹130发，三七炮弹66发，68步枪10万发，机关枪弹6万发 |

| 1921年 | 巩县兵工厂在河南巩县开工，包括制枪厂、炮弹厂、机器厂、动力厂。共2400名工人。月出79步枪1300支，俄式双轮马克沁机关枪12挺，15厘米迫击炮22门，七子母及开花弹5500枚，八二迫击炮弹10,000发，15厘米迫击炮弹3500发，木柄手榴弹20,000个 |

| 1921年 | 辽宁兵工厂在沈阳开工，包括炮厂、枪厂、炮弹厂、枪弹厂、药厂、发电厂。共17,000名工人。1929年度规定全年出13式轻机枪300挺，17式重机枪50挺，77野炮40门，10厘米轻榴弹炮8门，10.5厘米榴弹炮2门，七五山炮26门，三七平射炮50门；日出13式79步枪130支，三七炮弹120发，77炮弹365发，枪弹41万发，黄色炸药230千克，TNT700千克，硝铵炸药700千克，茗压药22千克 |

[①] 参见《中国近代兵器工业档案史料》编委会编：《中国近代兵器工业档案史料》第3辑，兵器工业出版社1993年版，第234页。

5

续表

全国主要兵工厂一览表（1931年3月13日）

1921年	山西军人工艺实习厂在太原开工，包括电机厂、机器厂、木样厂、熔炼厂、铁工厂、制枪厂、制炮厂、枪弹厂、炮弹厂。共8000名工人。日出三八式65步枪40支，哈奇开斯机关枪20支，子弹8万发，无烟药180千克，恺字炸药700千克，黄色炸药90千克；月出七五山炮30门，冲锋机关枪1000挺，自来得手枪400把，七五炮弹500发，10厘米炮弹50发
1927年	衡阳军械所在湖南衡阳开工，包括机枪厂、子弹厂、压片厂、炼铜厂、烘片厂、模具厂、机械厂、锻工厂、木工厂、翻砂厂。共800名工人。月出30节机关枪18挺，自来得手枪300—400把，枪弹30万发
1931年	华阴兵工厂在陕西华阴开工，包括机器厂、枪炮厂、炮弹厂。共1000名工人。月出30节机关枪10挺，50千克飞机炸弹300枚，18千克飞机炸弹600枚，15厘米迫击炮10门，15厘米迫击炮弹1500发

张 群

张群（1889—1990），字岳军，四川华阳（今双流）人，国民党元老。1908年留学日本振武学堂，与蒋介石为同学，同年加入同盟会，曾参加辛亥革命、二次革命、护法运动等。南京国民政府时期，张群被称为"蒋介石的怀刀"，始终为蒋介石出谋划策，护卫左右。曾任兵工署署长、同济大学校长、上海特别市长、外交部部长、行政院副院长、重庆行营主任、国防最高委员会秘书长、成都行营主任兼四川省政府主席等职务。

1949年，张群由香港到台湾。1990年12月14日，张群在台北病逝，享年101岁。15日，中华人民共和国主席杨尚昆发去唁电，表示哀悼。

陈仪（1883—1950），原名陈毅，字公侠，后改字公洽，号退素，浙江绍兴人。1902年陈仪留学日本，先后入读振武学校、士官学校，比张群早五期。曾担任浙江省省长、国民政府军事委员会委员、军政部常务次长兼兵工署署长、福建省政府主席、浙江省政府主席等职务。抗战胜利后，陈仪担任台湾地区领导人，负责接受台湾地区的日军受降。因任内发生的"二二八"事件，历来备受争议。

1950年6月18日，陈仪被枪决于台北，终年67岁。

1980年，中共中央追认陈仪为"中国人民解放事业贡献出生命的爱国人士"。

陈　仪

东北三省，莫大损失

1931年九一八事变后，日军几乎兵不血刃地占领中国东北三省地区。当时号称亚洲最大的兵工厂——东三省兵工厂，以及东北各兵工单位遂被日军鲸吞。这可谓中国近现代兵工事业遭受的一次莫大损失。

在白山黑水之间，胡子出身的张作霖逐渐崛起，被任为东三省巡阅使，盘踞东北，号称"东北王"。1922年4月，张作霖率领东北奉系发动了第一次直奉战争，但不敌"常胜将军"吴佩孚统帅的直系军队，大败而归，退回关内。自此以后，张作霖自任东三省自治保安总司令，宣布东三省独立，企图以武力实现地方割据。并且，张作霖痛定思痛，采纳郭松龄与张学良的建议，积极整军经武，大力整肃奉军，并大规模兴建兵器工业，将奉天军械所扩建为东三省兵工厂，以备军事扩张。

东三省兵工厂，也称沈阳（奉天）兵工厂、东北兵工厂或辽宁兵工厂，始筹建于1919年。1921年张作霖下令正式建设，初设枪弹、无烟药、枪炮弹三厂，后增设新枪弹厂，又设机器厂、炼钢厂。1923年添设新炮弹厂，筹设电机厂，并将奉天军械厂归并于兵工厂。经过屡次扩建，到1928年，东三省兵工厂占地3243亩，厂房绵延2.5千米，盖有枪弹厂、炮弹厂、枪厂、炮厂、药厂、铸造厂、火具厂、兵器厂、制酸厂、造币厂等10余种生产单位。东三省兵工厂设备先进，生产优良，"普通的机器和工具，如车床、刨床、铣床、钻床、钳台等厂内均能制造，无须外购。枪弹、炮弹、火具三厂，实行一条龙生产"，"枪厂和药厂的设备都是国内技术人员设计，机械化、自动化程度也很高。至于炮厂、炮弹厂、铸造厂都是最新的设备。炮厂的生产过程完全机械化、自动化；铸造厂设有3吨电炉，可以炼制普通工具钢"。①同时，东三省兵工厂内设立科学研究会，集中研究火药、兵器、弹道、冶金、工程等兵工科学技术，并附设员工俱乐部、兵工学校、医院与宿舍等机构。此时，东三省兵工厂有职员1070多人，工人约18,000人，卫兵稽查1300多人，工人最多时达到25,000人，并聘日本、德国、俄国、瑞典等国兵工技师，机器8000余部。②可以说，东三省兵工厂是当时中国兵器事业体系中一个种类齐全、组织完善的大型综合性兵工研制与生产基地。据原东三省兵工厂材料处处长沈振荣撰写的回忆记载，在当时，东三省兵工厂生产规模甚是惊人，月生产各式步枪、轻重机枪4000余支/挺，枪弹1500万发，火药约180吨，另在1924年至1931年九一八之前，生产野炮、山炮、迫击炮、高射炮、加农炮、榴弹炮等各种炮类超过1200门。③这是当时我国东北地区，也是北洋政府至南京国民政府时期全国规模最大的兵工厂，号称亚洲最大的兵工厂。甚至，东三省兵工厂"不仅全国第一，即日本人亦为之侧目"，称东三省兵工厂为"东方第一"。④

1928年12月，张学良宣布"东北易帜"后，东三省兵工厂大为裁撤，并开始注意转向民用生产。至1931年5月，东三省兵工厂仍有工人8000余人，包含外国技师在内职员1062人，生产规模在全国亦名列前茅。与此同时，辽宁迫击炮厂制造的中国第一辆民生牌75型载货汽车正式下线，并受到中华全国道路建设协会的邀请，在该会建会十周年上海展览会上展出。9月12日，国产民生牌汽车一经展出，顿时轰动全国，人们争相传颂，国人深以为傲。这也足见当时东北兵工事业的研制生产能力，位居全国之冠。

---

① 郝秉让：《奉系军事》，辽海出版社2000年版，第153—154页。
② 参见辽宁省地方志办公室编：《辽宁省地方志资料丛刊》第4辑，1987年版，第197页。
③ 参见辽宁省机械工业委员会军工史志办编：《辽宁军工史料选编》第2辑《近代兵器工业》，1988年版，第146页。
④ 文公直：《最近三十年中国军事史》第1卷，上海太平洋书店1930年版，第54页。

日军占领东三省兵工厂

九一八事变当晚，日军炮轰东三省兵工厂。次日，东三省兵工厂落入敌手。东北兵工厂库存的大量武器弹药也悉数被日军占有，计有各种炮600余门，步枪、手枪与轻重机枪10万余支/挺，枪弹约1.8亿发，损失市值超过3.2亿洋元。这些武器弹药遂成为日军侵略中国的工具。具体如下表所示：

■ 九一八事变东三省兵工厂武器弹药损失一览表

名称	数量
13式65机关枪	43挺
丹麦式机关枪	5挺
手提式机关枪	1挺
伯尔格罗机关枪	412挺
沪造七九手提机枪	1挺
俄式仿马克沁七九机枪	1挺
新式机关枪	2挺
大沽造马克沁七九机关枪	14挺
11年式机关枪	11挺
呢鸦式机关枪	41挺
七九手提式机枪	20挺
骑兵机关枪	55挺
七九捷克式机枪	2000挺
17式机关枪	153挺
三八式步枪	2500支
20式步枪	900支
13式七九步枪	72,679支
意造65步枪	120支
单响毛瑟步枪	67支
七九单筒步枪	9932支
七九长筒新式步枪	1568支
连珠步枪	1000支
七九曼利夏步枪	146支
七九短筒新式步枪	7932支
68毛瑟步枪	284支
10响毛瑟步枪	144支
七九捷克式马枪	450支
三八年式马枪	45支
七九毛瑟马枪	200支
8厘米曼利页马枪	102支
斯边谢尔马枪	323支
三八马枪	45支
来福枪	1150支
洋台枪	7支
七九套筒枪	197支
自来得手枪	350支
唯布列手枪	2支
七音手枪	500支
八音手枪	1516支
五音手枪	16支
六响手枪	214支
自来得机关枪弹	4423发
七九机关枪弹	1,269,349发
丹麦式机关枪弹	407,916发
303机关枪弹	1,553,290发
骑兵机关枪弹	1540发
手提机关枪弹	71,515发
汤木森机关枪弹	26,050发
65轻机关枪弹	416,630发
七九新式尖枪弹	105,218,024发
七九旧式尖枪弹	3,569,057发
七九元式枪弹	16,776,021发
七九燃烧枪弹	780,950发
77连珠枪弹	9,019,824发
68毛瑟枪弹	1,351,552发
意造65枪弹	1,902,550发
8米厘曼德夏枪弹	85,500发
6.5米厘曼德夏枪弹	1,744,375发
6.5日造枪弹	45,088发
10响轻毛瑟枪弹	27发
哈制开斯枪铝弹	162,724发
门板兰枪铝弹	13,758发
抬枪子弹	2233发
自来得手枪弹	4,032,356发
14式15生的重炮榴弹	5716发
14式15生的重炮破甲弹	2178发
14式7生的野炮榴弹	126,630发
14式7.5生的山炮榴弹	42,178发
14式山炮散弹	18,527发
10生的轻榴弹	1200发
克氏7.5生的野炮	10,091发
克氏7.5生的野炮榴襟弹	760发
克氏7.5生的野炮大炸力弹	120发

续表

九一八事变东三省兵工厂武器弹药损失一览表

名称	数量	名称	数量
65机关枪弹	9,489,746发	13式三生的七平射炮	189门
七九机关枪弹	9,511,931发	13式75野炮	13门
单响毛瑟枪弹	120,500发	三八式0.5生的野炮	55门
唯布列手枪弹	31,441发	三生的七金陵造山炮	8门
八音手枪弹	241,759发	14式七生的野炮	147门
七音响手枪弹	370,444发	4.7生的江南造退炮	7门
六响手枪弹	847发	10生的克氏加农野炮	2门
五响手枪弹	910发	7生的31式速射野炮	21门
自动养枪弹	11,820发	7.5生的光绪29年造野炮	15门
小六响手枪弹	17,740发	克鲁伯7.5生的野炮	2门
三号八音手枪弹	1600发	7 5生的31式射山炮	12门
小五风手枪弹	485发	6年式7.5生的山炮	4门
大六响手伧弹	22,420发	7.5生的汉口造10式退炮	1门
甩轮六响手托弹	14,420发	沪造7.5生的山炮	38门
13式7.5生的野炮榴弹	51,240发	江西造7.5生的山炮	2门
13式3.7生的平射炮弹	210,621发	乙字迫击炮	1门
13式7.5生的榴零弹	7850发	法造7.5生的山炮	1门
意造7.5生的野炮榴弹	7400发		
乙生的高射炮榴弹	5010发	克鲁伯7.5生的山炮	1门
8米厘块利夏炮弹	1600发	福克斯7.5生的山炮	1门
65阻击炮弹	2100发	格鲁森5.7生的山炮	15门
格鲁森五生的榴弹	2231发	湖北造5.7生的山炮	17门
格鲁森五生的榴散弹	1198发	3.7生的格轮式山炮	6门
再造7.5生的山炮大炸榴弹	150发	俄式7.5生的山炮	31门
12生的重炮榴弹	70发	金陵造7.5生的山炮	2门
沪造7.5生的克氏野炮	2500发	丙字迫击炮	1门
14式高射炮榴弹	915发	迫击炮	24门
乙字燃烧迫击炮弹	1478发	丁字迫击炮	1门
丙字燃烧迫击炮弹	162发	俄式7.7生的野炮	13门
7.5生的化学炮弹	2690发	克鲁伯7.5生的野炮	11门
7.5生的化学炮头	18,998发	意国造野炮	17门
乙字化学迫击炮弹	730发	5.7生的克鲁森野炮	10门
丙字化学迫击炮弹	1380发		
丁字化学迫击炮弹	100发	晋造手榴炸弹	1349枚
克氏7.5生的山炮榴霰弹	484发	50磅地雷	18个
克氏7.5生的山炮榴弹	14,315发	一号地雷	11个
克氏7.5生的野炮大炸力弹	76发	二号地雷	377个
俄式7.7生的山炮榴弹	212发	三号地雷	334个
俄式7.7生的野炮弹	150发	四号地雷	45个
俄式7.7生的野炮大炸力弹	163发	俄式手榴弹	120个
沪造7.5生的山炮榴弹	1186发	地雷手榴弹值洋	1,356,672元
15式手榴炸弹	4,97,847枚	各种火药值洋	1,100,000元
飞机燃烧炸弹	5516发	各种机器及工具值洋	140,000,000元
飞机掷下弹	6378发	各种建筑物值洋	100,000,000元
68磅飞机烧弹	116发	各厂办公器具值洋	100,000元
各种火药	440,000元	库存各种材料值洋	12,000,000元
马步、炮手枪机枪值洋	4,108,975元	各厂房半成品材料值洋	12,000,000元
各种枪弹值洋	18,166,321元	库存款类及银行存款	80,000元
各种炮位值洋	16,254,020元	总计约值洋	329,962,294元
各种炮弹值洋	1,8976,306元		

当时，一同落入敌手的还有辽宁迫击炮厂、东北航空工厂、辽宁被服厂、奉天粮秣厂等兵工单位。至此，张作霖在东北苦心经营十数载、几近中国四分之一强的兵器工业尽落日军之手。这些兵工单位不仅没能为我国抗击日军提供武器装备，而且很快便成为日军兵器与军需生产工厂。日本占领东三省兵工厂后不久，将其改为关东军野战兵器厂。1932年，日本再将其改为商办株式会社"奉天造兵所"。1936年，伪满洲政府投资2000万元，后增至1亿元，扩大生产规模，使其作为长期侵略中国的工具。在"奉天造兵所"的最盛时期，全厂职员增到1200多人，工人达30,000余人，其中仅搬运劳工人数一度达15,000人，[①]日籍职工也有300多人。此时，"奉天造兵所"的生产能力达日产各式轻机枪80挺，各式步骑枪6000支，各式重机枪50挺，各式大炮20至40门，各种枪弹150万至900万发，各式炮弹3万至5万发，此外还产有大量手榴弹、250千克飞机炸弹、无烟火药、黑火药、硝酸铵炸药和某些基本化工原料，以及各式炮车、货车，等等。[②]借助于东三省兵工厂良好的基础，"奉天造兵所"成为抗战时期日军在中国境内最重要的兵工生产基地。

被日军缴获的兵工物资

[①] 参见《中国近代兵器工业档案史料》编委会编：《中国近代兵器工业档案史料》第3辑，兵器工业出版社1993年版，第1285页。

[②] 参见王贞虎：《民国时期的东三省兵工厂》，原载2014年10月22日《湖南工人报》。

兵工整理，初步成形

1928年11月，国民政府军政部兵工署设立，下辖总务科、设计科、检验科、监察科及兵工研究委员会与兵工材料购办委员会①。其后，兵工署编制屡有调整或扩充。1931年，兵工署扩充编制，设有资源司、行政司、技术司及秘书处与管理科。1934年，国民政府将陆军署军械司改隶兵工署。1935年，兵工署下设制造司、技术司和军需司。至此，国民政府军政部之兵工署组织架构基本稳定形成。到1939年，兵工署组织系统包括署本部、制造司、技术司、军械司、购料委员会与兵工研究委员会，未有明显的调整变化。

兵工署第一次兵工会议合影

---

① 参见《中国近代兵器工业档案史料》编委会编：《中国近代兵器工业档案史料》第3辑，兵器工业出版社1993年版，第12页。

1928年11月至1933年1月，兵工署历任署长分别为张群、陈仪与洪中。陈仪在出访德国时，将俞大维招募于麾下，使其为兵工署服务。从1933年1月17日起，俞大维担任兵工署署长一职，直到抗战胜利后1946年5月兵工署撤销。从此，俞大维与中国战时兵工事业密不可分。美国驻重庆记者西奥多·怀特称赞俞大维是国民政府中少见的"既有骨气又有能力"的三个官员之一。①

在俞大维尚未主持兵工署工作之前，鉴于日本的侵略，国民政府就开始制订发展兵工的国防计划。在1931年九一八事变之后，1932年1月，日本间谍川岛芳子指使日本僧人、浪人在上海频频制造事端，借以引发中日冲突。28日，日军再以保护侨民为由，不顾中方的妥协退让，发动对上海的侵略战争，史称"一·二八"事变。驻守上海的十九路军在军长蔡廷锴、总指挥蒋光鼐的指挥下，奋起抵抗，发起了淞沪抗战。

由此，在1931年日本侵占中国东北及1932年日本进攻上海之后，从国防安全着想，国民政府参谋本部、陆军署及兵工署积极筹措建设新兵工厂，而因所辖兵工厂制炮能力极其薄弱，所以拟建新炮厂。又从全国布局考虑，北方既有巩县兵工厂、太原兵工厂，武汉一带则恐有日本军舰可达进攻，故暂设定在湖南株洲。1932年7月，在《陆军署兵工署报送新兵工厂计划书及议事记录给军政部呈文稿》中记载：建设新兵工厂之大方针，在谋兵器独立与材料自给，以每年充实国防军五师所需要之新兵器，并将新厂建设经费，估算为1600万美元，厂址拟设株洲。②

同时，国民政府参谋本部、兵工署为推动国防兵工建设，还陆续拟定了《建设新兵工厂计划书》《国防兵工五年建设计划》《兵工厂整理计划草案》等指导文件。淞沪抗战期间，国民政府便开始考虑上海兵工厂的拆迁工作。1932年6月，陈仪请示蒋介石，建议将上海兵工厂拆迁

---

① 参见李元平：《俞大维传》，台湾日报社1993年版，第24页。
② 参见《中国近代兵器工业档案史料》编委会编：《中国近代兵器工业档案史料》第3辑，兵器工业出版社1993年版，第90页。

至杭州。蒋介石答复："杭州设厂，事属可行，请再与何部长等切商决定，但决不能在沪恢复旧厂也。"①8月29日，《参谋本部检送兵工厂整理计划草案给军政部公函》就国民政府现有兵工厂整理设置工作，做出了详细部署：

（1）上海兵工厂即时全部迁移，按其性质除炮厂、药厂之外，大部均暂归并金陵兵工厂。

（2）金陵兵工厂、济南兵工厂，以国防上见地，固应移于安全地点，然机件均已陈旧，一经移并，多有不堪再用者；且现值绥靖工作积极进行时，所需弹药甚多，一经迁移，则供给不继，损失甚巨，故均暂维持现状。

（3）汉阳兵工厂、巩县兵工厂、华阴兵工厂，其位置颇适于国防要求，有良好基础，故力谋扩充之。

（4）太原兵工厂利用现有机器，维持生产现状。广州、成都各厂及航空待将来再行计划。

就兵工厂的拆迁而言，《兵工厂整理计划草案》实际上只是对上海兵工厂进行了拆迁。根据该《草案》，至10月，上海兵工厂除上海炼钢厂留沪外，全部拆迁完成。其中，上海兵工厂的制炮厂归并汉阳兵工厂，制炮弹厂归并河南巩县兵工厂，制枪厂归并金陵兵工厂。②

■ **全国主要兵工厂整理概况一览表**③

厂名	原有月生产情况	整理原则	整理方法	整理后月生产情况
上海兵工厂	枪弹270万发 机枪37挺 野炮1门 山炮6门 八二轻迫击炮40门 同弹500发 18千克飞机炸弹600枚 50千克飞机炸弹100枚 手榴弹10,000个 无烟弹7280千克	全部迁移，按其性质分别移并金陵兵工厂和汉阳兵工厂	1.枪弹厂并金陵兵工厂 2.机关枪厂并金陵，改造轻机枪 3.炮厂并汉阳兵工厂 4.迫击炮停产 5.迫击炮弹厂并金陵兵工厂 6.飞机炸弹厂并金陵兵工厂 7.手榴弹厂并金陵或移武汉 8.药厂并金陵或并汉阳兵工厂	无存

---

① 秦孝仪主编：《中华民国重要史料初编》第3册，中国国民党中央委员会党史委员会1981年版，第291页。
② 参见何应钦：《军政十五年》，史政编译局1981年版，第177页。
③ 参见《集中全力从事于国防重工业之根本建设案》，重庆市档案馆藏，兵工署，1目，38—42卷。

第一章　临时行宜：兵工内迁频向西

续表

■ 全国主要兵工厂整理概况一览表

金陵兵工厂	枪弹133万发 机枪20挺 八二轻迫击炮25门 同弹1000发 18千克飞机炸弹570枚 50千克飞机炸弹170枚 手榴弹10,000个 无烟弹1120千克	除由上海兵工厂外，概不扩充	1.枪弹厂与上海兵工厂合并 2.机枪厂与沪厂者合并造轻机枪 3.轻迫击炮缩小 4.迫击炮厂与沪厂者合并 5.手榴弹厂维持现状 6.飞机炸弹厂与沪厂者合并 7.无烟药厂与沪厂者合并 （如沪药厂已移汉则亦移汉）	枪弹400万发 轻机关枪60挺 八二迫击炮8门 同弹2000发 18千克飞机炸弹1200枚 50千克飞机炸弹200枚 手榴弹20,000个 （如沪厂移汉即为10,000个） 无烟弹8400千克 （如沪药厂移汉则一并移汉）
汉阳兵工厂	步枪3120支 机枪30挺 野炮1门 山炮2门 18千克飞机炸弹200枚 50千克飞机炸弹100枚 八二迫炮弹2000发 手榴弹5000个 无烟弹5200千克 酸30,000千克	机枪厂、炮弹厂均稍加扩充，主造重机关枪、步枪、野山炮	1.枪厂缩小，余力合并机枪厂 2.机枪厂加步枪厂所余机器并添购专机造重机枪及高射机关枪 3.枪弹厂与上海兵工厂来者合并 4.飞炸弹厂停 5.轻迫击弹厂停 6.无烟药厂扩充一倍 7.炸药厂新设者迅速完成 8.酸厂暂稍补充	步枪2200支 机枪60挺 手枪300把 高射机关枪10挺 野炮4门 山炮6门 无烟药10吨 （如沪宁厂移汉则为18吨） 炸药13吨
巩县兵工厂	枪弹234万发 步枪1300支 七五迫击炮弹4680发 150毫米迫击炮16门 同弹2000发 手榴弹12,000个	扩充枪弹、炮弹二厂	1.枪弹厂添购新机加以扩充 2.步枪厂维持现状 3.炮弹厂添购新机扩充8倍 4.重迫击弹厂停 5.重迫击弹厂停 6.手榴弹厂停	枪弹500万发 步枪2200支 七五炮弹26,000发 步兵轻榴炮弹14,000发
济南兵工厂	枪弹133万发 150重迫炮弹200发 八二迫击炮弹3000发 18千克飞机炸弹700枚 50千克飞机炸弹300枚 手榴弹10,000个 无烟弹1600千克	一部移停	1.枪弹厂、轻迫炮弹、手榴弹厂、无烟药厂 2.重迫击弹厂、飞机炸弹厂停	枪弹150万发 轻迫击弹5000发 手榴弹10,000个 无烟药1600千克
华阴兵工厂	机关枪26挺 150毫米重击迫炮15门 同弹2000发 手榴弹20,000个	暂维原状	1.机关枪厂多出4挺 2.重迫击弹厂缩小 3.重迫击弹厂仍旧 4.手榴弹厂仍旧	机关枪30挺 150重迫炮4门 同弹2000发 手榴弹20,000个
太原兵工厂	枪弹200万发 步枪1040支 机关枪40挺 七五炮弹5200发 野炮4门 山炮14门 重炮3门 手榴弹14万个 无烟弹3400千克 炸药16吨 酸43吨 （冲锋枪1000支）	利用现有机器制造可用国防兵器	1.枪弹厂缩小并造高射机关枪弹及手枪弹 2.步枪厂停并入机枪厂 3.机枪厂停改造轻机关枪、驳壳枪及手枪 4.炮弹厂、野炮厂、炸药厂、酸厂仍旧 5.停造山炮，改造步兵榴弹炮及山地榴弹炮 6.重炮厂改造轻榴弹炮 7.手榴弹改造50千克飞机炸弹 8.无烟弹厂将已购新机迅速装成	枪弹150万发 高射机关枪10万发 手枪弹30万发 驳壳枪（冲锋枪）400支 轻机关枪60挺 野炮4门 步兵轻榴弹炮3门 105轻榴弹炮3门 105山榴弹炮2门 50千克飞机炸弹70枚 七五炮弹5200发 无烟药33吨 炸药16吨
成都兵工厂	枪弹、步枪、机关枪、轻迫击炮及炮弹、无烟药等	暂维原状将来再计划迁移或补充	原状	
广州兵工厂	枪弹、步枪、机关枪、无烟药等	暂维原状将来再计划迁移或补充	原状	

17

续表

■ 全国主要兵工厂整理概况一览表

新设厂	步枪3120支 机枪30挺 野炮1门 山炮2门 18千克飞机炸弹200枚 50千克飞机炸弹100枚 八二迫击炮弹2000发 手榴弹5000个 无烟弹5200千克 酸30000千克	新设	1.重炮厂 2.高射炮厂 3.小加农炮厂 4.炮弹厂 5.无烟药厂 6.炸药厂	150重榴弹炮3门 105重野炮2门 75高射炮4门 小口径高射炮1.5门 小加农炮10门 小加农炮弹40,000发 105重炮弹12,000发 150重炮弹3000发 小口径高射炮弹2600发 无烟药41吨 炸药78吨

附：1. 各厂现有之制造内容，系按兵工署原计划附表第七所列单工之数。
  2. 开封、衡阳各厂生产状况不详，故未列入。
  3. 新设厂地点，按兵工署计划假定为株洲。
  4. 要塞炮及其炮弹之制造厂亦堪紧要，苟经费能创办时，则于汉阳厂或新设厂设立之。

兵工建设，着点西移

在日本军事政治侵入压迫之下，国民政府节节败退。于是，有人开始从经济角度进行反思，要求加强国防经济建设，发展国防重工业，以支撑对日作战的需要。1935年6月17日，在国民党中央执行委员会上，王祺、付汝霖等人提出了关于《集中全力从事于国防重工业之根本建设案》，主张国民政府要确立国防工业建设五年计划，选定国防工业区域，筹款贷款，集中力量建设国防之设施，确定国外技术人员的聘用及主要管辖人员与机关人员。该提案指出：

> 自从九一八事变发生以来，国家生存、民族生命，已陷于最危险、最悲悯之境遇，而无术以安全之保障。其所以致此，则由现代战争之利器不备，重工业之基础未立，而轻工业亦无从发展，敌国外患乘之，乃如束手待决之囚，莫能自操生命之算……时至今日，论其挽救危亡，尤非速定国策，断然毅然，集中全力，从事于国防重工业之根本建设不为功。①

在同年11月国民党召开的第五次全国代表大会上，徐庭瑶等代表更直接提出："国家如无重工业，更不可以言国防。"② 为此，国民政府参谋本部、军事委员会资源委员会（由国防设计委员会与兵工署资源司合并而成）、财政部及实业部等均阐述了发展国防工业筹措情形。据1936

---

① 中国第二历史档案馆编：《中华民国史档案资料汇编》第5辑，江苏古籍出版社1994年版，第919页。
② 中国第二历史档案馆编：《中华民国史档案资料汇编》第5辑，江苏古籍出版社1994年版，第519页。

年2月的《国防工业建设会议记录》显示：国民政府参谋本部、军事委员会资源委员会、财政部及实业部在国防工业建设的一系列问题上达成共识。他们一致同意在中国中部偏南地区的四川、湖南和江西三省相当地点建立国防工业区域，由兵工署与资源委员会拟定国防工业建设程序方案。他们还将兵器工业与一般重工业区别对待，重工业建设方案以资源委员会提案为依据，兵工厂扩充增设则依据军政部五年计划实施。

1936年3月5日，时任国民政府参谋本部参谋总长的程潜与蒋介石，对国防工业建设做出了明确指示："应在原料及其他经济条件许可范围以内，选定湘、赣、川三省相当地点，以期安全。"他们强调"一般重工业与兵工应分别开列""今日国防重工业需要之最急迫者，为兵工原料、航空器材、交通通信工具及燃料等数端"。所拟选厂址"皆在安全地带，其设厂计划，均曾经本会详细调查研究，审慎估计，但使款项有着，当可次第举办"。① 由此，国民政府国防兵工建设开始上升到国民经济体系之中，并在各中央机构的合力推进之下逐步实施。

早在1932年7月，为国防考虑，国民政府开始筹建新炮厂。8月，按照兵工署陈仪主持报送的《国防兵工五年建设计划预算书》，兵工署"预计五年内除补充现有陆军应需之武器弹药外，约可完成十一师之新式兵器"。其中，"新兵工厂计划书，预算总数一千六百万美元，约合八千余万国币"。② 1933年6月，蒋介石进一步指示兵工署："新兵工厂建设计划中之制炮厂、炮弹厂、炼钢厂、动力厂、氮气厂、军用化学厂，务于民国二十五年完成。"③ 到1936年2月，在《重工业建设讨论会议记录》中，按照兵器工业五年计划实施预算共需36000万国币。其中，新兵工厂建设旨在为步兵三十个师、炮兵二十二个团提供十个月的

---

① 中国第二历史档案馆编：《中华民国史档案资料汇编》第5辑，江苏古籍出版社1994年版，第931—935页。
② 《中国近代兵器工业档案史料》编委会编：《中国近代兵器工业档案史料》第3辑，兵器工业出版社1993年版，第91页。
③ 王国强：《中国兵工制造业发展史》，黎明文化事业股份有限公司1987年版，第94页。

武器装备，三年经费预算约6000万国币。①

在此期间，国民政府军政部兵工署开始着手在上述国防工业区域内筹建新兵工厂各项事宜。1936年2月，蒋介石准予兵工署在湖南株洲建设新兵工厂。4月，兵工署署长俞大维在《兵工署为株洲新建兵工厂给蒋介石签呈》中将株洲兵工厂各厂拟定为：炮厂，制造七五野炮及10厘米榴弹炮；2厘米炮弹厂，制造2厘米高射炮弹；枪弹厂，制造步机枪弹。

炮厂、炮弹厂及枪弹厂三厂同设株洲一地。其中，枪弹厂是安装上海兵工厂原有的枪弹设备。

7月，炮兵技术研究处处长庄权向兵工署俞大维报告说，株洲兵工厂的筹建已初步有成。厂址在株洲董家塅一带，占地4600余亩。株洲兵工厂内主要工厂包括炮厂、2厘米炮弹厂与七九枪弹厂等，附设动力厂、机器厂、熔铜厂、木工厂及各试验室等。其中部分机器设备从德国购买，3250千瓦电厂设备由瑞士进口。在全面抗战爆发前，湖南株洲炮兵技术研究处接收了汉阳兵工厂的炮厂部分，而新厂的工程与生产亦已经初具规模。②

经过兵工署对已有兵工厂整理、新建兵工厂等建设发展，在1932至1936年的五年间，国民政府的兵工产量及水平有了明显提升。在十种兵工产品中，1936年的兵工出品量均远远超过前四年的历年产量。其中，1936年的八二迫击炮产量是1932年的10倍，飞机炸弹产量超过10倍。在总体上，1936年大多数兵工产品比1932年产量均增加2倍。在中日全面战争爆发之前，中国兵工在国防布局方面已经开始有所准备，在生产规模方面也有较大提高。

---

① 参见中国第二历史档案馆编：《中华民国史档案资料汇编》第5辑，江苏古籍出版社1994年版，第948—951页。

② 参见《中国近代兵器工业档案史料》编委会编：《中国近代兵器工业档案史料》第3辑，兵器工业出版社1993年版，第281页。

■ 兵工署各厂1932—1936年主要械弹出品统计表（1937年4月）[①]

品名	1932	1933	1934	1935	1936	总计
步枪(支)	45,830	64,418	60,174	56,574	98,948	325,944
机关枪(挺)	663	686	598	544	1006	3497
八二迫击炮(门)	50	30	200	131	565	976
七九枪弹(发)	38,700,000	67,072,215	71,959,285	96,771,700	127,764,000	402,267,200
七五山野炮弹(发)	40,400	86,300	72,861	44,475	91,126	335,162
八二迫击炮弹(发)	66,050	158,900	154,500	146,292	247,840	773,582
手榴弹(个)	586,390	804,940	1,064,000	1,019,303	1,976,900	5,451,533
飞机炸弹(枚)	2820	6550	32,860	30,200	33,050	105,480
信号弹(枚)	—	—	38,200	163,855	130,000	332,055
防毒面具(具)	—	—	10,000	2400	44,634	57,034

总体而言，在1928年年底设立兵工署以后，国民政府即开始着手统筹中国兵工事业的整体发展。但是，日本对中国的不断入侵，直接影响了国民政府兵工产业的建设步伐。1931年日本侵占中国东北，1932年日本进攻上海，1935年日本蚕食华北，在日本侵华进程加快的历史背景下，由兵工署具体负责逐渐推进了国民政府建设新的兵工厂、整理已有兵工厂、拆迁上海兵工厂，以及组织兵工厂向内陆腹地发展建设的步伐。最终，随着1937年卢沟桥事变，中日战争的全面爆发，中国兵工单位大规模内迁，兵工内迁过程中的集中调整与加速扩张正式进入了具体实施阶段。

[①]《兵工署各厂1932—1936年主要械弹出品统计表》，中国第二历史档案馆藏，七七四，835卷。

举国行动，智者先行

　　局部抗战时期，中国工业的发展布局极不合理，内陆一些省份很少或几乎没有现代化的工矿企业，超过一半以上的厂矿集中于长江三角洲的江沪浙地区。其中，仅上海一地，已登记拥有动力或工人30人以上的厂矿1235家，占到全国工厂总数的31%。[①]早在1932年"一·二八"事变时，这种高度集中的工业布局已经开始受到日军战火的威胁。是役，上海地区有近千家工厂遭受到巨大损失。因此，一些有识之士开始呼吁国民政府应该组织沿海工矿企业，向内陆地区进行迁移。但是，直到卢沟桥事变发生，国民政府仅完成了上海兵工厂的拆迁工作，对于民用工业未能采取实质举措。

　　1937年7月7日，日本发动卢沟桥事变，叫嚣三个月灭亡中国，中日战争全面爆发。随后，北京、天津等华北地区的工矿企业尽落敌手，以上海为中心的沿海工业亦面临空前危机。八一三事变后，日本将战火更直接引向当时中国最大的经济中心——上海，使上海成为抗日战争的前沿阵地，工业内迁愈发变得刻不容缓。鉴于战争形势的扩大与恶化，一些爱国的有识之士再次提出工业内迁的要求，呼吁国民政府将东部沿海的工矿企业向内陆迁移。7月14日，上海大鑫钢铁厂总经理余名钰率先致函国民政府，提出"呈请政府协助内迁"的

---

① 参见齐植璐：《抗战时期工矿内迁与官僚资本的掠夺》，《工商经济史料丛刊》第2辑，文史资料出版社1983年版，第63页。

林继庸

提议。①7月下旬，中华国货联合会代表所属的300余家工厂、10万余名员工致函国民政府，一方面要求政府迅速组织工厂内迁，另一方面表示"誓为我政府长期抗战作后盾，以争取最后胜利"。

1937年7月28日在国民政府资源委员会召集的会议上，被民营企业家称为"迁川工厂之父"的林继庸提议，将上海的工厂迁移到内地去，"以应兵工需要"。②第一次明确响应了民营厂矿企业内迁的呼吁。7月30日，上海工商局领袖之一、著名的实业家胡厥文召集上海机器五金同行公会，举行执行委员会议，并邀请林继庸参会，专门讨论工厂内迁问题。后来，林继庸记述了会议的情景："上海机器厂家，感于国难严重，自愿将各厂机器迁移内地，以应军事制造之需……大中华橡胶厂，愿将厂内机器一部分，足供每日生产汽车内外胎150套，飞机内外胎20套及军用胶底布鞋2万双之设备，迁往政府所指定之地点……民营化学工业社，专制防毒面具，每日可产金陵兵工厂式之防毒面具约500具……"③但是，也不乏不愿意拆迁，甚至反对拆迁的厂矿企业家。胡厥文就回忆说：

> 不少人认为战事短期就可结束，心存观望，企图侥幸；有的认为机器设备极其笨重，战时交通阻塞，长途迁移，要冒大风险，不愿共赴国难；还有人只想在英、法租界栖身，企图苟安一时。

实际上，由于立场不一样，想法有差异，会上大家辩论激烈，难以形成一致意见。这时，胡厥文愤然而起，批驳了某些人对日本侵华现状

---

① 参见黄立人：《抗日战争时期工厂内迁的考察》，载《历史研究》1994年第4期。
② 参见林继庸：《民营工厂内迁记略》，文海出版社1978年版，第4页。
③ 《抗战时期工厂内迁史料选辑（二）》，载《民国档案》1987年第2期。

的狭隘认识。

胡厥文

凡是不愿做亡国奴的工商业者，都应本着抗日至上、国家至上的宗旨，国家存亡，匹夫有责，宁为玉碎，不为瓦全，要下决心内迁，以保存物资和机器设备，支援抗战，绝不能苟安求全，助纣为虐。内迁是为了充实，以图久战。我当即表示了将自己所办的工厂率先迁往内地。①

终于，在胡厥文、余名钰等人的积极鼓动和动员下，会议最后达成了迁厂各项具体事宜的决议。

8月5日，上海大鑫钢铁厂总经理余名钰又上书蒋介石，表达了工业内迁与支援抗日的愿望。他说：

我国工业落后，无相当之炼钢厂，一旦大战开始，后方对于运输机件之修理与补充定会大感不足。查商厂成立不过四年，对于火车上所需之钢铁材料已经全国各铁路采用，坦克车配件亦经交辎学校试用，合宜即改制其他，亦能应军用上之需要，如飞机炸弹钢壳，亦曾代兵工署上海炼钢厂制造二千余枚。在此最后关头，深愿全厂已经训练之职工与齐全之设备为国家效力，担任运输机械方面钢铁材之供给。

文末，余名钰深情说道："寇深时危，敬请钧会迅赐示导，使民间实力得以保全，长期抵抗得以达到最后胜利之的。"②

倘若中国民营厂矿被日本侵吞，不仅不利于中国持久抗战，反而会增强日本的侵华经济力量。因此，为了使沿海的民族工业免遭日本侵占，保存中国国民经济命脉，同时为了满足大后方军需民用的需要，构建持久抗战的国防经济体系，民营厂矿内迁势在必行。由此，

---

① 胡世华、吕慧敏、宗明整理：《胡厥文回忆录》，中国文史出版社1994年版，第50页。
② 《抗战时期工厂内迁史料选辑（一）》，载《民国档案》1987年第2期。

在民族企业家的推动下，更鉴于持久抗战的需要，国民政府逐渐意识到工业内迁的重要性，将民营厂矿内迁纳入政府组织体系。8月10日，国民政府资源委员会协同财政部、军政部、实业部共同组织成立了"上海工厂迁移监督委员会"，以资源委员会为主办机关，由林继庸担任主任委员，严密监督，负责上海工厂克日迁移事宜。13日，"上海工厂联合迁移委员会"成立，开始具体组织上海厂矿企业内迁工作。9月下旬，国民政府组成"军事委员会工厂调整委员会"取代"上海迁移监督委员会"，全面负责沿海工矿业的内迁事务。27日，"军事委员会工矿调整委员会"讨论通过了工厂迁移原则，将迁移工厂分为军需工厂和普通工厂两类，规定"指定军需工厂，系指国防上必需该厂之助，由政府令其迁移，……此等工厂之迁移得由政府按其个别情形酌予补助"，"普通工厂，为指定军需工厂以外之工厂。凡愿迁移，呈经政府核准者，得予以免税、免验、减免运费，便利运输或征收地亩等之援助。惟因财政所限，不补助迁移费"。[①]至此，经过各方的努力，上海厂矿迁移终于步入正轨。

为了使沿海地区的民族工业免遭日本摧毁，保存国家的经济命脉，

冒风雪抢运西迁厂矿企业的机器物资

---

① 中国第二历史档案馆编：《中华民国史档案资料汇编》第5辑，江苏古籍出版社1994年版，第405页。

于是出现了民族工业的大举内迁。国民党出于后方基地的需要，对工业内迁也做了一些部署。南京政府开始规划的范围很小。规定首先应迁的是"指定军需工厂"和"国防上可利用者"，其次是"现在民生必须者"，后来扩大到"不属以上两种而可借培植工业中心者"以及普通工厂，这样做是"保全资源免资敌用"。①

上海厂矿内迁之际，陆路运输被封锁，铁路主要用于军运，上海与外地交通只能借助于水运。并且，上海厂矿内迁的运载工具主要是木制帆船。为了躲避日军飞机的轰炸，船身上覆盖树枝、茅草借以伪装。对此，中国标准铅笔厂创始人，也是中国铅笔工业奠基人、被誉为"铅笔大王"的吴羹梅回忆道：

> 我与全体职工在敌机轰炸、炮火连天的危险时刻，争分夺秒地（将工厂拆解开来），随拆随运。我们将拆下的机件装上木船，在船外以树枝茅草伪饰，掩蔽船内物资。各船沿苏州河前行，途中遇到敌机空袭，就停避在芦苇丛中，空袭过去，再继续前进，终于经镇江运达武汉。②

在战火纷飞的炮火下，上海民用厂矿的拆迁是极其困难的，其内迁的情形是极其艰辛的。亲历过的人描述当时迁移的景象：

> 当我们在各处的江河上，看到无数张帆挂橹的木船，顺着风力，朝着水流，蚂蚁样地渡过了千数百里的时候，该意料不到那些行动笨拙得可怕的木船里，尽是满载着无数吨的机械。
>
> 机械的拆运，简直可说是千辛万苦。在苏州河那段艰苦情形，至今谈来没有不被人钦叹的，天上有敌机的追袭，地上又得想尽办法领护照通过防线，尤以敌机的追炸与扫射，

---

① 《抗战时期工厂内迁史料选辑（一）》，载《民国档案》1987年第2期。
② 孙果达：《民族工业大迁徙抗日战争时期民营工厂的内迁》，中国文史出版社1991年版，第1页。

使得迁移工作寸步难行，时时刻刻如过火炮山。①

随着淞沪抗战局势恶化，上海地区越来越多的工矿企业加紧迁移到内陆地区。令人扼腕的是，一方面，由于国民政府对民用工业内迁认识不足，未能采取有效措施组织各地工矿企业向内陆迁移，甚至不准民用工业内迁。另一方面，由于国民政府正面战场的作战不利，以致一溃千里，从而致使大片国土迅速沦陷，也未能给内迁工厂争取充裕的时间准备。因此，除上海地区工矿企业大部分迁移出来之外，江苏、浙江、山东、河南等地的大多数工矿企业陷入日军占领的境遇。也正因为如此，那些从上海迁徙出来的工矿企业更显得弥足珍贵，成为中国大后方国民经济的重要支柱，也成为支撑中国持久抗战的民族工业力量。

---

① 孙果达：《民族工业大迁徙抗日战争时期民营工厂的内迁》，中国文史出版社1991年版，第11页。

兵工迁徙，频向西行

在1931年九一八事变以后，日本随即侵吞了当时中国生产规模最大、组织最为完备的东三省兵工厂及东北地区的各兵工单位。1932年起，尽管一部分中国军队顽强抵抗，但由于中日军事实力相差悬殊，战事屡战屡败，致使中国大片土地沦失。随着日本侵华进程的深入，华北、华东及东部沿海地区的兵工单位日益受到日军的威胁，而兵工是支撑中国反抗日本侵略战争的最为重要的战略物资基础。抗战形势的持续恶化严重威胁着中国兵工的正常生产，迫使中国兵工内迁的战略决策也逐步明朗，中国兵工向内陆腹地迁移成为国民政府的必然选择。1937年7月7日，日本发动了震惊中外的卢沟桥事变，导致中日战争全面爆发。中国兵工内迁以实现"持久抗战"的战略目标、保障抗战胜利的战略实施已然快速地提上了正式日程。于是，国民政府组织实施了中国兵工单位向西南、西北地区的大迁徙。一方面这可以说是抗日战争局势持续恶化下的"无奈之举"，另一方面则可谓中华民族坚持全民持久抗战的"战略创举"。

事实上，早在甲午中日战争期间，李鸿章与清朝政府即提出将江南制造总局（上海兵工厂）等东部沿海地区的兵工单位迁往内地的发展方针。历经这四十年的酝酿，1932年，在淞沪会战之后，在兵工署具体负责下，上海兵工厂终于拆迁到南京的金陵兵工厂、武汉的汉阳兵工厂以及湖南株洲的炮兵技术研究处等。尽管如此，金陵兵工厂、广东兵工厂等重要兵工厂依然处于日军炮火的威胁之下，没有向内地迁移。

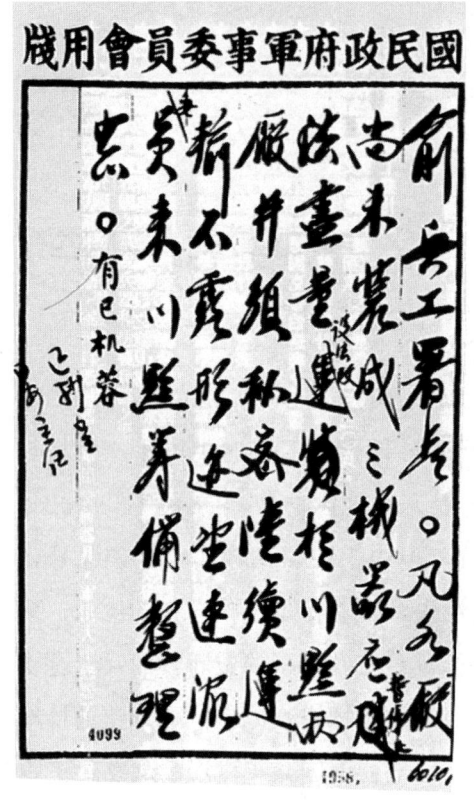

蒋介石指示兵工内迁

直到1935年，蒋介石入川亲自督导对中共红军的"围剿"时，加上华北局势的恶化，蒋介石初步确定川渝地区为抗战大后方。蒋介石在巡视西南地区之后，明确提出：中国对倭抗战，应以川黔陕三省为核心，甘滇为后方。①6月3日，蒋介石致电宋子文、朱家骅等："德国翁克斯飞机制造厂厂址决在重庆附近建筑，勿再变更为要。"6月25日，蒋介石命令军政部兵工署署长俞大维："凡各兵工厂尚未装成之机器，应暂停止，尽量设法改运于川黔两厂，并须秘密陆续运输，不露形迹，望速派妥员来川黔筹备整理。"②由此，随着抗战大后方的确立，中国兵工内迁由决策酝酿开始走向执行实施。

1923年，蒋百里在津浦线的列车上，忽然若有所思地对同行的学生龚浩说道："将来有这么一天，我们对日作战，津浦、京汉两路必被日军占领。我们国防应以三阳为据点，即洛阳、襄阳、衡阳。"③十几年后，正是基于蒋百里的认识，1934年1月，国民党四届四中全会通过《确立今后物质建设方针案》，第一次提出了包含兵工布局在内的国防建设整体设想：

　　于经济中心区不受外国兵力威胁之区域，确立国防军

---

① 参见薛光前：《八年对日抗战中之国民政府》，台湾商务印书馆1978年版，第59页。
② 秦孝仪主编：《中华民国重要史料初编·绪编》，中国国民党中央委员会党史委员会1980年版，第338页。
③ 蒋顺兴、孙宅巍：《民国大迁都》，江苏人民出版社1997年版，第184—185页。

事中心地；全国大工厂、铁路及电线等项之建设，均应以国防军事计划及国民军事计划为纲领，由政府审定其地点及设备方法；大工业今后避免集中于海口；……须首先完成西向之干线……①

由此，国民政府确立了将沿海兵工及国防中心向内陆拆迁的指导方针。德国一战期间陆军总参谋长汉斯·冯·塞克特在向蒋介石提交的《陆军改革建议书》中提出：建立中国自己的兵器工业实为刻不容缓之急务，向外购买武器、弹药只能视作过渡期行为，若在本土无可靠的军火生产，以资平时练兵和战时所需，则中国势必被迫仰赖于外国进口，而在战时无法自保。德国另一位军事顾问马克斯·鲍尔也指出："除非先建立一个国有化的工业体系，否则根本谈不上建立一支国有化的军队。"在对中国兵工布局方面的建议上，德国最后一任军事顾问亚历山大·冯·法肯豪森在1935年向国民政府提交的《关于应付时局对策之建议书》认为：

蒋百里

> 目前威胁中国最严重而最迫切者，当数日本……一旦军事上发生冲突……对海正面有重大意义者，首推长江……如开战后固守南京、南昌，此种作战方式足使沿海诸省迅速陷落，国外向腹地之输入完全断绝，最要之城市与工厂相继陷落，于此陆军所必需战具迅即告罄，无大宗接济来源。川省若未设法工业化，能自造必要用品，处此种情况必无战胜希望，而不啻陷中国于灭亡……终至四川为最后防地，富庶而因地理关系特形安全之省份……是造兵工业最良好的地方。②

---

① 蒋纬国主编：《国民革命战史》第3部《抗日御侮》第1卷，黎明文化事业公司1978年版，第93页。

② 《德国总顾问法肯豪森关于中国抗日战备之两份建议书》，载《民国档案》1991年第2期。

这几种建议均有可取之处，蒋介石与国民政府大致采用蒋百里的意见多一些。1935年蒋介石提出，对日作战要"以长江以南与平汉路以西地区为主要阵线；以洛阳、襄樊、荆（门）宜（昌）、常德为最后之线"。1936年，国民政府军事委员会参谋本部拟定《国防计划大纲草案》，在"作战指导要领"中，再次强调："以四川为作战总根据地，大江以南以南京、南昌、武昌为作战根据地，大江以北以太原、郑州、洛阳、西安、汉口为作战根据地。"①乃至在中日全面战争爆发之初，蒋介石与国民政府也希望将日军阻击在长江以南、平汉以西。因此，国民政府军政部兵工署对全国兵工内迁的规划安排是：一方面，以重庆为中心，在四川、云南、贵州等西南地区建立后方兵工生产基地，以保障长期抗战的需要。另一方面，配合前方作战的需要，积极实施围绕河南洛阳、湖北襄阳、湖南衡阳的"三阳"战略，在其附近区域建立兵工厂，以迅速供应前线武器装备。这些政策，基本是在蒋百里关于国防中心区域设想的基础上制定出来的，逐步将兵工等国防工业向西部地区进行迁移，以策国防安全无虞。在此期间，兵工署组织实施了兵工整理计划，兵工署会同资源委员会在湖南、江西等中部地区开展了国防工业建设。兵工署成立了炮兵技术处，在湖南株洲拟建新式火炮厂业已破土动工。湘潭的钢铁厂、江西的大型钨铁厂等也准备进入动土施工阶段。但是，战局的发展逐步扰乱了兵工内迁的原本计划，使得兵工单位再度迁移。

　　从抗战形势发展来看，中国整个战时兵工单位内迁先后经历了三个阶段，做出了三次布局调整。1937年8—12月间，上海炼钢厂、巩县兵工厂、巩县兵工分厂、济南兵工厂、金陵兵工厂、中央修械所、军用光学器材厂筹备处等七家兵工单位首先得到迁厂命令。②由此，中国兵工单位进行了第一次大规模迁徙。其时，上海面临强敌，南京受

---

① 何廉：《抗战初期政府机构的变更》，载《民国档案》1987年第1期。
② 参见陆大钺、唐润明编著：《抗战时期重庆的兵器工业》，重庆出版社1995年版，第40页。

到侵袭，华北战场也一再溃败。于是，位于沪宁与华北的重要兵工单位率先迁徙，揭开了中国战时兵工内迁的序幕。实际上，这次迁移的兵工单位包括兵工署、兵工厂、航空厂、兵工科研院所及兵工学校，计有17家。其中，上海兵工厂留沪的上海炼钢厂部分迁往湖北汉阳，成为全面抗战后第一个迁移的兵工厂。位于南京的金陵兵工厂、弹道研究所、百水桥精密研究所、应用化学研究所等迁往川渝地区，中央修械所、炮兵技术研究处、兵工专门学校等迁往湖南，兵工署与航空兵器技术研究处迁往湖北武汉，济南兵工厂迁往陕西西安，河南巩县兵工厂迁往湖南，巩县兵工厂分厂则迁往四川。此外，还有中央杭州飞机制造厂迁往湖北武汉，中央南昌飞机制造厂迁往重庆，广东韶关飞机制造厂迁往云南昆明。

迁徙途中的掠影

可见，由于国民政府对日军的进攻估计不足，第一批迁徙的兵工生产单位中，除金陵兵工厂、中央南昌飞机制造厂、弹道研究所、百水桥精密研究所、军用光学器材工厂筹备处直接迁往重庆之外，其余全部布局于"三阳"一线。因此，此次迁徙只使中国兵工获得了短暂的喘息机会。

■ 战时兵工第一次迁移统计表

时间	内容
1937年8月	上海炼钢厂，由上海迁往湖北汉阳
1937年8月	中央杭州飞机制造厂，由浙江杭州迁往湖北汉口
1937年8月	中央南昌飞机制造厂，由江西南昌迁往重庆
1937年9月	广东韶关飞机制造厂（含广州东山飞机制造厂），由广东韶关迁往云南昆明
1937年9月	济南兵工厂，由山东济南迁往陕西西安
1937年9月	弹道研究所，由江苏南京迁往重庆
1937年9月	百水桥精密研究所，由江苏南京迁往重庆
1937年9月	应用化学研究所，由江苏南京迁往四川泸县
1937年11月	巩县兵工厂，由河南巩县迁往湖南长沙安化
1937年11月	巩县兵工分厂（原巩县化学厂），由河南巩县迁往四川泸县
1937年11月	金陵兵工厂，由江苏南京迁往重庆（9月，枪弹厂先迁重庆）
1937年11月	军用光学器材工厂筹备处，由江苏南京迁往重庆
1937年11月	中央修械所，由江苏南京迁往湖南衡阳
1937年11月	军政部兵工专门学校，由江苏南京迁往湖南株洲
1937年11月	炮兵技术研究处，由江苏南京迁往湖南株洲
1937年11月	航空兵器技术研究处，由江苏南京迁往湖北武汉
1937年11月	军政部兵工署，由江苏南京迁往湖北武汉

事实上，只要日本侵吞中国的野心没有改变，日军就不会停止进攻。而且，国民政府正面战场的军事抵抗屡战屡败，甚至一溃千里，使得"三阳"防线逐渐崩溃。1937年11月，太原、上海、苏州等城市失守。12月13日，国民政府的首都南京沦陷。随后，杭州、济南、青

岛、厦门、合肥、徐州等城市陆续沦陷。1938年6—10月，中国军队在武汉会战中失利，武汉三镇相继失守，日军逼近湖南、陕西等内陆地区。1937年11月20日，国民政府宣布《国民政府移驻重庆宣言》，决议迁都重庆继续坚持抗战。由此，一方面，重庆成为中国的政治、军事中心，并确立了其作为中国抗战大后方的中心地位；另一方面，随着战火蔓延，国民政府的"三阳"战略濒临瓦解，广东、湖南、湖北、陕西等地的兵工单位不得已做出布局调整，再次迁徙，并将重庆周边作为最终的迁徙地。于是，1937年12月—1938年12月，中国兵工掀起了内迁高潮，进行了第二次大规模的迁移布局。这次迁移的兵工单位有14家，有7家是第二次搬迁。①实际上，这次迁移的兵工单位有15家，第二次迁移的有9家。其中，第一次迁移的有6家，分别是广东第二兵工厂、钢铁厂迁建委员会（简称钢迁会）迁往重庆，广东第一兵工厂、广州面具厂迁往广西，汉阳兵工厂、汉阳火药厂迁往湖南。第二次迁移的有7家，如炮兵技术研究处本部及株洲兵工厂、枪弹厂、炮弹厂，兵工专门学校

军工搬迁员工及家属

---

① 参见曾祥颖：《中国近代兵工史》，重庆出版社2008年版，第205页。

■ 战时兵工第二次迁移统计表

时间	内容
1937年12月	广东第一兵工厂，由广东番禺迁往广西融县
1938年	航空兵器技术研究处，由湖北武汉迁往重庆万县
1938年冬	中央修械所，由湖南衡阳迁往贵州贵阳（1940年春，扩编为中央修械厂）
1938年1月	广东面具厂（原广东化学厂），由广东广州迁往广西柳州
1938年1月	军政部兵工专门学校，由湖南迁往重庆
1938年1月	军政部兵工署，由湖北武汉迁往重庆
1938年3月	上海炼钢厂，由湖北武汉迁往重庆（1938年4月1日，改制第三工厂）
1938年4月	广东第二兵工厂，由广东清远迁往重庆
1938年4月	济南兵工厂，由陕西西安迁往重庆（1939年1月，改制兵工署第三十工厂）
1938年5月	钢铁厂迁建委员会（1938年3月，成立于湖北武汉），由湖北武汉迁往重庆
1938年5月	汉阳火药厂，由湖北武汉迁往湖南辰溪
1938年6月	汉阳兵工厂，由湖北武汉迁往湖南辰溪
1938年6月	炮兵技术研究处（含株洲兵工厂、枪弹厂、炮弹厂），由湖南株洲迁往重庆
1938年10月	中央杭州飞机制造厂，由湖北武汉迁往湖南衡阳（1939年，迁至云南瑞丽）
1938年10月	军用光学器材工厂筹备处，由重庆迁往云南昆明

由湖南迁到重庆，上海炼钢厂、航空兵器技术研究处由湖北迁到重庆，济南兵工厂由陕西迁到重庆，中央修械所再由湖南迁往贵州，军用光学器材工厂筹备处迁往云南。此外，军政部兵工署由湖北迁往重庆，中央杭州飞机制造厂暂时迁往湖南衡阳，后转往云南瑞丽。经过这次迁移以后，基本奠定中国战时兵工的布局，并确立了重庆作为中国大后方兵工事业的中心地位。

第一章 临时行宜：兵工内迁频向西

1939年9月开始，日军屡次进犯湖南长沙；11月，日军突袭钦州湾，侵入广西境内，进一步威胁到云贵川以外的兵工单位。1940年3月，汪精卫、周佛海、王克敏、梁鸿志等国民党要人在日本扶植下，于南京组成"伪国民政府"，使得中日战争局势进一步变得险峻。于是，1939年11月—1940年10月，中国兵工单位进行了第三次迁移调整。这次迁徙的兵工单位有6家，其中5家是第二次搬迁。如广东第一兵工厂、广州面具厂筹备处由广西再迁往贵州，汉阳兵工厂、汉阳火药厂、河南巩县兵工厂由湖南再迁到重庆，此外，广西第一兵工厂（原广西兵工厂筹备处）也迁往重庆。

■ 战时兵工第三次迁移统计表

时间	内容
1939年11月	广西第一兵工厂，由广西桂林迁往重庆（广西兵工厂筹备处）
1939年12月	广东第一兵工厂，由广西融县迁往贵州桐梓
1939年12月	广东面具厂，由广西柳州迁往贵州遵义
1940年1月	巩县兵工厂，由湖南长沙安化迁往重庆
1940年春	汉阳兵工厂，由湖南辰溪迁往重庆
1940年10月	汉阳火药厂，由湖南辰溪迁往重庆

鉴于中日战事不可避免，兵工署尽管为兵工内迁做了一些前期准备工作，在重庆、香港、长沙、西安等地设立直属办事处，协助兵工单位解决搬迁的各种相关事宜，尤其是调配运输问题，但是，总体而言，国民政府兵工内迁实际上并不周密，也不细致。1937年11月15日，兵工署才给各兵工厂下达了内迁指令，对于各兵工厂的拆迁组织与拆迁目的地没有进行协调安排，各兵工厂只有临时组织搬迁，临机决定搬迁地。如山西太原的西北制造厂对日军的侵略步伐没有充分认识，直到太原沦陷前夕才迁出少量机器设备。拆迁前，西北制造厂拥有18家分厂，共8000多名工人，4000多部机器设备；拆迁后，西北制造厂只剩下1000名员工，机器设备1000余部，分散在山西西南地区、

举家搬迁

陕西及四川等地。其间,西北制造厂设厂地点几度变迁,先建于陕西兴平,后又分移虢镇、陕西中部其他地区。最后,部分设备人员迁返山西乡宁,而虢镇的机械设备和员工翻越秦岭,经留坝至褒城,然后分两路迁移,一路向东到陕南建立一生产步枪、轻机枪的城固分厂;一路入川建立广元分厂。[①]经过此次搬迁,西北制造厂元气大伤,生产能力大为降低,重型武器已经不能生产,只能生产一些枪械等轻兵器,甚至一度只能对枪械进行修理。再如河南的巩县兵工厂的搬迁过程也是波折起伏。1938年春,该厂由河南巩县迁到湖南长沙,10月在安化县建厂。1939年12月又奉令迁往重庆,在宜昌受阻,有半数设备未能迁渝,后又折返安化安顿。[②]

最终,出于持久抗战与国防安全保障的考量,第二次与第三次兵工内迁主要集中于以重庆为中心的大西南地区。此后,中国战时兵工迁移活动基本结束,各兵工单位在迁驻地迅速安顿复工建设,生产运行趋于稳定。这场自强不息、艰苦卓绝的中国战时兵工内迁也宣告胜利结束。

至此,在全面抗战爆发后不久,在国民政府及兵工署统一指挥下,所有兵工厂都迅速地按部就班、有条不紊地迁移到西南大后方,基本确保国民政府正面战场武器装备的正常生产。[③]三次大迁移中,跨省搬迁的兵工单位超过20家,其中跨省迁移两次的有10多家,个别单位跨省迁移之后,由于战局变化或地势不宜,在同省内迁移变动的亦反复。当

---

① 参见戚厚杰:《抗战时期兵器工业的内迁及在西南地区的发展》,载《民国档案》2003年第1期。
② 参见黄立人、张有高:《抗日战争时期中国兵器工业内迁初论》,载《历史档案》1991年第2期。
③ 参见李元平:《俞大维传》,台湾日报社1993年版,第50页。

时，中国的交通极不发达，西南地区尤其艰险，几万名兵工员工及家属，9万吨机器、设备、材料，在敌机不时轰炸扫射下，通过崎岖的山野公路、险恶的川江航道，进入云贵川地区，在荒僻地区重新建厂，其悲惨状况是可以想见的。但是，为了民族生存，为了抗击侵略，兵工员工把这些苦难全部承担下来，在每次搬迁之后，在新的地方，很快建起简易房屋，恢复兵器生产。①战时兵工内迁结束之后，内迁的兵工单位、新组建的兵工单位及西南本地的兵工单位，共同构成了战时中国兵工生产的骨干和脊梁，基本保证中国抗战时期国民党军队的枪炮弹药补给供应，为中华民族抗日战争的最后胜利提供了坚实的兵工基础，也为中国的兵工产业奠定了举足轻重的物质基础。

战时兵工内迁省市（迁入兵工单位）情况一览表

重庆	第一工厂、第二工厂、第三工厂、航空委员会第二飞机制造厂、第十工厂、第十一工厂（并入第一、二十一工厂）、第二十一工厂、第二十五工厂、第二十七工厂、第二十九工厂、第三十工厂、第四十工厂、第五十工厂、军政部兵工学校、军政部兵工署、炮兵技术研究处、弹道研究所、百水桥研究所
四川	第二十三工厂、应用化学研究所
湖南	第十一工厂（汉阳、巩县兵工厂组成）
贵州	第四十一工厂、第四十二工厂、第四十四工厂
云南	第二十二工厂、中央杭州飞机制造厂、航空委员会第一飞机制造厂

---

① 参见曾祥颖：《中国近代兵工史》，重庆出版社2008年版，第206页。

组织实施，调整改制

1937年8月至1940年10月，在国民政府军政部兵工署的统一规划、整体部署下，原分布在中国东部和中部的兵工单位开始有组织、有计划地分批陆续搬迁到以重庆为中心的抗战大后方地区。

自1928年11月起，国民政府陆续制定了《国民政府军政部条例》《军政部兵工署条例》《兵工署组织条例》及《兵工厂组织条例》等法规条例，由此，国民政府的兵工单位确立了集中统一的领导原则，形成了"军政部—兵工署—兵工单位"三级领导管理体制，这为战时兵工单位的内迁提供了机制保障。战时整个中国兵工的内迁都是在军政部及兵工署的整体规划下统一开展起来的。

为了统筹兼顾、协调联动，军政部兵工署在大规模实施兵工内迁之际，不仅派出专家考察团实地勘察西南兵工待建地区的地形地貌和自然人文环境，还在相关的重点区域建立一系列派驻办事处，加强组织管理，具体协调推进兵工内迁过程中的各种问题，协助各兵工厂解决搬迁运输、征地、建厂等事宜。1937年3月，兵工署成立驻沪办事处，以推进上海兵工厂的拆迁工作；同年9月，兵工署驻香港办事处、驻重庆办事处、驻长沙办事处、驻西安办事处等分别设立。1938年6月，驻昆明办事处成立；8月，驻宜昌办事处万县分处建立。1939年2月，驻贵阳办事处建立。1938年年初，军政部颁行了《军用文官任用暂行条例》和《军用技术人员暂行给与标准训令》等法令条例，规范了对兵工单位的科学管理。此外，为加强对兵工单位内迁过程的管理，兵工署也制定了相关规章制度。1938年11月的《兵工署为分渝衡两地办公业务划分颁发训令》，1939年4月的《兵工署颁发派驻各地办事处职权范围训令》等，专门加强了对战时兵工内迁派驻办事处的管理。

兵工署这些派驻办事处协助和解决内迁兵工单位搬迁过程中勘察厂址、租赁场所、拨付车船、装卸货物、督饬复工及组织搬运夫、押解兵等事宜和各种需求，为中国兵工内迁的胜利发挥了重要作用，这特别体现在兵工署驻重庆办事处的各项工作中。重庆作为抗战大后方的中心，也是中国兵工内迁的主要集结地，驻重庆办事处的地位最重要、任务最艰巨、影响最深远。据《兵工署驻重庆办事处规则》规定重庆办事处主要负责：关于兵工署在川接洽及调查事项；关于兵工材料之保管及运输事项；关于协助兵工署各附属单位移川事项；关于办理兵工署直辖之四川各厂请托事项；关于奉署令特饬办事项。①

兵工署驻重庆办事处成立后，积极建设了一系列的兵工器材库，协助兵工单位选定厂址、运输器材，并督饬复工。重庆办事处先后协助百水桥研究所、金陵兵工厂、钢迁会等十几家兵工单位正常迁渝。此外，还接收了重庆原有兵工单位，组织协调进口军械从云南转到重庆等。

抗战时期的公路、水路等运输的车船资源极为紧张，而中国兵工内迁顺利实施的关键在于运输，为此，兵工署积极整合统筹运输资源，强化组织协调。1937年11月，兵工署设立驻芜湖临时办事处、驻宜昌运输处等机构，专门负责联系运输工具、督导交通等事宜。1939年4月，兵工署署长俞大维签署发布了《兵工署颁发派驻各地办事处职权范围训令》，明令规定："本署派驻各地办事处，系代表本署对外接洽及办理关于运输并其他各事宜"，"对当地最高行政及军事机关，办事处以本署代表名义接洽一切"。该训令主要就运输事项做出了严谨细致的规定：

---

① 参见《中国近代兵器工业档案史料》编委会编：《中国近代兵器工业档案史料》第3辑，兵器工业出版社1993年版，第281页。

（1）对于各所在地、西南运输处及其他管理运输之机关，由办事处代表接洽。请拨车船向西南运输总处接洽，各地运输问题之函电，俱应由昆明办事处转送，并就近接洽。（2）各厂库需用交通工具，应请求办事处交涉，其运输之次序先后，由办事处秉承署令主持决定。（3）所在地之本署各属，所有车辆应向办事处登记，有车开离所在城市，应事先通知办事处，如有空位，得由办事处指定装运本署各属待运公物及出差人员。（4）本署所属凡有车辆到达所在地时，应通知办事处，如有空位行驶时，亦得由办事处指定装运。（5）所在地之本署各属车辆，办事处得随时征集在城市近区交本署所属别一机关应用，但往返超过一日者，应事先商得该属同意。（6）非办事处直属各库之搬运夫、押运兵数额，亦应向办事处登记，有必需时办事处得统筹调用。[①]

如此一来，兵工署站在全局高度，整合全国各地运输力量，统筹组织协调各地运力，基本实现了保障兵工内迁科学合理的运输。如兵工署驻重庆办事处与民生公司签订协议，联合运输达10万多吨器材。

战时兵工内迁开展以后，很多兵工单位从原所在地迁出后，其名称与驻地多有不符，为了方便与保密起见，兵工署对内迁兵工厂实施了更改厂名的措施，决定用数字来命名兵工厂。1938年2月，兵工署署长俞大维签发了《兵工署更改各兵工厂名训令》要求："查本署所属各兵工厂现多已择地迁移，原有名称与新迁之所在地多已不相符合，……拟重新予以厘定，按照数字排列，并为对外秘密起见，不冠以地名，仅简称为军政部兵工署第几工厂。每一省份各暂定十个单位，以便记忆。如第一工厂至第九工厂在湖北，第十工厂至第十九工厂在湖南，余按此类推……尤可使外人闻及厂名，对于兵工实力及厂址所在不能明了真相。"[②]从此，战时兵工厂均用编号命名，一直延续到战后。

---

① 《中国近代兵器工业档案史料》编委会编：《中国近代兵器工业档案史料》第3辑，兵器工业出版社1993年版，第80—81页。
② 《中国近代兵器工业档案史料》编委会编：《中国近代兵器工业档案史料》第3辑，兵器工业出版社1993年版，第240页。

第一章 临时行宜：兵工内迁频向西

■ 兵工更改厂名情况表

所在地	原厂名	更改厂名	终迁地
湖北汉阳	汉阳兵工厂	兵工署第一工厂	重庆
湖北汉阳	汉阳火药厂	兵工署第二工厂	重庆
湖北汉阳	上海炼钢厂	兵工署第三工厂（1940年3月，并入钢迁会）	重庆
湖南株洲	炮兵技术研究处	兵工署第十工厂（广东第一兵工厂炮厂并入）	重庆
湖南长沙	巩县兵工厂	兵工署第十一工厂	重庆
重庆	四川第一兵工厂	兵工署第二十工厂	重庆
重庆	金陵兵工厂	兵工署第二十一工厂	重庆
重庆	军用光学器材工厂	兵工署第二十二工厂	昆明
重庆泸县	巩县兵工分厂	兵工署第二十三工厂（面具厂在重庆，化学厂在泸县）	四川泸县
重庆	重庆电力炼钢厂	兵工署第二十四工厂	重庆
陕西西安	陕西第一兵工厂	兵工署第三十工厂（原济南兵工厂）	重庆
广西柳州	广西第一兵工厂	兵工署第四十工厂	重庆
广西融县	广东第一兵工厂	兵工署第四十一工厂	贵州桐梓
广西柳州	广东面具厂	兵工署第四十二工厂	贵州遵义
云南昆明	广东第二兵工厂（炮弹厂）	兵工署第五十工厂	重庆
湖南衡阳	中央修械所	兵工署第四十四工厂（1940年春，扩编为中央修械厂）	贵州贵阳
湖北武汉	航空兵器技术研究处	兵工署第二十七工厂	重庆
湖北武汉	中央杭州飞机制造厂	航空委员会第二飞机制造厂	云南瑞丽

兵工署所属兵工各厂处库，均为国防重要机关。抗战时期，更应重视保密。鉴于"敌寇对我国内情之侦察，无所不用其极，每有侦知我内地军民通讯地址，利用邮件，作种种宣传，并作空袭之线索者"，为缜密防范考虑，兵工署特拟订各厂处库名称代名表。1939年9月，兵工署署长俞大维发布《兵工署印发厂处库名称代名训令》，要求从1939年11月起，兵工署各厂处库实行代名规定，其中各主要兵工厂代名情况如下表：

■ 兵工各厂名称代名表

厂名	代名	厂名	代名
第一工厂	汉兴公司	第二十四工厂	运光别墅
第二工厂	天成公司	第二十五工厂	念吾农圃
第三工厂及钢迁会	沪汉公司	第三十工厂	济川公司
第十一工厂	巩固商行	第四十工厂	柳丝农场
第二十工厂	川益公司	第四十一工厂	融和林场
第二十一工厂	宁和号	第四十二工厂	绿溪林场
第二十二工厂	容光公司	第五十工厂	务实林场
第二十三工厂	洽庐东斋	第五十一工厂筹备处	无逸林场
航空兵器技术研究处	万能林场	第五十二工厂筹备处	无量林场
桂林修炮厂	桂馨园	炮兵技术研究处	忠恕林场
第一工厂沅陵修炮厂	园林艺圃		

　　局部抗战时，各兵工厂多在地方政府的支配下各自为政，往往追求"大而全"的生产模式，枪、炮、弹药等全部研制，以致产量不高、出品不精，专业化程度薄弱，现代化水平较低。从国民政府兵工署于1934年对全国兵工的整理情况来看，全国主要兵工厂生产自行其是，制造的枪械品种五花八门，口径有6.5、6.8、7.7、7.9、10.0、11.0等，枪械型号分别来自德国、英国、俄国、日本、意大利、荷兰、比利时等国家，仅进口的手枪子弹就接近20种。当时中国军队的装备制式，简直如同万国武器博览会。

　　自晚清近代兵工起步以来，直至南京国民政府军政部兵工署的设立，我国兵器工业长期处于缺乏统筹的分散发展状态。晚清地方督抚各自为政，民国初年各地军阀自行其是，始终不能形成统一标准的装备制式。各兵工厂"聘某一国之顾问，即购某一国之兵器"。机器设备不一致、兵器制式不统一、制造水平不一样，以致中国军队的武器弹药装备过于庞杂。并且，各地兵工在布局上不考虑全国的大局利益，以地方利益为主导，甚至违背中央政府的统一规划，以致我国兵工事业长期得不到统筹发展，不仅没能够实现以军事现代化带动国家现代化的进程，反而造成了军阀割据的格局，甚至延缓了国家整体的现代化步伐。

全面抗战爆发后，国民政府还未来得及接管东三省兵工厂，就被日军在九一八事变后侵占。四川的兵工厂与广东的兵工厂，直到全面抗战前夕才被国民政府接管。山西的兵工厂则是在日军进占太原被迫南迁之后，才逐渐被国民政府兵工署真正接管。

各兵工单位迁徙在过程中，经兵工署署长俞大维的主持，趁机调整了兵工产业结构，按照专业集中原则，推行专业化集中生产产品，以利于兵工的产业化生产和现代化管理。如，将迁到重庆的弹道研究所、百水桥研究所等合并为兵工研究所；将金陵兵工厂的枪弹厂归并到重庆的四川第一兵工厂，后改称兵工署第二十工厂；将汉阳兵工厂步枪厂、四川第一兵工厂轻机关枪厂归并到重庆江北的金陵兵工厂，即兵工署第二十一厂。内迁完成之后，各兵工厂主要出品情况大致如下：步机枪的生产主要集中于兵工署第一工厂、第二十一工厂、第四十一工厂3家，各种炮的生产主要集中于兵工署第十工厂、第五十工厂2家，枪弹的生产主要集中于兵工署第十一工厂、第二十工厂、第二十五工厂、第四十工厂4家，炮弹的生产主要集中于兵工署第一工厂、第十工厂、第二十一工厂、第四十工厂、第五十工厂5家，手榴弹、掷榴弹生产主要集中于兵工署第三十工厂，防毒面具、防毒衣等军用化学产品由兵工署第二十三工厂、第二十四工厂承担，兵工署第二十四工厂、钢迁会主要生产钢铁，为各厂提供兵工生产用钢，其中第二十四工厂生产飞机炸弹。[①]经过兵工署的组织调整，兵工署各兵工厂出品较之以前有了明显改变。各兵工厂的生产更加专业，符合现代工业分工专业的发展要求，有利于提高各兵工厂的专业生产水平。

[①] 参见陆大钺、唐润明编著：《抗战时期重庆的兵器工业》，重庆出版社1995年版，第52页。

兵工署各厂主要出品一览表（1941年4月23日）[①]

厂 名	所在地	主要出品
兵工署第一工厂	重庆	枪弹、手榴弹、甲雷、机枪
兵工署第二工厂	重庆	发射药、黑药
兵工署第十工厂	重庆	小炮弹、药包
兵工署第十一工厂	重庆	炮弹、步机枪、手榴弹
兵工署第二十工厂	重庆	枪弹、甲雷、铜皮
兵工署第二十一工厂	重庆	步机枪、迫击炮、迫击炮弹
兵工署第二十一工厂昆明分厂	昆明始甸	迫击炮、迫击炮弹
兵工署第二十二工厂	云南昆明	望远镜、测远镜
兵工署第二十三工厂	四川泸州	面具、特种药、火药
兵工署第二十四工厂	重庆	钢料、手榴弹
兵工署第二十五工厂	重庆	枪弹、手榴弹、铜皮
兵工署第二十六工厂	重庆	炸药
兵工署第三十工厂	重庆	枪弹、掷弹筒、掷榴弹
兵工署第四十工厂	重庆	枪弹、掷弹筒、掷榴弹
兵工署第四十一工厂	贵州桐梓	步枪、机枪
兵工署第四十二工厂	贵州遵义	面具
兵工署第五十工厂	重庆	炮弹、炮、样板
兵工署第五十一工厂	云南昆明	轻机枪
兵工署第五十二工厂筹备处	云南彝良	炮、炮弹
钢迁会	贵州贵阳	钢铁、工兵器材
航空兵器技术研究处	重庆	枪、掷弹筒及弹

---

① 参见《兵工署各厂主要出品一览表》，中国第二历史档案馆藏，七七四，298卷。不同资料或有抵牾之处，引用多保留原始资料原貌。

第二章

中流击水:"敦刻尔克"大奇迹

在战时兵工内迁的实施中,鉴于交通设备不足,公路运输落后,铁路干线匮乏,长江航道即成为中国兵工战略撤退的首选及基本途径。一时间,上海至武汉,南京至武汉,武汉至重庆,宜昌至重庆,在兵工署各工厂负责人的具体指挥下,广大兵工人员,协同兵夫、船员、纤夫及运输船队,几乎靠人搬手抬将数以千吨计的兵工器材装卸车船。途中车船被炸翻、人员被炸死炸伤,屡见不鲜。各路兵工单位通过长江航道的成功撤退,保存了中国军事工业的有生力量,支撑了中国抗日战场的军事装备供应,奠定了中国持久抗战的战备基石。

沪宁撤退：长江撤退序幕

1937年8月13日，日军大举进攻上海，悍然发动八一三事变。当日下午4时，兵工署署长俞大维旋即发送紧急密电："战时各厂应防备有被敌人占领及利用之虞，事先亟须作适当准备，俾于必要时或将重要机器搬拆或作整个炸毁，仰迅速严密准备具报，并随时发密语。至要！"①上海炼钢厂厂长张连科接令后，立刻妥善计划，一面坚持照常办公，一面准备搬迁事宜。此时的长江航道已然掀起一股民营厂矿企业的迁徙潮流，亦揭开了中国战时兵工长江大撤退的序幕。

上海炼钢厂前身是江南制造局炼钢厂，创建于1890年，是我国第一家近代炼钢厂。民国时期，江南制造局改为上海兵工厂，其炼钢厂便是上海兵工厂炼钢厂。到1929年，上海兵工厂炼钢厂独立建制成厂，即为上海炼钢厂。胡庶华、周志宏、张连科等先后任厂长。其中，张连科是陈仪担任兵工署署长期间招进兵工署工作的。在此之前的1930年，张连科在江西九江某煤矿任工程师时被土匪绑架，恰逢中共红军方志敏部活动于此，将其解救出来。张连科到兵工署后，先在资源司工作，在此期间，张连科撰有《国防与石油》《军用金属材料的自给与发展计划大纲》等著述，前者兵工署予以编印，后者由陈仪题签，兵工署刊行。张连科所撰的这两部书稿均是较早探讨我国能源安全建设的论著。

---

① 温勇耀：《"八一三"事变中的抗战兵工重地上海炼钢厂》，原载2014年9月25日《中国档案报》。

1932年"一·二八"事变后,上海兵工厂拆迁至南京、汉阳等地,上海炼钢厂则成为国民政府在上海地区唯一的兵工生产单位。此时,历经近半个世纪的洗礼,上海炼钢厂始终屹立不倒,并在生产兵工与民用品摇摆之间逐渐转向兵工生产。到1935年年初,上海炼钢厂拥有职工370余人,大小厂房403间,其中包括铁厂房206间,镀镍暨储料楼房13间,试钢及记工房5间,一千马力汽炉、汽机房3间,打铁房3间,木工房9间,新造电钢炉方棚6间。重点制造飞机炸弹引信、飞机炸弹壳以及炮弹、枪件钢料等兵工产品,年产软钢、炮弹钢、枪件钢、铸钢等钢料1000多吨。可月产500千克炸弹280枚,或280千克炸弹320枚,或180千克炸弹1200枚,或18千克炸弹3500枚,同时,上海炼钢厂专门制造一种500吨重航空炸弹。1937年淞沪会战打响后,上海炼钢厂遂成为日军空袭的主要对象之一。由于上海炼钢厂附近没有防空高射炮,日机低飞盘旋扫射,任意轰炸,肆无忌惮。8月14—25日,上海炼钢厂遭到日军空袭9次,数十枚燃烧弹、爆炸弹落入厂区,军械库、轧钢房等多处中弹,人员、物资设备皆有损失。该厂储存在江边居民家待运的锰精矽、精纯铝、铜线、砖料等重要原材料,及电焊机、打风磨机等机器,几乎被炸毁烧坏。其中,20日清晨,日军3架飞机低飞轰炸上海炼钢厂,炸死炸伤我官兵20余人。时任上海炼钢厂厂长的张连科运筹帷幄,一度使得上海炼钢厂在战火间隙毅然坚持开工生产,维持平炉的工作,以制造弹壳毛坯,供应军火机料。同时,为从长计议,张连科审时度势,向兵工署呈请迁往汉阳钢铁厂。为此,张连科奔走接洽,筹备车船,指挥全厂职工冒着日本炮火的狂轰滥炸,渐次将钢炉部、修理部、轧钢部、砂模部、木工部、车制部、零件部等的设备悉数拆卸,将设备及人员迁移至湖北汉阳。对此,上海炼钢厂警卫大队长王典则回忆道:

> 由于敌机不分昼夜的轰炸,只能进行夜间抢运,但不时仍为敌机发现,加以狂炸。职工性命,随时都有牺牲可能。所幸战争的性质不同,民族至上、国家至上的意识,武装了每个职工和战士的头脑,在此危难面前,从不示弱,拼着生

命，坚持抢运，因而壮烈牺牲者，职工战士七十余人，历时四个月，厂中设备，抢运出百分九十以上，经过铁路、河运安全运达汉阳……支援前线。①

9月16日，上海炼钢厂在汉阳铁厂旧址，仍用原名开始正式办公，并在苏联顾问的指导下继续生产航空炸弹，以支援前线。在张连科及全厂员工的不懈努力下，上海炼钢厂成为抗战全面爆发后第一个成功内迁的兵工厂。

8月16—25日，位于南京的金陵兵工厂也连遭日军空袭轰炸。金陵兵工厂的器材厂工人程明海、张庆余，铁厂工人冯根宝，枪厂工人李经希、杨积明以及一等兵赵福胜等6人被炸死；药厂主任熊梦莘、中尉李继德、下士副班长余克田、上等兵王振新和一等兵张鸿鑫等7人被炸伤；另有技师房俊卿、孙振东在修理前线机炮返程中被炸身亡。但全厂上下团结一致，毫无畏惧。"吾人目击其残暴行为，热血愈为沸腾，鼓舞奋发，不分昼夜，照常工作，诚有一心报国、视死如归之概。"②每遇有日机空袭，金陵兵工厂高射炮与高射机枪人员即刻到岗防御轰炸，厂长李承干则亲率部分部室负责人坚守在办公大楼，制订战时生产政策，改善防空装备，研究疏散方案等。迭次空袭中，金陵兵工厂职员均表现出大无畏奉献精神。各职员抢救修理损坏房屋，举凡扛料、盖瓦诸事，竟乐为之。曾有一工友扛料，劳苦过甚，倒毙途中，其尽忠保国，堪称壮烈。9月中旬，金陵兵工厂枪弹厂在主任虞绍唐的带领下先期内迁，与四川第一兵工厂合并，后改制为兵工署第二十工厂。10月，枪弹厂运往芜湖的2000吨器材，由民生公司轮船运往重庆。至11月，上海沦陷，南京情势危急，华东地区的兵工单位不得不加紧撤离。金陵兵工厂、中央杭州飞机制造厂、中央南昌飞机制造厂等兵工厂，以及弹道研究所、炮兵技术研究处、航空兵器材研究所等军事研究单位，主要由民生公司、招商局等的江轮沿长江航道陆续运出，转往湖南、湖北、四

---

① 重庆市人民政府参事室编：《历史回顾——纪念抗日战争50周年专辑》，重庆长征印刷厂（内部刊行）1987年版，第73页。
② 李承干：《抗战中服务兵工回忆录》，重庆市档案馆档案藏，全宗0176，目录4—5，卷8。

川、重庆等地。其中，中央杭州飞机制造厂的设备和人员，由芜湖转往武汉，后迁至昆明。中央南昌飞机制造厂则是全厂职工拆卸器材后，自行雇佣木船，经赣江转武汉，再抵达重庆。

在这批内迁的兵工单位中，金陵兵工厂前身是洋务运动期间创办的金陵机器制造局，也是当时一家规模庞大的综合性工厂。1928年，国民政府将金陵制造局更名为上海兵工厂金陵分厂，1929年6月独立建制为金陵兵工厂，隶属军政部兵工署。1931年7月，时任兵工署署长的陈仪将金陵兵工厂工务处处长李承干破格提拔为厂长。至1947年李承干辞去厂长一职，其前后主持金陵兵工厂（后改制为兵工署第二十一工厂）达十六年之久，不仅缔造了战时兵工署第二十一工厂的不朽功绩，也演绎了"兵工界国宝"的传奇一生。

金陵兵工厂外景

1930年，李承干在任金陵兵工厂工务处长之际，一面制定规范化工作制度，兴利除弊，钻研技术，改善生产；一面与贪污腐败的官僚分子做斗争，整治沉疴积弊，匡扶正义。时任金陵兵工厂厂长的黄公柱不仅不识兵工专业、不务正业，且滥赌成性、中饱私囊多年，厂内职工无人敢揭发。一天上午，李承干对上班迟到但大摇大摆的黄公柱，当众质问：

> 全厂职工均按时一早上工，而你们少数厂里领导人，总是九、十点钟才进厂；职工都穿一身工作服劳动，你们却穿着笔挺的西服，这哪里像个劳动的样子？工务处的技术人员每天都和工人一起在车间干活，而总务处的人员却不是这样，而且业务水平低下。这种情形难道不应该改变么？①

经过李承干不断请呈，1931年5月，兵工署将黄公柱调离金陵兵工厂。

同年7月，李承干升任金陵兵工厂厂长之后，更加励精图治，加强管理整顿。为此，李承干提出了《治厂纲要》，强调："厘定法规以明职责，革除陋习以防中饱，慎选材料以合规格，改善工作方法，提高产品质量，砥砺员工研究，扩大工余教育，以培养其品格知识，改良员工生活，以勉其精诚合作。"在李承干的带领下，金陵兵工厂的发展蒸蒸日上，生产技术水平显著提升，生产数量与效率大大提高，生产成本则大大降低。到1936年时，金陵兵工厂八二迫击炮的生产从1935年的108门增至480门；八二迫击炮弹由11万发增至30万发。其主要武器单价成本也都大大下降了：马克沁重机枪由每挺1300元降为950元，降幅为26.9%；八二迫击炮弹由每发8.5元降为5元，降幅为41.1%；七九枪弹每发由0.09元降为0.06元，降幅为33.3%。同时，在兵工署署长俞大维的支持下，李承干利用省下来的工厂生产结余经费，进一步组织开展了金陵兵工厂的扩建工程，修葺旧有的枪弹厂、器材厂等，并征地13万多平方米，添置了大量机器设备，新建了南弹厂、北弹厂、试验室等，扩大了生产研制规模，还修建了学校、职工宿舍等设施。经过几年努力，那个原先纪律松弛、贪污成风、生产不振、濒临倒闭的金陵老兵工厂焕然一新，发展成为一个管理科学、生产规范、组织完善的颇具规模的近代兵工企业。而廉洁奉公、以身作则、尽忠职守的厂长李承干也被工人誉为"廉洁厂长"。

---

① 朱有志、郭钦主编：《湖南近现代实业人物传略》，中南大学出版社2011年版，第202页。

到1937年全面抗战爆发前夕，金陵兵工厂经过扩建之后，有员工约4000名，机器设备4300余吨，年产马克沁重机枪626挺，八二迫击炮440门，各类炮弹35万发，防毒面具近3万具，能够制造生产中正式步枪、捷克式轻机枪、一二〇迫击炮及炮弹等其他各种军火，还能够仿制德国四重尖弹、钢芯重尖弹、钢芯曳光弹等替代了进口产品，可谓国民政府控制的研制生产军火能力最强的兵工企业之一。其中，金陵兵工厂按照德国兵工署赠送图纸并加以标准化制造的马克沁重机枪，称为"宁造24式"马克沁重机枪，质量精良，声名远播，深受军队欢迎。

金陵兵工厂制造的马克沁重机枪

然而，全面抗战爆发以来，金陵兵工厂的内迁问题实际上长期一直悬而未决。兵工署虽有下达迁移命令，但对于各个兵工厂迁到哪里，怎么迁，并没有详细部署，这些主要靠各兵工厂负责人自己决断。对于金陵兵工厂的迁移与否，迁到湖南、湖北？还是宜昌、重庆？大家众说纷纭。不少人找到李承干表示：我们信任你，只要你说怎么办，我们就跟着你干。李承干身负一厂同人所托，在走访郭沫若等社会知名人士之后，深虑国民政府的"抗战政策"，终于下定决心迁往西南腹地——重庆。

被日军占据的金陵兵工厂

从卢沟桥事变以来，到工厂拆迁之前，在李承干的指挥下，金陵兵工厂员工坚守岗位，日夜赶制武器弹药，以供应浴血奋战的中国军队。1937年11月15日，国民政府兵工署终于下达指令："凡受敌威胁地区之兵工厂及有关机构，统一于11月15日前迁往西南地区。"11月16日，在接到正式搬迁命令后，李承干立刻设立厂内专门拆迁运转机构，并派员工分赴长江沿岸和铁路、公路沿线，提前准备中途物资与人员的转运安置工作。同时，李承干不忘安置职工与家属迁移，并给厂内每位职工及家属发放了10元路费，使其能够先到武汉集中坐船赴渝。其间，为联系撤退事宜，李承干与负责迁运工作的人员一起，在厂区、车站、码头之间日夜操劳，忙碌奔波，顾不上吃喝，以致双眼陷落，声音嘶哑，难以发声。与人交谈，一度口手并用，甚至"以手代言"。厂内职工周永福看在眼里，疼在心中，给李承干买来面点充饥。在李承干的亲力亲为之下，金陵兵工厂全体员工废寝忘食，奋战16个昼夜，将机器设备拆卸完毕，连同机料与军火半成品，分别装载到4列火车、30辆卡车、1艘海轮、2艘江轮、1艘火轮、6只木船上，分水陆两路运出南京。

12月1日，日军下达总攻南京的命令。

在作别之际，厂长李承干坚持巡视厂区，召开了全厂大会。他挥泪动情道："再见了，南京！我们还要回来的！"并脱帽率领职工向金陵兵工厂深深地致以三鞠躬。

当时南京的车站、码头，已经聚集了难舍难分的人群。金陵兵工厂也有500多名家属不能同行。扶老携幼，奔走相送，骨肉离别，甚至是生离死别的凄凉景象，无不让在场之人顿生肝肠寸断之感。这一幅交织着眷恋、悲怆、震人心弦的送别图，不亚于杜甫在《兵车行》中的诗句："车辚辚，马萧萧，行人弓箭各在腰。爷娘妻子走相送，尘埃不见咸阳桥。牵衣顿足拦道哭，哭声直上干云霄。"

后来，李承干曾在《抗战中服务兵工回忆录》中亦描述此间情景道：

> 国破家亡之痛，猛袭万人之心。当同人离京之日，江干等车站之哭声震耳，不能挚将西上之眷属，痛极号，呼天抢地，此别无殊锥心。旅人千百均深蕴悲壮之情绪，萧萧易水，其景差复相同。①

在全厂器材与人员都安顿到船上之后，李承干才与最后一批人登上撤离的轮船。在开航之时，李承干发现一名由上级机关介绍登船的军官带了好几大宗私人物品。他毫不留情地质问这名军官："你看看码头上，许多职工和妻儿老小都无法上船，你岂能例外地带这么多私人物品上船？请你下去！"②李承干正义凛然的态度，迫使那名军官悻

---

① 第二十一兵工厂编：《直公嘉言录》，第二十一兵工厂1947年铅印，第19页。
② 郑洪泉：《国宝·功臣·抗日英雄——抗战时期战斗在兵工战线上的李承干》，载《红岩春秋》2005年第5期。

然下船离去。

行船途中，眼见满载着一船器材与人群的船上，甚至无立锥之地，竟也夹杂着一些中高级军官的私人物品，对此，李承干毫不留情，命令士兵将个别军官携带的沙发、桌椅等家具抛入江水，以便让更多的工人群众能够坐下。

此外，由于车船不足，金陵兵工厂还有60余吨钢材、铜材、机枪毛坯、军用帆布等物资不能运出，李承干只好嘱咐姚志良、王相越、吴堂、蔡金清等留守人员好好看管，伺机运出。在当时的战况局面之下，单靠几名普通职员，这批物资极有可能只能留在南京，根本没有希望运出南京的。没想到，车到山前必有路，在金陵兵工厂大部分撤出南京仅几天之后，12月6日，这几名工人连同数名兵士费尽心思，雇佣几只民船在日军炮火硝烟中将这最后一批物资抢救运出，依靠风力和人力艰难地驶往武汉。而从武汉到重庆的道路更是艰险漫漫，如践冰履炭。途中，从宜昌到巴东就走了半个月，曾多次遭敌机轰炸扫射、触礁、沉船。押运人员与船员、工人硬是冒着生命的危险，将落水的兵工物资打捞上来，换上木船，甚至用耕牛继续拖运前进。在押运人员中，王相越甚至留下年迈的老母亲和只有四个月大的幼女，只身担任押运工作。每每夜深人静时，他总是孤身矗立船头，翘首东望，黯然泪下，①更令人钦佩动容。1938年2月，经过三个月的辛劳奔波，王相越、姚志良等人押运的金陵兵工厂最后器材抵达重庆江北簸箕石码头。李承干被工人的爱国情操感动，高兴地与这几位工友合影留念，并特别向国民政府军事委员会呈请，为他们每人颁发一枚陆海空军乙等勋章。

---

① 参见《中国近代兵器工业》编审委员会编：《中国近代兵器工业——清末至民国的兵器工业》，国防工业出版社1998年版，第399页。

汉宜转运：俯身更往深处

长江的航线，从上海到重庆，从南京到重庆，途中必经武汉。武汉作为"九州通衢"，既通有平汉铁路、粤汉铁路，又有到四川、重庆相对发达的长江航道。随着北平、天津、上海及南京等城市的沦陷，全面抗战早期的武汉，不仅是中国中部地区最大的经济中心，并一度成为中国抗战的大本营，甚至发挥着战时首都的作用。由此，自全面抗战爆发以后，大批内迁的兵工厂人员和物资逐渐搬迁到武汉地区。但是，随着武汉抗战中心的确立，中日围绕武汉的战略战役也逐渐明朗。一方面武汉成为日军重点进攻对象，另一方面，内迁兵工遭受到炮火威胁，不得不再次进行战略转移。

1937年12月，河南巩县兵工厂化学分厂的8000余吨器材经平汉铁路运抵武汉；金陵兵工厂的4300吨器材也到达武汉。12月15日，兵工署杨继曾司长与民生公司签订合约，由民生公司开辟武汉至宜昌、宜昌至重庆的分段运输航线，疏运汉宜地区金陵兵工厂和巩县兵工分厂的物资。

民国时期，在河南郑州孝义火车站东南有一座神秘的工厂，四周用数米高的墙体包围着，人们即使站到火车顶上也看不到工厂内部，这就是"巩县兵工分厂"，当地人们俗称"新厂"或"毒气厂"，也称"孝义兵工厂"。

九一八事变之后，国民政府有识之士认为中日战争不可避免，为应对日本可能发起的化学战争，他们提出了"筹建吾国破天荒之化学兵工厂，以应国防需要"的主张。经过前期赴欧美考察学习，1933年7月，兵工署实施筹建了巩县化学厂，不久更名为石河兵工分厂。1934年5月，又改称巩县兵工分厂。多次改名，无非是为了保密起见，最终定名为巩县兵工分厂，也是为了混淆视听。巩县兵工分厂与巩县兵工厂并没有隶属关系，是一个独立建制的兵工企业，是当时国内第一家，也是唯一的化学兵工厂。

巩县兵工分厂外景

1936年2月，巩县兵工分厂正式建成，由原兵工署技术司司长吴钦烈任厂长。这时，兵工分厂已经初具规模，计有1200多名员工，包括工人900余人，警卫约300人，生产工厂设有硫酸厂、泡肿厂、泪气厂、烟罐装填厂、毒气弹厂等9个工厂，后增添动力厂、机修厂，主要制造化学战剂、防毒器材、化工原料三大类，包括毒气弹、催泪弹、泡肿气体、烟雾酸、烧碱、盐酸、氯化钾及防毒面具等14种产品。前9个工厂以《千字文》的天、地、玄、黄、宇、洪、日、月、星作为代号。

值得一提的是，在巩县兵工分厂的建设过程中，蒋介石分别于1934年10月、1935年10月和1936年10月三次亲临工厂视察，直接了解工厂的建设发展情况，足见蒋介石对巩县兵工分厂的重视程度。蒋介石在1935年视察时，还提出了"发扬埋头苦干与勇往无前的精神，发展自己的兵器工业，抗击侵略者，收复失地"的口号，以激励全厂职工。

巩县兵工分厂全体职员合影

1937年,巩县兵工分厂转入正常生产,全年计划产量为:圆锥药烟罐或手榴弹11万个,圆锥药82毫米迫击炮弹2万发,圆锥药75毫米山炮弹5000发,方药航空炸弹1万枚,方药75毫米山炮弹5000发。卢沟桥事变后,巩县兵工分厂屡遭日军飞机轰炸,生产一度中断。11月16日凌晨,兵工署急电巩县兵工分厂:"急如星火地星夜拆装全部机件,经汉口转运四川。"次日清晨,巩县兵工分厂机器停止运转,投入紧张的拆迁工作中。拆迁在几许压抑沉闷的气氛中进行,广大工人群众默默无言,但抗战爱国的热忱不减,他们不计个人得失,战严寒、砺兵志,冒风雪、保器材,通宵达旦,一边拆卸设备,一边装运上火车。上千部机器设备,很快拆卸装载完毕。据有关搬迁记载如下:

  查本厂全部机件材料仪器以及文卷簿籍等,总重逾八千吨,且化学机件一部分精密异常,拆运需十分谨慎,一部分体积庞大,笨重不能分割,车船装卸,在在须高度技术。本厂员工运用其智慧,日夜苦干,全部机料竟毫无损失,于二十七年二月份起陆续到达厂址。全厂员工之奋勇努力，实堪称道。①

在广大工人完成拆运之后，巩县兵工分厂只允许技术工人随厂迁运。大多数普通工人只能眼睁睁看着工厂迁移队伍撤离的身影黯然伤怀，那些随厂迁移的技术工人则怀揣着满腔的报国壮志与满纸的乡情离愁，踏上了漫漫救国路。

随着南京沦陷，战事急剧恶化，武汉面临日军威胁。1938年2月，蒋介石指令："汉阳钢铁厂应择要迁移，并限三月底迁移完毕为要。"汉阳钢铁厂是清末洋务运动后期代表人物——湖广总督张之洞所创办，并逐渐发展成为远东最大的钢铁联合企业，时人誉之"东亚雄厂"。到抗战时期，汉阳钢铁厂对国防工业建设的作用亦不容小觑。钢铁之于国家，犹如骨骼之于人体，没有钢铁，就难以支撑国防工业建设。于是，1938年3月，军政部兵工署与经济部资源委员会联合组建"钢铁厂迁建委员会"，以便将集中于武汉地区的汉阳钢铁厂、上海炼钢厂、大冶汉冶萍铁厂、六河沟铁厂等统筹迁运而出。钢迁会由兵工署副署长杨继曾担任主任委员，上海炼钢厂厂长张连科先任委员驻厂办公，后任副主任委员，代行主任职权，实际主持钢迁会的各项工作。张连科受命之后，首先决定将钢迁会所属钢铁厂迁移到重庆大渡口建厂，继而积极组织迁建事宜，着手抢运各厂设备及物资。但是，各钢铁厂散布于武汉各地，且到重庆的路途稍远，江水湍急，逆水行舟，困难重重。当时，长江航线上，所有物资与人员倚重的船舶，只有民生公司、三北公司与招商局三家航运公司所属的二三十艘江轮。这些船舶本身运输能力有限，在急迫时间内不单要运载兵工等军需物资与民用工厂的机器设备，还要抢运全国各地内迁西南的各类人员，可说是捉襟见肘，疲于应付。同时，日本空军加紧对武汉三镇的空袭，不分昼夜地轰炸，试图封锁武汉以西江面，造成我运输船舶多有损失，也使得长江航线不时受阻。有鉴于此，张连科预计若将钢迁会所属器材直运重庆，客观环境与运输条件有所不

---

① 中共巩县县委党史资料征编委员会编：《巩县文史资料》第12辑，1984年版，第11页。

许，更恐有顾此失彼之虞，不仅给在重庆建厂复工造成不利，也势必给抗战后方兵工生产带来不可弥补的损失。因此，张连科及钢迁会审时度势，遂协同运输船舶公司决定实行分段设点转运的方式，先将各钢铁厂设备汇聚到武汉近郊，以宜昌为中转站，再设法转运到奉节、万县，再后陆续运抵重庆。采取这样的辗转运输方式，给运输船舶减轻了压力，却给各工厂担任护运的人员加重了负担。在沿途转运点，担任警戒与护运的各厂人员责任十分重大，稍有疏忽，损失一件，就有可能影响整部机器的正常运转，乃至影响整个工厂的正常生产。然幸赖钢迁会全体同人，深明大义、无怨无悔、尽忠职责，头顶着敌机日夜的空袭轰炸，不怕牺牲、竭心尽力、履行使命，基本保证了钢迁会各厂设备和物资的安全抵渝。

5月起，张连科指挥钢迁会将各厂约5万吨器材设备开始由武汉向宜昌集结。此时，武汉、宜昌间的兵工器材已达8万吨。但是，由于长江航业处江轮搁浅，组织协调不及时，汉宜间逐渐出现兵工货运积压危机。同时，因为轮船调剂不到，拖轮难以租借，张连科只能指挥钢迁会租借木船进行拖运。当时参加拖运的木船多达140艘。然而，又因为拖轮不足，其中由30多艘木船满载的锅炉机件搁置了两个月，才用拖轮牵至宜昌。另由80艘木船装载的5000吨物资在石首遇阻，直到1939年3月才拖往宜昌，且丢失物资2000吨。①至10月23日，在日军兵临城下、武汉沦陷前夕，钢迁会仍然在抢运器材。负责指挥钢迁会迁建工作的张连科"舍小家、顾国家"，无暇顾及家人，其妻子带着三个幼子只得跟随难民流艰辛内迁。当一家人在重庆相逢时，昔日西装革履的厂长仿佛已经蜕变为头戴草帽、身穿短裤的苦力工头。抗战胜利后，国民政府评价张连科主持下的钢迁会迁建工作：

  成立伊始，一切草创。关于拆卸机器与调度运输诸事，由公（张连科）秉承主任委员，筹划指挥，旦夕勤劳，虽敌

---

① 参见黄振亚：《长江大撤退全景实录》，广东人民出版社2013年版，第121页。

机频袭,弹雨横飞,而工作不休。厂初迁至新址后,自开辟草莱,以致奠立基础,千头万绪,惨淡经营,不辞劳怨,无间始终。①

经由武汉、宜昌转运的兵工器材,还有一些是从湖南湘江而来,如广东第二兵工厂。

广东第二兵工厂,原系广东清远县琶江炮厂,1933年由陈济棠与德国公司订立合同购买建立,主要出品三七战防炮、迫击炮、炮弹及防毒面具等。1936年两广事变后,国民政府军政部兵工署控制了兵工厂,改称广东第二兵工厂,由江杓任厂长。广东第二兵工厂是当时国内唯一的线膛炮、弹合一的制造工厂。

广东兵工总厂

1937年卢沟桥事变后,广东第二兵工厂于当年7月中旬以后即遭日本海军航空队飞机的连续轰炸,所幸厂房均为钢筋混凝土浇筑,并因疏散及时,大部分机器设备安置于安全地点,尚没有造成重大损失。

"职于十七(1937年7月17日)回厂,不幸遭敌机连炸几天,在山洞

---

① 温勇耀:《钢迁会创始人张连科》,原载2013年7月27日《中国冶金报》。

内只闻落弹声如雨点一般下来,直至十九午后。"[1]1938年3月,日军又对广东第二兵工厂进行了更为猛烈的轰炸:"三月二十七日上午十时,敌机在厂外岔道投弹四枚,下午又来厂投弹七枚,水电所山后落三枚,弹夹所西北空地落三枚,引信所中一弹,房屋坍陷。二十八日,在厂外岔道投弹五枚,炸中本厂运输车一辆,毁制炮所第二、三、四号大车床各一部。二十九日,在制炮所后边投弹三枚。三十一日又投弹二十余枚,西人宿舍中一枚,毁屋数间,办公厅前山上水池旁落弹十余枚。在此期间敌机每日分批过厂,不得已将弹夹所机器择要移入山洞。"[2]

1938年3月,广东第二兵工厂奉令迁川建厂。在厂长江杓的带领下,将广东第二兵工厂能拆迁的设备,包括机器仪器、金属器材、木器家具、电缆及建筑物料,共约2000吨,悉数拆卸装箱运出。同时,广东第二兵工厂组织员工、夫役、士兵600余人,设分4个迁运站,专司从事迁运过程中的相关事宜。

广东第二兵工厂的器材,一部分是经粤汉铁路运抵武昌,再由轮船转运宜昌。还有1600吨器材则是先运到湖南株洲,用汽轮拖带,由湘江北上,经洞庭湖出长沙,溯江直驶宜昌。途中木船编队必须借助于拖轮之力,方能在水流湍急的河道上行进。而拖轮马力不足,燃料有限,只能马不停蹄地来回奔波,才能保证船队的整体行进。有时一天只能前进30千米。

1938年4月28日,广东第二兵工厂第一批机器到达株洲,共装载了30艘木船,于5月3日启程北上,由该厂警卫队第二中队长蔡琳率两个排押运。起初,由于未雇到拖轮,木船队全靠人力前行,一小时航行里程不足5千米。8日晚,木船队抵岳阳后,30艘木船又分成三组,并于9日、10日分别由新雇得的"荆通""武通""安宁"三轮拖带,进入长江。14日,船队遇到急流,水手文胜保为避免木船相撞而被夹在两船体中间不幸身亡,尸体落水后亦无法找寻。28日,经过一个月的艰险之

---

[1] 《曾邦煦给江杓的呈义》,重庆市档案馆藏,50厂,2232卷。
[2] 《李式白给江杓的呈文》,重庆市档案馆藏,50厂,275—279卷。

旅，广东第二兵工厂第一批机材终于运抵宜昌。

以后，广东第二兵工厂的木船队一批接着一批地进入长江航线驶往宜昌。但随着雨季到来，长江水流变得湍急，木船队缺乏拖轮牵引，行进愈加艰难。由此，各木船队只得改由岳阳进洞庭湖，经藕池河到石首县之藕池口停泊，再由驻宜转运人员派小拖轮分批在藕池口与宜昌间来回拖运。8月，广东第二兵工厂第四批、第五批木船队因小轮无煤全部积压在藕池口，此后越来越多的木船队装载着兵工机材与职工及眷属到达藕池口待拖。宜昌不得不调集"万源""富阳""新富""衡昌"等拖轮不间断地在宜昌至藕池口之间来往拖运。

至11月18日，广东第二兵工厂最后一批140吨机材，在"国元"号、"海明"号江轮的积极奔波抢运下，经洞庭湖、藕池河，终于抵达宜昌。

由于战事频仍，路途曲折艰险，广东第二兵工厂从1937年冬季自广东拆卸起，到1938年年底运完，前后刚好历时一整年。倘若单以湖南株洲经水运到宜昌航段，则是从1938年5月第一批器材装载起航，到11月最后一批抵达宜昌，前后持续半年之久。随船兵工干部何志栋向厂长江杓汇报时称："押运员兵及拖轮工匠概激于民族义愤，舍死工作，星夜开驶，达旦不休，经八、九日之艰苦撑持，虽途径（经）石首河面时，又遭遇敌机追袭，情势危险万分，尚幸人船无恙。……该轮全体工匠（15人）似此深明大义，冒险奋进，事（实）属难能，忠义可嘉。"①

此次湘江、宜昌航运的成功实践，为其后汉阳兵工厂和巩县兵工厂等从湖南迁往重庆开辟了道路。

经由武汉、宜昌转运的兵工器材也在不断发往川渝地区。1938年4月，民生公司运出1.4万余吨器材，主要包括金陵兵工厂、河南巩县兵工分厂器材。5—7月间，民生公司又陆续从宜昌转运出1.7万吨的兵工器材。9月中旬，兵工署在宜昌器材库存已达3万吨，尚有2万吨后续运到。为了补充民生公司轮船的运力不足，兵工署各厂或主动或被迫组织

---

① 黄振亚：《长江大撤退全景实录》，广东人民出版社2013年版，第98页。

征集大批木船以加快运送兵工器材。譬如，金陵兵工厂厂长李承干为尽快迁移、复工生产，自雇木船装载部分器材迁往重庆。由于长江三峡河道激流险恶，木船行进困难，缺乏机器设备辅助，多有船夫、纤夫协助，几乎完全依赖人力行进。李习文、马怀钦、陈骏铭、徐家栋、姜耀荣等数十名金陵兵工厂的员工自告奋勇，上岸拉纤。他们迎着凛冽萧瑟的秋风，踩着峡谷嶙峋的乱石，浸泡着冰冷的江水，俯下身体负重前进，举步维艰，没人退却，握紧拳头，咬紧牙关，终于使得满载着兵工器材的货船顺利通过危险区域。当时，装载紫铜、钢材等原料设备的两艘木船在秭归、巴东触礁沉没，但在兵工人员的努力打捞下，也使物资悉数回归。装运主机的木船到重庆万州时，遭遇日军敌机轰炸，木船被炸翻，随船兵工人员视设备如生命，立刻奋不顾身纷纷跳入江中打捞器材。对此一段情景，金陵兵工厂厂长李承干叙述道：

> 我人为期早日复工，赶造枪械，供应国库，杀敌致果，虽雨雪载途，敌机频袭，亦不稍馁。计自汉口而宜昌，而万县，以至重庆，几经转驳装卸，各位莫不以同样的努力，始终无懈，夜以继日，不分职别，不分员工，不计辛苦，分途担任迁运工作……①

在各方协调努力下，除汉阳铁厂等部分物资未能迁出而落入敌手外，大多数兵工器材安全转运出来。兵工汉宜转运，是武汉会战的直接产物，是战时兵工内迁至关重要的一次撤退，也为随后宜昌大撤退的成功开创了先例。

此外，武汉的汉阳兵工厂也进行了拆迁。1938年5月，汉阳兵工厂接到兵工署的西迁命令。6月底，兵工厂的大部分机器设备、成品、半成品等全部拆卸装船。在迁建前，汉阳兵工厂制炮厂已经奉命拨交给炮兵技术研究处，即兵工署第五十工厂忠恕分厂的前身。迁建过程中，汉阳兵工厂制枪厂拨交金陵兵工厂，即兵工署第二十一工厂。在迁建后，

---

① 三土：《大西迁——抗战中的金陵兵工厂》，载《现代兵器》2007年第11期。

汉阳兵工厂解体。汉阳兵工厂迁往湖南辰溪，改制为兵工署第一工厂，后三分之二器材由辰溪再迁往重庆，其中枪弹厂一部分拨交兵工署第二十五工厂，剩余部分的枪弹厂、机关枪厂及动力厂拨交兵工署第十一工厂，而第十一工厂迁渝的制枪厂、枪弹厂拨交第一工厂。汉阳兵工厂的汉阳火药厂亦全部迁到湖南辰溪，改制为兵工署第二工厂，后于1940年10月迁到重庆。

宜昌大撤退：凤凰浴火重生

湖北宜昌，古称夷陵。地处长江中上游，既可"上控巴蜀，下引荆襄"，又是"川鄂咽喉、三峡门户"，实乃承东启西、贯通南北的重要交通枢纽，亦为军事战略要地。中国兵工在长江航道撤向大西南的进程中，由于三峡河道狭窄弯曲、滩多浪急、艰险穷恶，南下西迁的兵工人员与物资必须在宜昌下船，换乘能通行三峡航道的大马力小船，才能溯江运往川渝，因此，宜昌不仅是中国战时兵工内迁的必经之站，成为中国战时南下西迁的转运中继站，也成为中国战时重庆及抗战大后方的重要门户。

宜昌港全景

民国时期,铁路干线严重不足,公路亦相对匮乏,既崎岖难平,且借助于进口汽油,运输成本庞大,只有水运相对通畅。上海、南京、长沙、武汉、宜昌乃至重庆,均有江水贯穿,连成一片。如此一来,日本军舰可以沿长江航线自东向西,横扫国府重镇,甚而攻克重庆,进取西南。可见,长江航线对于国民政府的国防安全不容小觑。因此,早在1937年8月12日,国民政府便实施了第一次"沉船计划",希望通过沉船断流的方式,阻止日本舰船的进攻。当时,长江中下游最主要的三家轮船公司,国营轮船招商局、虞洽卿三北公司与杜月笙大达公司的24艘船只,总吨位有4.3万吨,加上国民政府海军的轻巡洋舰、练习舰、飞机母舰、炮舰及鱼雷艇等8艘军用舰艇,一并凿沉于江阴黄山下游的鹅鼻嘴,以堵塞隔断日军西进航线。

1938年4月,在日军攻占南京以后,国民政府在江西马当组织进行了第二次大规模的沉船工程。在此之后,随着中日战事发展,国民政府又在镇海口、龙潭口、田家镇等实施了六次沉船计划。其间,除上述三家轮船运输公司之外,宁绍商轮公司、天兴轮船公司、通裕轮船公司、中国合众航业公司、大振航业公司、中兴煤矿公司营运处,以及卢作孚的民生公司等十多家民营公司都参与了沉船御敌活动。据资料记载,宽阔的江面上,波涛汹涌,自沉的船只鸣笛,船体倾覆,缓缓沉入江中,蔚为悲壮。经过一系列沉船活动之后,招商局损失占公司轮船总吨位的40%,虞洽卿的三北公司损失过半,而上海大亨杜月笙的大达公司船只悉数自沉,他们用自己的行为诠释了民族大义,表达了抗战决心。

据不完全统计,抗战初期被征用阻塞航道所损失的大型轮船共有163艘,总吨位达到了148,801吨。在中国人民抗战历史上,长江航线上发生的这一幕幕沉船御敌行动,何其惨烈,何其悲壮,显示了中国爱国企业家破釜沉舟、共赴国难的英雄气概,展现了中华民族万众一心、同仇敌忾的抗战意志。这既是一次"慷慨赴义"的自愿殉葬,也是一种"断臂求生"的自我救赎。在某种程度上,沉船御敌行动有效滞阻了侵华日军沿长江航线向国民政府腹地进攻的步伐,彻底瓦解了日军企图快速灭亡中国的野心，但同时也极大损害了长江航运的运输能力，以致长江中上游航运压力长期紧绷，几近崩溃的边缘。幸亏卢作孚不完全同意沉船御敌的方式，没有将民生公司轮船全部投入，保护了长江中上游的运输货轮，也为接下来宜昌的"敦刻尔克大奇迹"保留下了有生力量。

事实证明，沉船御敌行动虽其慷慨悲壮，但无力改变中日战争局势的恶化，难以确保长江流域中国抗战后方的安全。1938年10月25日，武汉沦陷，长江航道被切断。宜昌处于日军包围之下，危在旦夕。而此时的宜昌聚集了从华东、华北、华中涌入的大批人流、物流，形势危急，情况危难。曾滞留宜昌的叶圣陶写下的《宜昌杂诗》的纪实诗中有："对岸山如金字塔，泊江轮作旅人家。故宫古物兵工械，并逐迁流顿水涯。"反映了兵工器材与故宫文物堆积如山，等待运输的破败景象。又云："下游到客日盈千，逆旅糜居待入川。种种方音如鼎沸，俱言上水苦无船。"①表现了从全国各地聚集于宜昌，等待登船入川的难民人潮。此时的宜昌至重庆航段，船少客多。平时20元一张的船票，暴涨到100元依然抢购不得。很多人在宜昌等候轮船到川渝地区少则一两周，多则达两个月之久，对于滞留宜昌的人而言，有钱有势者可以先走，无钱无势者却无缘购票，真有坐以待毙之慨。对此情景，卢作孚在《一桩惨淡经营的事业》中亦有详细记述：

> 汉口陷落后，还有三万以上待运人员，九万吨以上待运的器材，在宜昌拥塞着。全中国的兵工工业、航空工业、重工业、轻工业的生命，完全交付在这里了。遍街皆是人员，遍地皆是器材，人心非常恐慌。因为争着抢运关系，情形尤为紊乱。
>
> 我恰飞到宜昌，看着各轮船公司从大门起，直到每一个办公室止，都塞满了交涉的人们。所有各公司办理运输的职员，都用全力办理交涉，没有时间去办运输了。管理运输的

---

① 叶圣陶：《宜昌杂诗》，原载1938年1月27日《新民报》。

拥堵的宜昌城

机关，责骂轮船公司，争运器材的人员，复互相责骂。[1]

1938年6—11月民生公司宜昌积存器材统计表[2]　　单位：吨

类别	6月27日	7月18日	8月12日	9月16日	10月10日	11月4日
军品	430	1539	926	1450	1330	5295
兵工署机材	4000	10,908	13,017	17,300	15,900	38,423
航委会油、弹、机材	2000	3360	4800	7559	6597	5440
工矿调整处迁厂器材	4000	1461	8096	12724	19402	18578
公物	—	240	308	3055	9000	14853
商货	—	1869	1477	1462	—	—
合计	10430	19377	28624	43550	52229	82589

卢作孚是民生公司的创办人，民生公司兴起和发展于川江航线。全面抗战时期，长江中上游的军事运输、物资抢运、人口疏散及维持后方的各种水上运输任务，主要依赖于民生公司。当时有人为民生公司的

民生公司在宜昌的办公楼旧址

---

[1] 凌耀伦、熊甫编：《卢作孚集》，华中师范大学出版社1991年版，第413页。
[2] 《宜昌积存器材分月统计表》，见黄振亚：《长江大撤退全景实录》，广东人民出版社2013年版，第154页。

前途担忧，认为："国家的对外的战争开始了，民生公司的生命就结束了。"而卢作孚不以为然，他回答说："国家兴亡，匹夫有责"，"国家的对外战争开始了，民生公司的事业也就开始了"，"民生公司应该首先动员起来参加战争"。由此，卢作孚以高瞻远瞩的民族视角，以大无畏的英雄情怀，确立了民生公司"军运第一，保证抗战运输"的经营决策。

由于前期的沉船御敌行动，使得长江航线上的民营江轮几乎损失殆尽。此一时节，虞洽卿所拥有的三家轮船公司中仅剩的轮船，因吃水深

民生轮船

抢运物资

而无法进入川江。当时能在川江航行的仅有24艘轮船，包括民生公司的22艘轮船和2艘悬挂法国旗帜的外轮。因此，按照蒋介石的批示，这时期宜昌至川渝地区的航运，基本是由卢作孚的民生公司包运。1938年1月，卢作孚被任命为交通部常务次长，兼任军事委员会下属水路运输委员会主任，一度成为长江航运的最高指挥。甚至可以说，卢作孚的个人决策，成为"宜昌大撤退"成功与否的关键。

此时，更为严峻的客观环境是，长江即将进入冬季枯水期，中水位的航运时间仅剩四十多天。这期间民生公司的大轮船尚能运输，但之后的枯水期轮船无法航行，兵工单位重要的大型设备器材就无法进入川渝。倘若宜昌沦陷，后果不堪设想。于是，卢作孚紧急抽调童少生、李肇基、袁子修、陈国光等公司骨干组织抢运工作，并贯彻实施了《宜渝加速运输的新计划》《应付特殊局面的运输计划》，加强组织领导管理。10月23日，卢作孚抵达宜昌，坐镇指挥抢运。偌大的宜昌城已经秩序混乱、人心惶惶，各色人等请客、交涉、要求及恫吓民生公司以便优先安排自己的货运。卢作孚果敢下令，停止一切交涉，召集公司紧急磋商，通宵达旦制订公布了四十天中水位运输吨位分配计划，也就是第一期抢运计划，并获得需要运输物资各单位的一致认可。24日，民生公司第一艘出发的抢运轮船，不仅满载着急需抢运的物资与人员，还搭载了数百名免费上船的孤儿难童，这些战争难儿由卢作孚亲自护送登船。当轮船起锚，"汽笛声中，这些孩子们扒在栏杆上放声高歌，摇着小手向卢作孚告别的情景,令岸边观者无不动容……"从这一天开始,从这一刻开始,24艘轮船夜以继日地往返于宜昌与川渝各港,马不停蹄地在川江航线上来回穿梭,不辞辛苦地抢运滞留在宜昌的人员和物资,中国的"敦刻尔克大奇迹"上演了。

10月底,民生公司增设码头和转运站,增雇各类工人3000多人,并开辟实施了宜昌至巴东、宜昌至巫山、宜昌至奉节、宜昌至万县、宜昌至重庆等航线,实行分段、多段式运输,以便将宜昌积存器材快速运出。在宜昌至奉节航线上的兵工器材运量最高占到民生货运量的九成。在宜昌至万州航线上,民生货轮则几乎运输兵工器材。11月,在卢作孚主持下,由船舶总队部出面征集木船2000艘,其中800艘供给兵工署。大批木船参与抢运,大大缓解了宜昌积存兵工器材的总量。11月上旬,民生、招商局、三北等各家轮船以及木船从宜昌共抢运出29,000余吨兵工器材。①同时,三斗坪、巫山、巴东、奉节、万县等各个兵工器材的囤积港站向重庆疏运。经过俞大维与卢作孚交涉,并在钢迁会的不断催促下,民生公司调派"民本""民元""民权""民风""民俗"等轮船经万县搭载器材到重庆。11月23日,民生公司给兵工署宜昌办事处函件记述:"贵处滞万各厂器材截至11月22日止,业由敝公司民本轮扫运至渝。""所装贵处器材之各铁驳,业经先后派轮于11月21日完拖渝。"②至12月25日,宜昌待运军品器材仍有2万吨。船舶运输司令部副司令吴嵋在疏运军品审查会议上说:待运军品器材还有2万吨左右。兵工署驻宜昌办事处处长陈哲生在《后勤部船舶运输司令疏运军品审查会议记录》中也报告说:"11月间,本署所报待运数量45,000吨,11、12两月已运出25,000吨,现下所余约2万吨,其中小件及中件约万余吨,仍在继续装运。预计明年1月可以运清。此外重在3吨或长在6公尺以上之大件约3800吨。在3吨以内、1吨以上之中件约6100余吨,非至洪

---

① 参见《后方勤务部船舶运输司令疏运军品审查会议记录》,中国第二历史档案馆藏,全宗819,目录5,卷1339。
② 《民生公司致兵工署宜昌办事处》,长航档案馆藏,民生档,总800,业573。

水时期不能起运。"①1950年,卢作孚在谈到宜昌抢运时说:"那40天中实际运的是26,000吨。"②综合各方说法,1938年10月24日至12月10日间的40天宜昌抢运,实际运出积存兵工器材约6万吨,剩余2万余吨。《民生公司史》也载明:在40天内,堆积在宜昌的上海炼钢厂、航空兵站、技术研究处、炮兵技术研究处第四库及陕厂、宁厂、巩厂等兵工和民用器材共计8万吨的三分之二抢运入川。③尽管如此,这次撤退的抢运量,已经相当于战前1936年民生公司的全年运量,此次运输无愧于中国版的"敦刻尔克大奇迹"之称!

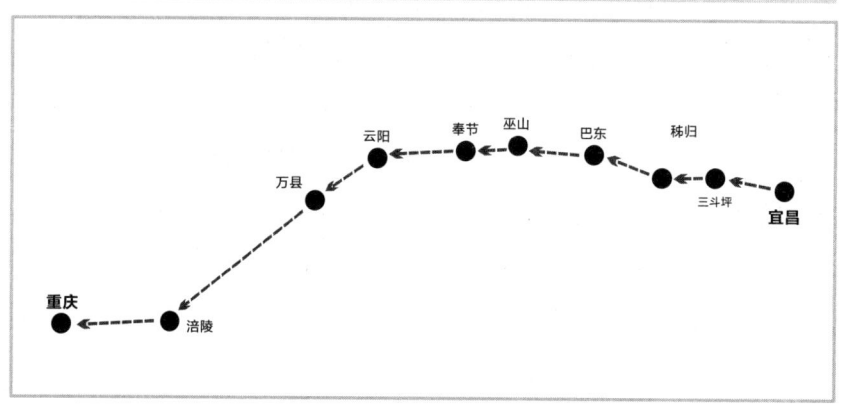

宜昌大撤退示意图

为了将宜昌积存剩余的2万余吨兵工器材运完,1938年12月中旬,民生公司开始实施第二期抢运计划。大致到1939年4月,宜昌积存兵工器材才全部运完。3月13日,据民生公司统计,宜昌尚有积存兵工器材8000吨,需要长江水位上涨后装运。④又经过一个月余,至4月20日,陈哲生在《兵工署三斗坪、巫山器材运输办法会议记录》中称:"兵工署所属各机关器材过宜者约82,000吨,承各同人之努力及民生公司之合

---

① 《后方勤务部船舶运输司令疏运军品审查会议记录》,中国第二历史档案馆藏,全宗819,目录5,卷1379。
② 张守广:《卢作孚年谱》,重庆出版社2005年版,第280页。
③ 参见凌耀伦:《民生公司史》,人民交通出版社1990年版,第183页。
④ 参见《兵工署存宜器材抢运问题》,长航档案馆藏,民生档,总800,船85。

作,已悉数离宜。"① 由此,八九万吨宜昌积存兵工器材的实际运出时间前后近六个月。

从宜昌撤退出来的兵工器材,自1938年5月起运,到1939年12月底才最终全部运抵重庆。1939年10月,运到重庆的兵工器材有79,687.1吨。其中,民生公司完成72,900.68吨,担负了超过总量九成的运输量。12月15日,兵工器材运抵重庆的任务,已经接近完成。据《兵工器材运输报告》,由宜昌大撤退运出来的8万吨兵工器材中,机件大,重件多。1吨以上的重件共有10,131件。其中,30吨以上重件有4件,20吨以上的有16件,10吨以上的有315件,5吨以上的有1360件,1吨以上的有8416件。② 据《民生公司承运兵工署器材八万吨运输概况》载,这8万吨兵工器材主要来自兵工署第一、三、十、十一、二十、二十一、二十三、二十四、二十五、三十、五十等兵工厂,钢铁迁建委员会,南昌飞机厂,航空兵器研究处,炮兵技术研究处,百水桥精密研究所,弹道研究所,开封实验工厂,陕西第一兵工厂,第一、五、七库等20余家兵工单位。③

在此期间,卢作孚指挥民生公司不遗余力地抢运兵工器材。

卢作孚组织抢运

---

① 《兵工署三斗坪、巫山器材运输办法会议记录》,重庆市档案馆藏,全宗0182,目录1,卷1679。
② 参见《兵工器材运输报告》,长航档案馆藏,民生档,总800,业842。
③ 参见《民生公司承运兵工署器材八万吨运输概况》,长航档案馆藏,民生档,总301号,卷1。

白天,他在办公室忙碌,查看往来电文,指挥调配轮船;夜晚,他又到码头看望职工,检查器材装卸,解决实际问题。他鼓励部下说:"这一年我们没有做生意,我们上前线去了,我们在前线冲锋,我们在同敌人拼命。"据卢作孚之子卢国纪回忆,卢作孚亲自制订运输方案、分配运力,不分昼夜地忙碌,声嘶力竭地指挥,最后竟积劳成疾,造成肺膜破裂。凭借卢作孚卓越的指挥才能,民生公司广大职工更是夜以继日、不辞劳苦,彻夜装卸器材,轮船昼伏夜出。可以说,民生公司从上到下团结一心与时间赛跑:

> (我们)没有停顿一个日子,或枉费一个钟点,每晨宜昌总得开出五只、六只、七只轮船,下午总得有几只轮船回来。当轮船刚要抵达码头的时候,舱口盖子早已被揭开,窗门也早已拉开,起重机的长臂早已举起,两岸的器材,早已装在驳船上,拖船已靠近驳船。轮船刚抛了锚,驳船即已被拖到轮船边,开始紧张地装货了。两岸照耀着下货的灯光,船上照耀着装货的灯光,彻夜映在江上。岸上每数人或数十人一队,抬着沉重的机器,不断歌唱,拖头往来的汽笛,不断地鸣响,轮船上起重机的牙齿不断地呼号,配合成了一支极其悲壮的交响曲,写出了中国人动员起来反抗敌人的力量。①

民生公司在抢运过程中贡献巨大,损失亦颇惨重。抗战期间,民生公司遭日机轰炸损失轮船16艘,被炸沉者9艘,包括民生公司最大的"民元"号,牺牲船员117人,伤残76人。而数以万计的普通兵夫、纤夫、搬运工、挑夫、码头工人等也都为长江航线上的举国撤退奉献良多、贡献卓著。他们有些人甚至衣衫褴褛,打着赤脚,但在抢运过程中体现出的发自肺腑的爱国奉献精神值得后人永远铭记。事后,他们给国民参政会写信谈及:

---

① 卢作孚:《一桩惨淡经营的事业》,见凌耀伦、熊甫编:《卢作孚集》,华中师范大学出版社1991年版,第414页。

第二章　中流击水："敦刻尔克"大奇迹

轮船抢运遇险

我们并不顾虑工钱太少，职业无保障，对于战时的交通运输，曾尽了和正尽着最大的努力，输送杀敌壮丁，抢运生产器材，护送伤兵和被难同胞等。在敌人的飞机炸弹下工作，不管死或活，如果说我们是为微薄的工资而苟延残喘，实不如说是为了争取抗日的胜利。[①]

[①] 《一千三百三十二个水手的呼声》，原载1939年9月5日《新华日报》。

江边的拉纤人

亲历宜昌大撤退的晏阳初感慨地说:"这是中国实业史上的敦刻尔克,在中外战争史上,这样的撤退只此一例。"徐盈在《当代中国实业人物志》中写道:"中国的敦刻尔克的撤退的紧张程度与英国在敦刻尔克的撤退并没有什么两样,或者我们比他们还要艰苦些。"

2012年,中央电视台《东方时空》在报道"宜昌大撤退"这段历史时评述道:

> 那些抢运入川的物资,很快在西南和西北建立了一系列新的工业区,尤为重要的是以重庆为中心的兵工、炼钢等行业的综合工业区,构成了抗战时期中国的工业命脉。正是这些撤退运输到大后方的工矿企业成为抗战的坚强后盾,生产了大批枪炮,为前线的将士提供了源源不断的杀敌武器,为抗战的最后胜利提供了有力的保证。而这一切,都归功于宜昌大撤退。

宜昌再抢运：虎口险象环生

日军占领武汉后，伺机进犯湖南长沙。1939年9月，日军发起第一次长沙会战。11月，日军侵入广西钦州，桂南会战爆发。抗战风云再起，局势再度严峻。在此期间，国民政府对湖南、广西等地的兵工单位进行了重新部署，再次向西南迁移。

这次迁移有5家兵工厂走水路，且全部是第二次迁移。其中，兵工署第一工厂、兵工署第二工厂、兵工署第十工厂、兵工署第十一工厂由湖南再迁往重庆。兵工署第四十工厂由广西再迁往重庆。这些兵工厂接命后，立刻拆卸装船，由招商局组织或各厂租借船队，第十、第四十工厂经湘江北上，第一、第二、第十一工厂由沅江东进，然后进入长江航道前往宜昌。这时期恰逢冬季枯水期，水位低，流量小，装载兵工器材的船队多由木船组成，一面要借助于浅水拖轮不厌其烦地奔波牵拖，一面又要在木船与轮船之间交替装卸，轮番前行。可谓工作繁复沉重，效率却十分低下，行进又异常艰辛。1940年3月后，江水上涨，河道逐渐畅通，满载着湘桂地区兵工器材的一批批轮船、木船再次向宜昌拥去。其中，包括兵工署第一工厂、第二工厂和第四十一工厂的共计30,000吨器材及四十一工厂的2000吨机材。

4月，宜昌积压兵工器材已有6000吨。而后续船队承载的1万多吨器材，接二连三向宜昌驶来。然而，民生公司只划拨50%的吨位运输兵工器材。据《兵工署致民生公司代电》载，4月30日和5月8日，兵工署两天三次致电民生公司，要求民生货轮务必以兵工器材为第一抢运目标，加紧抢运：

> 目前局势紧张，敌人倾其全力孤注一掷，势所必然。本署迁建各厂迭奉层峰命令，限期复工，赶造军实补给前线。故此项迁运器材，其重要性自不待言。在此军事第一目标之下，自即日起，贵公司应以宜渝间轮船80%吨位装载本署器材。倘有必要，仍须以全部吨位专运装载。大局所关，希勿固执以前所订办法，以50%吨位装运为口实，而致有所贻误也。

5月底，宜昌积存兵工器材已增长至2万吨。另有其他公物5000吨。6月3日，军政部船舶管理所所长蔡可锦转达军政部部长何应钦指示给民生公司：

> 奉总长何谕，兵工署滞留宜昌各种器材万余吨，着急配备船只星夜抢运，限两星期内全部运出，毋得延误……烦为迅即筹集船只抢运。至船只应如何配备，及航线是否需要缩短，并以何地暂时囤积较为适宜，统速请迳与兵工署洽商办理。①

民生公司接到急电后，此次指挥宜昌抢运的负责人童少生6月4日复电："调派主、俗、贵、政四轮改航宜"万，"必要时再以权、风两轮加入行驶宜万"线。其中，参加抢运的"民主""民俗""民贵""民政"4艘主力轮船的载货吨位总共只有1000吨，"民元""民权"两轮的货运吨位则分别是500吨。但是，在此危机时刻，民生公司的元、权两艘甲级轮船并没有决定参与宜昌抢运。这也为宜昌再次抢运时损失重大埋下了伏笔。

在民生公司与军政部船舶管理所就船舶调拨、航线缩短、吨位分配等问题争执协商之际，抗战形势急剧恶化，已经难以逆转。一方面，国民政府军队准备仓促，抵抗乏力，军情急转直下。6月3日，陈诚遵照蒋介石命令到达宜昌，在三斗坪设立指挥部，负责指挥宜昌保卫战。但是仅过四天，6月8日，日军就突破国军防线，侵占沙市、荆州，继而

---

① 《兵工署致民生公司代电》，长航档案馆藏，民生档，总800，业1105卷。

逼近宜昌。此时轮船、木船只能在宜昌与三斗坪间穿梭运输。10日，日军开始进攻宜昌。12日，即占领宜昌。其间，日军虏获民生公司的"生息""新顺"发两艘轮船，并掠去从湘江由木船队费尽千辛万苦运到宜昌的汉阳兵工厂和巩县兵工厂的部分物资。民生公司对战事发展始料不及，没有时间也没有安排足够的轮船进行抢运。此次宜昌抢运，民生公司没有借鉴上次经验，极早开辟多段短途航线，而且安排的"民主""民俗""民贵""民政"等四艘主力轮船需要三四天才能完成宜万航线的装卸轮回，即使运输5000吨兵工器材至少也需要两周时间，足见安排之不妥，运力之不济。由于上述原因，此次宜昌抢运估计有1万吨左右的兵工物资没有来得及运出而被日军虏获。这实在是可以避免的重大损失。

1940年6月12日，宜昌被日军占领，西陵峡天险成为拒敌的前沿阵地，巴东成为抗战前线的重要港口。国民政府宜昌专署迁至三斗坪一带，由湘鄂入川渝的人员物资则均在巴东搭船。于是，民生公司开辟巴东、三斗坪专线，继续维持前后方交通。直到7月，兵工物资仍然在长江航道上继续抢运。7月13日，民生公司报告："查三斗坪一带兵工器材，业经派轮抢运。民本此次即可运清无存。"①这次抢运的是兵工单位散布在宜昌至三斗坪一带的4000多吨青铅原料。三斗坪一带面对日军的威胁，抢运风险很大。有时卢作孚亲自率船前往，傍晚，借着暮色，卢作孚与轮船悄悄进港，连夜装船，待到黎明时分即行开走。如此往复，民生公司在三斗坪一带抢运的兵工器材，多达24,800吨。

此外，宜昌沦陷后，汉阳兵工厂、巩县兵工厂等兵工单位的部分器材正在从湘江由大批木船运往宜昌途中，当他们得知宜昌失守后，不得不调转船头再次回到湖南辰溪、烟溪等地，重新设厂复工生产。

从1937年8月起，举国内迁的兵工单位、民营工矿企业、党政军与政府机关以及大中小学等文教机构等，大多是从长江航线进入川渝

---

① 黄振亚：《长江大撤退全景实录》，广东人民出版社2013年版，第278页。

地区。为此，不仅是那些轮船运输公司，连沿江七省的万余条渔民木船，也都参加并承担了大量的抢运物资活动。诚如时汉口航政局局长王洸所言：

> 第一次上海迁厂，第二次国府西迁，第三次抢运汉口物资，第四次抢运宜昌器材，都是靠这长江一线的水道，才能把我们的人力物力逐步西移，我们的抗战国策才能维持到底。这点可说是水运对于国家的贡献留下了不可磨灭的功绩。

于战时兵工内迁而言，只有少数兵工单位没有通过长江航道撤退，如兵工署第四十一工厂（广东第一兵工厂）、四十二工厂（广东面具厂）等由广东迁往广西，继而至贵州。从1937年8月至1940年7月，包括兵工署军政部在内的20余家兵工单位均经过长江航道迁入川渝地区。在一千多个日夜中，长江航线的湘江、沅江、赣江、嘉陵江等各条支流上，百舸争流，千帆过境。以招商局、民生、三北等公司的轮船为主力，组织数以千计的木船，数以万计的兵工人员、船夫、纤夫和装卸工人，满载兵工器材，一船一船，一站一站，沿江运往川渝地区。尽管在中国兵工南下西迁的过程中，困难重重，损失惨重，但兵工产业的核心人员、主要物资基本完整迁移到了大后方，并改制调整，更改厂名，迅速复工生产，建立起以重庆为中心的战时兵工基地，为中国抗战前线输送了大批武器弹药，为中华民族持久抗战提供了坚强保障。

卢作孚（1893—1952），重庆合川人，原名魁先，别名卢思。我国著名的爱国实业家、教育家、社会活动家。乡村现代化建设先驱者，中国近代最大的民营航运企业——民生轮船公司的创办者，被誉为"一代船王"。

卢作孚勋章证书

抗日战争时期，卢作孚成功指挥的"宜昌大撤退"，创造了由一家民营航运企业完成整个中国国家战略物资的运输奇迹，写下了他颇具传奇色彩的生动篇章。据不完全统计，民生公司在全面抗战时期，从上海、南京、芜湖、武汉和宜昌抢运入川的兵工器材和航空油弹器材，共计196,000吨。①

毛泽东、周恩来等国家领导人都曾经高度赞誉卢作孚。毛泽东说："在中国民族工业发展过程中，有四个实业界人士不能忘记，他们是搞重工业的张之洞，搞化学工业的范旭东，搞交通运输的卢作孚和搞纺织工业的张謇。"②

---

① 参见凌耀伦、熊甫编：《卢作孚文集》，北京大学出版社2012年版，第558页。
② 卢国纪：《我的父亲卢作孚》，四川人民出版社2003年版，第444页。

第三章

嘉陵之边：大后方兵工基地

被誉为"西方兵圣"的西方军事思想代表克劳塞维茨认为：武器装备是影响一支军队战斗力的决定性因素之一。兵工建设事业作为一个国家国民经济体系中特殊而关键的有机组成部分，为军队所需的武器装备提供支撑，对国家安全发挥着举足轻重的作用。

抗战时期，按照军政部兵工署的统一组织规划，全国各地的内迁兵工单位逐渐迁徙到重庆及其周边地区，一时间重庆成为中国的兵工重地，从而奠定了中国兵工事业的基础并保护了其精华力量，形成了重庆中国抗战大后方最大的兵工生产基地，构建了以重庆为中心的中国战时兵工生产体系。

两江重点布局，形成兵工集群

1937年7月—1940年10月，中国兵工单位历经三次大规模的迁徙与调整后，宣告胜利结束。在内迁的20多家（所）兵工单位中，除南京军用光学器材厂筹备处因故由重庆再迁往云南之外，还有1所兵工专门学校、2所兵工研究机构、12家兵工企业及兵工署等16家（所）兵工单位最终迁移到重庆地区，约占内迁兵工总数70%。同时，兵工署收编了重庆本土自建的数个兵工单位：其一是四川第一兵工厂，1938年3月改为兵工署第二十工厂，1938年年底改隶兵工署第二十一工厂；其二是重庆电力炼钢厂，1939年7月改为兵工署第二十四工厂；其三是重庆武器修理所，1939年6月被兵工署第五十工厂收编，7月其制造捷克轻机枪部分并入兵工署第二十一工厂的轻机关枪厂。此外，兵工署还在重庆新组建了兵工署第二十六工厂、兵工署第二十八工厂、军用特种车辆零件试造研究所及兵器陈列所等兵工厂和兵工研究机构。据称，抗战时期的重庆兵工系统拥有各种工作母机16,000余部，职工9万多人，是中国大后方最重要的国民工业产业之一。

兵工厂生产车间

重庆的这些兵工生产单位主要分布于长江与嘉陵江交汇处附近的河谷地带,从长江沿岸东起唐家沱,西至铜罐驿镇的区域。在数千米的河岸隐蔽之处开山凿岩建厂,特别是设在磁器口、唐家沱等地的兵工厂,把生产线设置在人工开凿的隧道之中,构成坑道生产自动线网,技术先进,且不受日机轰炸威胁。沿江一带,灯火通明,机械转动之声轰鸣于高山大川之间,甚为壮观。其时,两江沿岸,零落密布,依次散布着兵工署第二、十、三十、二十一、二十、一、三、二十九(钢铁厂迁建委员会)工厂。在嘉陵江沿岸的磁器口一带,则主要是兵工署第五十、二十四、二十五、二十八工厂,具体情况如下图所示。

抗战时期重庆附近各兵工厂位置概要图[①]

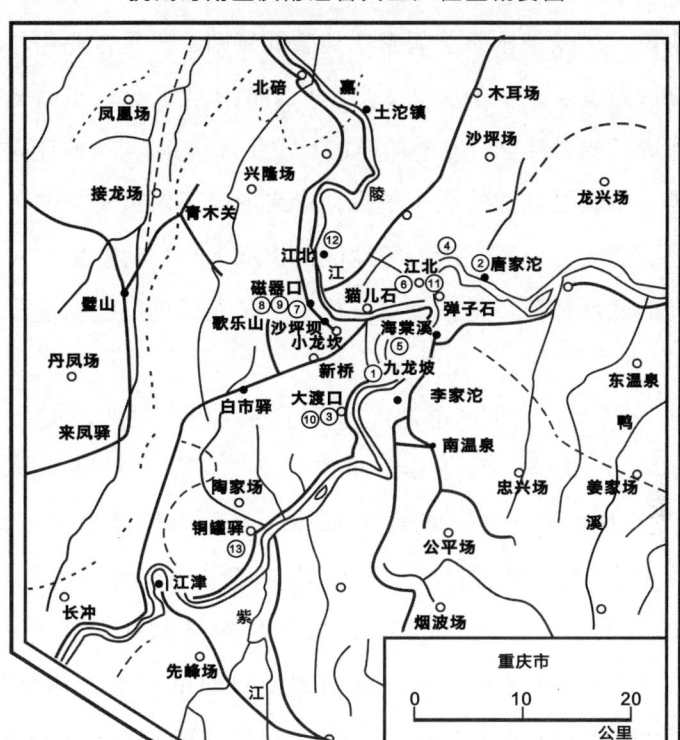

图注说明

编　号	厂　名	所在地点
①	第一工厂	重庆鹅公岩
②	第二工厂	巴县唐家沱鹅冠石
③	第三工厂	大渡口
④	第十工厂	江北忠怒沱
⑤	第二十工厂	重庆南铜元局
⑥	第二十一工厂	重庆江北簸箕石
⑦	第二十四工厂	重庆磁器口
⑧	第二十五工厂	重庆张家溪
⑨	第二十八工厂	重庆磁器口
⑩	钢铁厂迁建委员会	重庆大渡口
⑪	第三十工厂	重庆大佛寺
⑫	第五十工厂	江北县郭家沱
⑬	第二十一工厂铜罐驿分厂	铜罐驿

---

① 王国强：《中国兵工制造业发展史》，黎明文化事业股份有限公司1987年版，第283页。

在战时中国兵工的内迁过程中，"国民政府有意识地对主要兵工厂的生产职能、产品结构作了调整。调整的原则，一是专业化，二是配套化，这样就改变了战前中国兵工厂一厂多能，大而全，小而全的状态，基本上形成了相对独立、完整的新的兵工生产体系。"①内迁完成之后，重庆聚集了中国近八成的兵工单位，最终形成了以重庆为中心，辐射云南、贵州、四川、广西、陕西等地区的抗战大后方兵工生产基地。这个基地生产的武器弹药，基本上支撑住了中国人民抗日战争正面战场的军备供应。

同时，重庆兵工生产基地，实现了专业集中生产，提升了兵工产品的产出效率和质量。一方面，重庆兵工单位集中布局于两江沿岸，符合近代工业基地化生产的发展规律，有利于提高生产效能；借助于两江发达的水运网络，既便于武器装备等的交通运输，也利于生产资源的及时补充。另一方面，兵工署对各兵工厂的产品生产职能进行了专业化的归并整顿，以利于械弹的批量生产和现代化工厂管理。经过调整后的兵工企业，生产效率大幅提高，产品质量也得到提升。如兵工署第二十一工厂先后合并了汉阳兵工的步枪厂、第二十工厂的轻机枪厂及重庆武器修理所的制枪设备，形成全国最大的步枪生产厂。②据战后日本军械处官员对兵工署第二十一工厂厂长李代琛说："你们的轻武器杀伤力比我们的好，中正式步枪打得远，可射钢弹头，三八式不能。你们的轻重机枪枪管打红了，浇浇水，还能继续打，了不起。"③

为了保证战时兵工生产，国民政府制定了优先分配体系，保障了兵工生产的资源配给和供应机制。首先，1938年3月29日至4月1日，在国民党召开的临时全国代表大会上，审议通过了《非常时期经济方案》，其内容要求："目前之生产事业，应以供给前方作战之物资为第一任

---

① 黄立人：《抗战时期大后方经济史研究》，中国档案出版社1998年版，第139页。
② 参见中国近代兵器工业编审委员会编：《中国近代兵器工业——清末至民国的兵器工业》，国防工业出版社1998年版，第17页。
③ 李元平：《俞大维传》，台湾日报社1993年版，第50页。

务。"①这为战时兵工生产提供了国家政策保证，成为战时兵工生产的根本方针。其次，蒋介石及军政部兵工署制订了一系列措施，为战时兵工生产提供了各种资源及人才等倾斜政策。如1941年11月，蒋介石手令谕知交通部以"兵工材料，尤其子弹步枪迫击炮材料，需用至急，目前须月运二千吨来渝，不可延误，以后尚须增加吨位，应指定专车限定日期运完"。②同时，兵工署所属制造火药厂及炼钢厂全部产品，一律不对民用，均用于兵工生产；资源委员会所属重庆炼钢厂和昆明炼钢厂所产电铜，除资源委员会系统所需者，余全部供给兵工署，用于兵工生产；各兵工企业所需生产用煤等调配物资，政府调配机关对于兵工、电力及相关国防事业之工厂，尤优先供给；③凡兵工署各厂编制内的技术普通工人一律视为现役军人，增加交通运输方面兵工署物资的调配等。再者，国民党第五届中央执行委员会第八次全体会议讨论通过的《国防工业战时三年计划纲要》，完全是为了配合军工军需的目的，并确定了"加速促进兵工需要原料及制品之生产以应军事需要"的方针。除了大幅提高兵工生产的经费之外，国民政府还将有限的外汇拨付给兵工署用于进口军工物资。如抗战时期，国民政府将与苏联、美国、英国等海外的交易货款及借款贷款，主要用于购买军火、钢铁制品、兵工机料、车辆、汽油、五金等。④此外，为了提高战时兵工生产能力，补充军队武器弹药的损耗，蒋介石采纳美国政府的建议，按照美国的管理模式，于1944年成立了战时生产局，由经济部部长翁文灏兼任局长，以统筹指挥协调安排公私生产机构。根据《战时生产局组织法》规定："战时生产局为综理战时生产事务之最高机关，隶属行政院，并受军事委员会之指挥监督。""战时生产局以达到军用及主要民用物资之最大生产为目

---

① 浙江省中共党史学会编印：《中国国民党历次会议宣言决议案汇编》（第2分册），1986年，第373页。
② 参见李承干：《抗战中服务兵工回忆录》，重庆市档案馆藏，全宗号0176，目录号4—5，卷号8。
③ 参见刘廷芳：《战时生产局燃料局管理处分配兵工署各厂煤焦致战时生产局的报告》，中国第二历史档案馆藏，四一九，1545卷。
④ 参见陆大钺、唐润明编著：《抗战时期重庆兵器工业》，重庆出版社1995年版，第117页。

的。对公私战时生产机构负指挥监督及联系之责。"1944年共动员43家民营工厂生产军工产品,其中有82毫米迫击炮弹弹壳和零部件、甲雷壳、引信壳、步枪刺刀等。1945年全年增产计划分为4期,军用器材包括60毫米迫击炮弹60万发,82毫米迫击炮弹84万发,小型甲雷16万个,刺刀30万把等,甲雷的增产量为兵工署当年计划生产量的80%。战时生产局第一期承担增产任务的有兵工厂两个,而民用工厂达到了49家。战时生产局为战时生产提供了大量的资金,通过组织的民营企业生产军用器材,以满足抗战对武器弹药的需求。[①]总之,国民政府采取了最大限度的各项倾斜政策和措施,保障了抗战大后方兵工的生产发展。

---

① 参见曾祥颖:《中国近代兵工史》,重庆出版社2008年版,第246页。

重庆兵工之强，位列全国之最

战时重庆兵器产量最多，占据全国总量之冠。重庆成为中国大后方兵工厂的主要聚集地，成为中国战时兵器工业的中心。据中国第二历史档案馆馆藏的1941年兵工署制造司制作的《各兵工厂主要事项一览表》统计，在国民政府掌握的20多家兵工厂及其分厂中，有14家位于重庆地区，占到67%。[1]到抗战胜利前夕，据重庆市档案馆所藏1945年5月《兵工署所属各兵工厂员工兵夫编制及驻厂眷属人数统计表》，除东南区5家小分厂之外，在27家兵工署所属兵工厂中，有15家厂址位于重庆地区，占到56%，员工兵夫总数占到73%。在具有3000人以上员工的16家大型兵工厂中，聚集于重庆地区的则有13家，占到81%。[2]可见，在中国抗日战争时期，重庆兵工厂数量不仅始终占据大后方工厂总数的一半以上，且兵工厂规模大、职工人数多，在中国战时兵工生产中处于绝对的中心地位。

据重庆市档案馆原馆长、研究馆员陆大钺统计，战时内迁重庆的兵工及各改编兵工企业从1938年复工生产到1945年抗战胜利期间，共生产各种枪弹8.54亿发，步枪29.34万支，轻机关枪1.17万挺，马克沁重机枪1.8万挺，各种火炮1.4万门，各种炮弹598万发，甲雷43万个，手榴弹956万个，各式掷弹筒6.79万具，掷榴弹15.4万发，炸药包376万个。总体而

---

[1] 参见兵工署制造司编：《各兵工厂主要事项一览表》，中国第二历史档案馆藏，七七四目，298卷。

[2] 参见10厂：《兵工署所属各厂员工兵夫编制及驻场眷属人数统计表》，重庆市档案馆藏，103目，20—21卷。

言，重庆兵工生产的械弹约占战时全国兵工生产总量的三分之二。以1945年4月兵工署各工厂生产能力统计数据为例，具体情况如下表所示：

■ 兵工署各厂生产能力表[①]

械弹名称	厂名	四月份产量	平均每月最大产量
七九步枪（支）	一厂	3000	3600
	二十一厂	5400	6000
	四十一厂	1000	1600
	东南区	0	400
	小 计	9400	11,600
捷克式轻机枪（挺）	十一厂	50	50
	二十一厂	230	300
	四十一厂	300	300
	五十三厂	430	500
	小 计	1010	1150
马克沁重机枪（挺）	二十一厂	250	340
八二迫击炮（门）	二十一厂	140	200
	东南区	0	10
	小 计	140	210
六公分迫击炮（门）	十厂	125	150
	五十厂	150	150
	小 计	275	300
三七战车防御炮（门）	五十厂	2	8
七九枪弹（发）	十一厂	130万	130万
	二十厂	600万	700万
	二十五厂	450万	530万
	綦江分厂	100万	100万
	小 计	1280万	1460万
八二迫击炮弹（发）	二十一厂	70,000	70,000
	二十一厂安宁分厂	40,000	40,000
	二十一厂綦江分厂	10,000	10,000
	小 计	120,000	120,000

---

① 参见《中国近代兵器工业档案史料》编委会编：《中国近代兵器工业档案史料》第3辑，兵器工业出版社1993年版，第431页。

续表

■ 兵工署各厂生产能力表

械弹名称	厂名	四月份产量	平均每月最大产量
6厘米迫击炮弹（发）	十厂	35,000	50,000
	五十厂成都分厂	20,000	30,000
	小计	55,000	80,000
15厘米迫击炮弹（发）	五十厂	3000	4000
七五山野炮弹（发）	一厂	3000	4000
	十一厂	4000	4000
	五十厂	3000	5000
	小计	10,000	13,000
二七式掷榴弹（发）	三十厂	30,000	50,000
二八式枪榴弹（发）	二十七厂	80,000	80,000
手榴弹（个）	十一厂	50,000	100,000
	三十厂	70,000	100,000
	三十一厂	60,000	100,000
	四十四厂	40,000	50,000
	五十二厂	80,000	80,000
	东南区	0	2500
	小计	300,000	455,000
地雷（个）	二十厂	10,000	12,000
	二十一厂安宁分厂	2000	5000
	小计	12,000	17,000
防毒面具（具）	四十二厂	3000	8000
	二十三厂	2000	10,000
	小计	5000	18,000
12厘米迫击炮（门）	二十一厂	10	20
12厘米迫击炮弹（发）	二十一厂	1000	24,000

由上表数据统计，除防毒面具之外，在1945年4月兵工署各厂生产的其他17种武器弹药装备中，重庆各兵工厂实际生产量占全国同期生产总量的比重分别是：由第一、二十一兵工厂生产的七九步枪，占89%；由第二十、二十五兵工厂及綦江分厂生产的七九枪弹，占90%；由第二十一兵工厂生产的捷克式轻机枪，占23%，马克沁重机枪，占100%；

由第二十一兵工厂生产的八二迫击炮，占100%；由第二十一兵工厂及綦江分厂生产的八二迫击炮弹，占67%；由第二十一兵工厂生产的12厘米迫击炮及炮弹，占100%；由第五十兵工厂生产的三七战车防御炮、15厘米迫击炮弹，占100%；由第三十兵工厂生产的二七式掷榴弹，占100%；由第二十七兵工厂生产的二八式枪榴弹，占100%；由第十、五十兵工厂生产的6厘米迫击炮，占100%；第二十兵厂生产的地雷，占83%；由第一、五十兵工厂生产的七五山野炮弹，占60%；由第三十兵工厂生产的手榴弹，占23%。如果以重庆各兵工厂平均每月最大产量与全国平均每月最大生产总量比较，则其比重互有增减，结果基本保持一致。

综合以上17种武器弹药装备4月份产量在全国生产总量的比重，重庆各兵工厂月出产量在全国月出产总量的比重约占82%，其中马克沁重机枪、15厘米迫击炮弹、12厘米迫击炮及炮弹等9种武器弹药100%由重庆各兵工厂制造生产。若以包含生产需求量较低的防毒面具在内的18种武器弹药装备出产比重计算，重庆各兵工厂月出产量在全国月出产总量的比重则为77%，依然遥遥领先于全国其他兵工厂的生产量。重庆兵工厂是中国战时兵工生产的绝对主力，其对于中国抗战胜利在武器装备方面起到了支柱作用。甚至可以说，正是由于重庆兵工基地的奋勇生产，才基本保证了国民政府军队武器弹药能够自给自足，才使得国民政府军队不至于因弹尽药绝而陷于不战自溃的境地。

第二十一工厂：大后方兵工集群的中坚力量

兵工署第二十一工厂改制前是金陵兵工厂。金陵兵工厂最早的源头是李鸿章于1862年在上海松江创办的上海洋炮局，顾名思义是我国最早学做洋炮的兵工厂。1863年，李鸿章将上海洋炮局迁至苏州，是为苏州洋炮局，主要生产洋枪、洋炮及炮弹，时人称为中国"第一个西洋式兵工厂"，也是中国第一家近代化工业企业。1865年，李鸿章升任两江总督，驻南京办公。于是，苏州洋炮局迁往南京雨花台，改名为"金陵制造局"。民国以降，金陵制造局名义上归中央政府管辖，实则为江苏历届都督控制。1928年以后，金陵制造局才逐渐为南京国民政府掌控，初期曾划归于上海兵工厂，为上海兵工厂金陵分厂。1929年6月，更名为金陵兵工厂，简称宁厂。在内迁之前，金陵兵工厂在李承干的领导下已经发展成为国民政府控制下的重要的大型综合兵工厂。

1937年11月16日，金陵兵工厂正式接到国民政府军政部兵工署下达的西迁指令。在厂长李承干深思熟虑之后，金陵兵工厂拆迁一步到位。12月1日，金陵兵工厂1000余员工与4300吨器材直接奔赴重庆，避免了第二、第三次的反复拆迁。

金陵兵工厂厂址选在重庆嘉陵江北岸的陈家馆簸箕石码头，此处丘陵起伏，水深坡陡。对于新厂址的选择，厂长李承干经过反复勘察，先是购买了位于簸箕石码头裕蜀丝厂的一万三千平方米厂地，后又租用了附近的燮和火柴厂及黄氏小学的两万多平方米土地，将兵工厂巧设于刘家台、陈家馆、五里店一带绵延五千米的山坡和山洞。金陵兵工厂新厂建设之初，困难重重。厂址所在，地域狭窄，高低不平；厂房陈旧，设施简陋；既没有广大职工休憩场所，更无法满足兵工生产所需条件。

金陵兵工厂旧址

工厂那些有眷属的职工，或就近分散租赁民房居住，或在官山坡坟地搭建茅棚安身。孤身职工五百多人则以裕蜀丝厂一个旧仓库作为临时集体宿舍，大家铺谷草睡地铺，挤住在一起，时称"库楼"。李承干也与普通职工一道住过"库楼"。每当夜深人静、孤枕难眠之时，因着日军铁蹄之下，妻离子散、骨肉分离之伤情油然而生。真若一声叹息两行泪，几度哽咽惊残梦。"库楼"里不时传出如泣如诉、似悲似愤的幽怨之音，汇成涓涓溪流，流淌在嘉陵江边，使之仿佛成了一座哀凄婉转的"哭楼"。

对于工厂复工建设，李承干率领全厂职工，一面依山就势、因陋就简，热火朝天改建厂房，一面马不停蹄安装机器，争分夺秒推进复工。为了加快复工进度，李承干提出"开工第一，出货第一"的口号，以身作则，带头苦干，抱持着"义之所在，何计安危"的信念，感召着全厂职工众志成城、共同奋斗。他教导职工说："我不赞成等山洞开好，机器进洞再开工的办法，我们的抗战不能等呀！我主张事先有重建的准备，敌人把我们炸了，我们再盖新的，只要我们的人不死完，我们总会有办法来复工。"经过全厂职工两个月的昼夜赶工，齐心协力抢进度，1938年2月，金陵兵工厂简易工棚基本完工，500多台机器设备安装完毕，初步完善了兵工生产条件。3月1日，金陵兵工厂召开大会，宣布恢复生产。同时，金陵兵工厂改制为军政部兵工署第二十一工厂。到4月中旬，第二十一工厂生产的第一批40挺重机枪出厂，开始运往抗战前线。

从1937年11月16日正式拆迁，到1938年3月1日宣告复工，金陵兵工厂只用了仅仅三个半月，到第一批武器产品打靶验收，也仅历时五个月，这不得不说是中国兵器工业发展史上的一个奇迹。第二十一工厂当之无愧是大后方拆迁最快、复工最早的内迁兵工企业。复工伊始，兵工人主动请缨，加班加点特别制造了八二迫击炮20门、马克沁重机枪20挺，命名为"爱国号"，送往抗战前线，献给抗战将士。

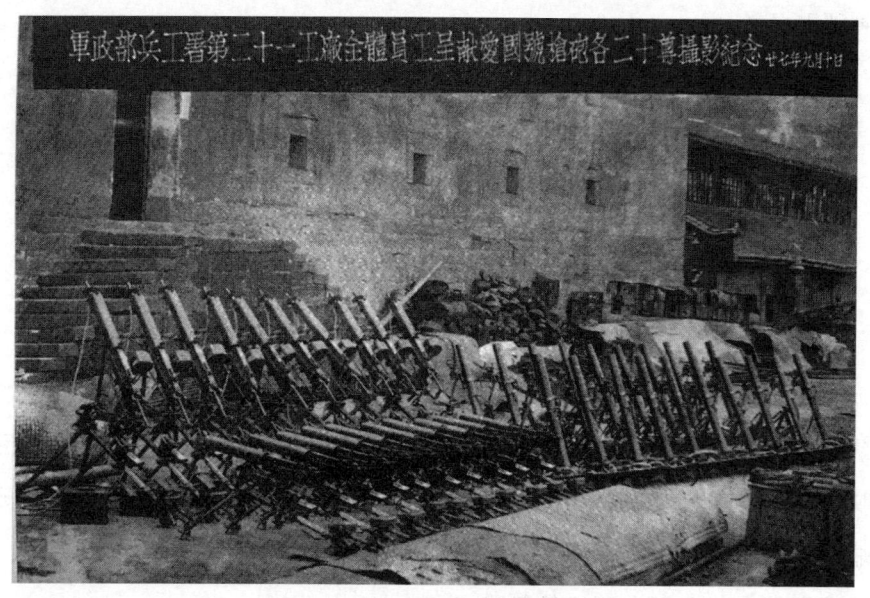

第二十一工厂呈献的爱国号枪炮

第二十一工厂拆迁之迅，复工之捷，出品之显著，即令兵工署署长俞大维颇为狐疑。为此，俞大维与副署长杨继增等人亲自到二十一工厂进行视察，并在靶场现场观看了新造重机枪的打靶之后，才为眼前的事实折服而至惊叹。

事实上，自李承干担任厂长以来，金陵兵工厂整体面貌便为之一新。他认为："必须有一部分不为环境所移，不为恶势所屈的志士，砥柱中流，为人准则，造成一般人淬励向上的风气，国家方能图强。"1931年九一八事变之后，为了激励广大职工抗战御侮的意志，激发爱国热情，李承干特意邀请在日本留学期间的同窗郭沫若撰写厂歌。郭沫若了解李承干的为人，知道金陵兵工厂的业绩，深受感染，欣然挥笔书写了《金陵兵工厂厂歌》，并主动邀约音乐家贺绿汀谱曲。这是中国近现代工矿企业中第一首厂歌，谱写了广大兵工浴血抗战的心声。金陵兵工厂迁至重庆后，厂歌随厂名改为《第二十一兵工厂厂歌》。从1939年，这首雄浑有力、高亢激昂的厂歌，便唱响于嘉陵江畔：

> 战以止战，兵以弭兵，正义的剑是为保卫和平。创造犀利的武器，争取国防的安宁，光荣的历史，肇自金陵。勤俭求知，廉洁公正，迎头赶上，尽我智能，工作是不断的竞争。我们有骨肉般的友爱，我们有金石般的至诚，我们有熔炉般的热烈，我们有钢铁般的坚韧。量欲其富，质欲其精。同志们！猛进！猛进！！同志们！猛进！猛进！！

这歌声发出了兵工人的抗战怒吼，不仅是第二十一工厂抗战精神的情感写照，也是抗战时期大后方十几万兵工人爱国主义的精神缩影，反映了兵工人不畏强暴、抗战到底的坚强意志，并鼓舞着广大兵工人在极端艰苦的战争环境下，用日日夜夜赶造枪炮弹药的实际行动，谱写出一曲曲艰苦奋斗、可歌可泣的赞歌。

第三章 嘉陵之边：大后方兵工基地

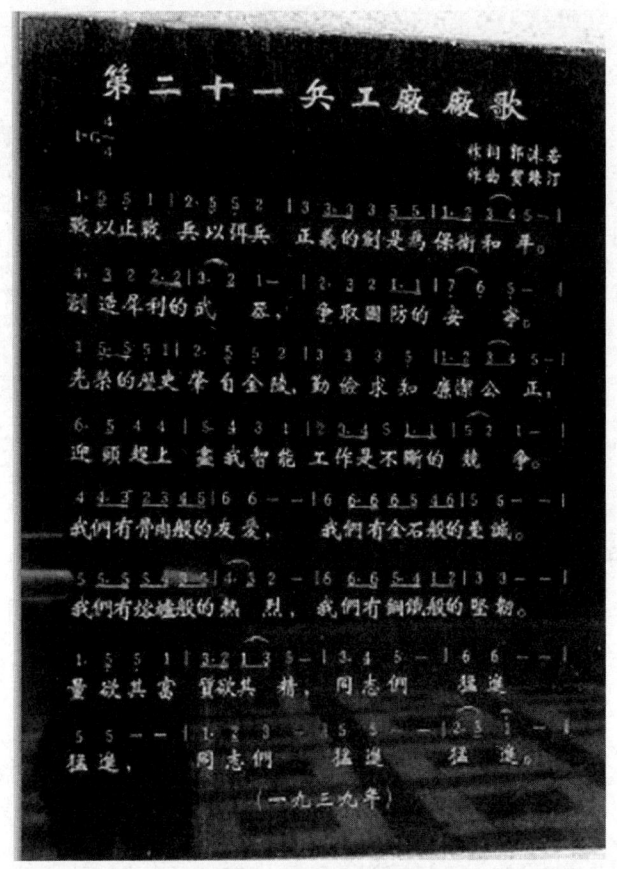

第二十一兵工厂厂歌

第二十一工厂是中国近代兵工事业史上经历时间最长的兵工厂之一。在搬迁到重庆之后，第二十一工厂根据兵工署的部署要求，结合自身发展的实际情况，同时为了更好地满足抗战对武器弹药的需求，不断扩大规模，日益完善管理结构。内迁之前，金陵兵工厂既能够生产七九步枪、马克沁重机枪及枪弹，又能够制造八二迫击炮及炮弹、防毒面具等武器装备。内迁之后，第二十一工厂按照兵工署的安排，移交、接收与整合了十多家单位的器材及人员。1937年9月，金陵兵工厂奉令将枪弹厂先期迁至重庆，与四川第一兵工厂（第二十工厂）进行合并。1938年7月，第二十一工厂接收了汉阳兵工厂之步枪厂，并将该厂的部分机材、人员迁到重庆，增设了七九式步枪生产线，于1939年1月复工，1944年后改造中正式步枪。1939年1月，第二十一工厂接收了第二十工厂（原四川第一兵工厂）的轻机关枪厂，陆续开工。2月，奉准增设步枪厂、轻机关枪厂，人员编制共77人。3月，接收兵工署从德国购进的炮弹生产设备，拟

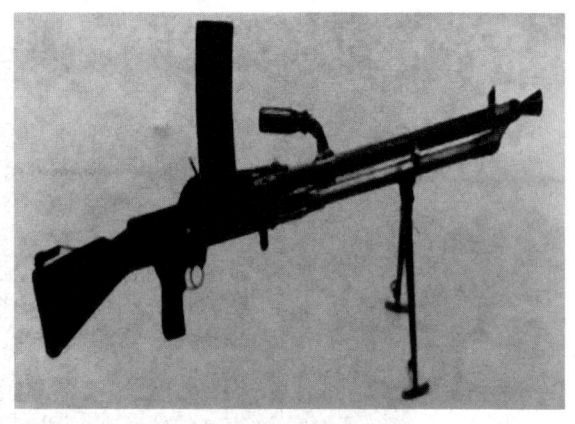

二十一工厂仿制的捷克式轻机枪

在云南安宁始甸筹设安宁分厂。4月，又接收重庆武器修理所，并入轻机关枪厂。1940年10月，接收第十一工厂设在巴县铜罐驿的动力厂及其设备。1943年1月，设立热处理所。1944年11月，奉令将位于四川綦江县的第四十工厂归并，改为第二十一工厂綦江分厂，仍在原地开工生产，主要出品枪弹及82毫米迫击炮弹。1945年4月，接并兵工署废品整理工厂，改为二十一工厂的火工所。7月，第二十工厂代管的兵工署材料储整处划拨第二十一工厂管辖。

经过接并、扩编，到抗战胜利时，第二十一工厂已经陆续形成了步枪厂、重机枪厂、轻机枪厂、重迫击炮厂、迫击炮厂、修枪厂、修炮厂、炮弹厂、火工所、机器厂、动力厂、工具厂、铁厂、木厂、器材厂以及热处理所共计16家生产单位，大大扩展了兵工产品的生产能力，兵工产品的质量与数量也得到全面提高。同时，第二十一工厂本部员工兵夫由1938年的3949人，逐渐扩充到最高峰的9449人，增幅达140%，成为抗战时期中国最大规模的兵工企业，亦成为抗战时期国民政府武器弹药的主要供应基地。

在内迁之后的全面抗战时期，第二十一工厂全体职工充分发扬了"不怕轰炸的重庆精神"，在日本飞机战略大轰炸下奋不顾身，随炸随修，始终坚持抢险生产。因此，任凭日机的狂轰滥炸，全厂主要兵工产品不但没有因为严酷的战争环境减产，反而大幅增产。"维时员工均痛

感国难之严重，努力工作，故出品反较在南京时增多。"如马克沁重机枪是内迁之前金陵兵工厂时期的拳头产品，在1929年年产240挺，1937年年产626挺，而迁渝复工当年总产就达1060挺，1945年最高年产量3063挺，更是内迁之前年产量的4.9倍。

兵工厂生产的重机枪

同期，迁渝的第二十一工厂各项出品的种类多有增加，陆续生产了19个军工品种，主要产品包括：马克沁重机枪、捷克式轻机枪、八二迫击炮及其炮弹、中正式步枪、八二黄磷弹、黄磷手榴弹、120毫米迫击炮及其炮弹、八一迫击炮、破甲枪榴弹发射筒及其榴弹、汉式七九步枪、手枪信号弹、方元形TNT药包、防毒面具等。并且，第二十一工厂精益求精，对所出品的各项兵工产品的精度亦有所改进，各主要武器性能大大提升，产量也不断提高。

自1938年迁渝至抗日战争胜利，第二十一工厂兵器产量在重庆兵工厂中首屈一指，生产了大量的武器弹药为抗战做了重要的贡献。第二十一工厂生产轻重机枪27,800挺（包括马克沁重机枪约有18,000挺、捷克式轻机枪约9800挺）、八二迫击炮7000门、炮弹3,210,000发、汉式七九步枪206,800支、手榴弹311,500个、TNT炸药200万包，以及其他轻重武器弹药,并修复了大批枪械。此外,第二十一工厂綦江分厂生产了枪弹15,600,000发,八二迫击炮弹130,000发。总体而言,第二十一工厂的武器弹药产量超过当时大后方兵工厂兵器总产量的一半,约占全国兵工厂总产量的60%。其中,马克沁重机枪产量更占大后方重机枪产量的96%。第二十一工厂生产的武器弹药,有力地支援了国民政府的前线将士,为争取中国人民抗日战争的胜利做出了突出贡献。

第二十一工厂炮弹厂厂房

第二十一工厂1937年至1945年产品产量一览表

品名	1937	1938	1939	1940	1941	1942	1943	1944	1945
马克沁重机枪(挺)	626	1060	1971	2568	1860	1980	2680	2986	3063
捷克式轻机枪(挺)	—	—	892	900	150	930	2,041	2020	2900
八二迫击炮(门)	440	110	1136	900	500	760	1381	1140	1084
中正式步枪(支)	—	—	—	—	—	—	—	24,500	62,000
八二迫击炮弹(发)	298,920	481,126	568,262	509,184	322,504	319,094	380,000	424,300	207,782
八二黄磷弹(发)	52,500	33,200	5860	42,690	28,450	10,500	8000	15,000	28,000
黄磷手榴弹(个)	—	9000	58,400	58,000	106,000	25,000	10,100	18,000	27,000

续表

第二十一工厂1937年至1945年产品产量一览表

品名	1937	1938	1939	1940	1941	1942	1943	1944	1945
120毫米迫击炮（门）	—	—	—	—	—	—	—	—	49
120毫米迫击炮弹（发）	—	—	—	—	—	—	—	—	3288
八一迫击炮弹（发）	920	—	68,464	81,930	50,892	17,614	—	—	—
破甲枪榴弹（发）	—	—	—	—	—	—	—	—	1000
破甲枪榴弹发射筒（具）	—	—	—	—	—	—	—	—	100
汉式七九步枪（支）	—	—	41,500	53,814	31,500	46,600	33,100	350	—
大十字镐（把）	—	—	—	—	—	—	—	—	4000
小十字镐（把）	—	—	—	—	—	—	—	—	8000
手枪信号弹（发）	154,280	65,000	182,000	8000	—	—	—	—	—
7.9毫米尖元机步枪弹（发）	2802万	—	—	—	—	—	—	—	—
方元形TNT药包（包）	1,150,000	1,881,334	180,000	—	—	—	—	—	—
防毒面具（具）	28,980	—	—	—	—	—	—	—	—
滤毒罐（个）	51,200	—	—	—	—	—	—	—	—

譬如，第二十一工厂生产的八二式迫击炮在长沙会战中大显身手，展现神威。1941年12月，日军第三次发动了对长沙的大规模进攻。是役，国民政府军队消灭侵华日军5万余人，取得了长沙会战的首次全面胜利。在此次会战中，第二十一工厂生产的八二式迫击炮大批送上前线。军事史学家李意志指出：中国守军将这些炮放置岳麓山上，加上原重炮10团的榴弹炮，给予日军毁灭性打击。会战共消灭日军5万余人，这是自太平洋战争开始后盟国的第一次大捷，引起强烈的国际反响。参战的10万川军也配备了重庆炮，如杨森的20军有了火炮支持，打得凶狠，以至日军多年不敢再犯长沙！

到日本投降前夕，第二十一工厂拥有各类机器设备4200余部（含重庆綦江分厂的767部，不含云南安宁分厂的553部），有员工兵夫

12,826人（含重庆綦江分厂的3377人，不含云南安宁分厂的2269人）。其中，本部有职员798人，工人7971人，士兵583人，夫役97人，共计9449人。月产能力：步枪8000支，机关枪750挺，八二迫击炮22门、炮弹7000发，120毫米迫击炮10门、炮弹3000发。

第二十一工厂綦江分厂原为第四十工厂，前身是广西兵工厂筹备处。1938年2月，广西兵工厂筹备处改编为兵工署第四十工厂，刘守愚为厂长。1939年下半年，桂南战事吃紧，日军对广西柳州地区进行了疯狂轰炸，该厂厂房设备与人员损失过重，生产难以维系。11月，第四十工厂被迫迁至重庆綦江赶水镇张家坝。

1940年6月，第四十工厂大批机器设备辗转至长沙，经停宜昌时，部分器材落入日军手中。后又折回湖南，取道常德、沅陵、辰溪，再由汽车经贵阳运抵綦江。沿途屡遭日军飞机空袭轰炸及扫射，沉船、翻车、匪劫等不幸事件多有发生，机料损失较重，人员时有伤亡。至年底，主要机料方才运输完结。散落在湖南、贵州两省的器材有2000吨，直到1944年年底，还在设法清理运输。

第四十工厂在綦江期间，有职工非法砍伐周边庙宇祠堂林木，以至当地县政府出面追讨损失。1941年3月，綦江县县长李白英在给四川省第三区行政督察员的呈中称：

> 查得县学产东岳庙原有树木二百多株，除二十七株外，其余尽被军政部四十兵工厂非法砍作柴烧，并劈作柴火公然售卖，估计时价共值八千元以上。又观音寺学产青冈柴山亦被该厂工人砍烧，计约亦值二千元以上。职与财务委员周宪章往查时尚在强制砍伐不已，制止不听。该厂负责人亦未严加管理，据赶水人民报告，民间所有森林蔬菜亦被强取强伐，似此情形殊觉不成事体，应请转函该厂从严取缔，以维后方治安。①

同时，第四十工厂征用了当地农民大量土地，发生了土地赔偿纠

---

① 张健主编：《抗战綦江历史档案文献》，重庆出版集团2015年版，第267页。

纷矛盾，引起当地民众对厂方的强烈不满。加上战时物价飞涨，赔付金额贬值很多，从而引起冷汉章、张钧九、林焱云等25位被占地拆房的民众，于1941年11月向国民政府军政部部长何应钦投书控诉第四十工厂坑民害民的做法。

> 情民等住居綦属土台乡第五保务农为业，于民国二十八年乃因四十兵工厂迁建，民等所有房屋概行被占，当时竟有工厂逼民迁居石穴，令等候给价以济生残，不料厂方工程职员蒙上欺下，心存鬼蜮，量窄占宽，任意施为，言给地价，借故延期，民罢种停耕，俯邱无着，桴腹以待，何忍延久，只得迭次哀恳，去岁方能协议，厂方允照小严公路所赔之标准增加五倍，民因其时各物价廉，食米每斗尚值二元之谱，现值涨至壹百余元，以此比例增高数十倍，因议赔价过低，民方未许，后经几番商协，亦是议而未决，民复具呈央请，当奉厂长刘批示转请军政部核准办理，其时民即静候，殊知批须如此，候至去秋毫无消息，徒望一空而已，民等其时受其专自，无门具诉，故于去秋联名具呈钧长，继后闻此始能召民发给，但伊等握令不张，亦未声明谁个地亩若干，每亩给价多少，至时即令盖章按印，有领千元百元不等，使民在如瓮中，不明真相。……恳请钧长查核，俯祈体念平等，转饬增加，速发以济群民，如蒙允准，不胜顶祝之至。①

抗战时期，国难当头，时事维艰，个中情形，似难评说。第四十工厂既有损害当地民众利益的做法，亦有克服种种困苦择址建厂的事实。1942年12月，第四十工厂全面恢复生产，主要产品为七九枪弹和八二迫击炮弹。1944年12月，军政部兵工署撤销四十工厂番号，将其归并为二十一工厂，遂为二十一工厂綦江分厂。到1945年7月，綦江分厂月产枪弹120万发，八二迫击炮弹10,000发，各种铜件20吨。

---

① 张健主编：《抗战綦江历史档案文献》，重庆出版集团2015年版，第264页。

各兵工厂：凝聚抗战军备力量

全面抗战时期，重庆兵工基地各主要武器弹药工厂的简要情况，分述如下：

汉阳兵工厂受困于战争局势，只有一部分设备和人员迁到重庆，为兵工署第一工厂。1940年10月，迁渝的第一工厂炮弹厂、机器厂等与第十一工厂的制枪、炮弹厂合并，仍称第一工厂。第一工厂在重庆鹅公岩勘定厂址，开凿山洞，建筑厂房。1942年2月，李维城调任为厂长，迁建基本完成，各制造所陆续开工生产。1943年年初，第一工厂拥有员工兵夫6400余人，机器设备1000余部，所属各制造所主要生产中正式步枪，兼造手榴弹、枪榴弹及各式炮弹等兵工产品。为防止日机轰炸，第一工厂将一些重要设备都搬到洞中生产。其间，第一工厂沿长江北岸一带开凿了107个岩洞，面积达20,000平方米，有的洞里还有支洞连通。即使在严重的空袭轰炸中，重要设备均没有造成大的损失。

原第一工厂武汉籍工人程功志记述道：

> 我家住在武昌大成路，在武昌读了六年书，父母都在汉阳兵工厂工作。1938年5月，我们汉阳兵工厂大部分内迁到湖南辰溪，少部分人到重庆。我们家几口人就是这么迁来的。我父母分在江北的一家弹药厂，生产炮弹、炸弹和手榴弹。我16岁进厂，因为读过六年书，那个时候算是个知识分子，所以进厂就分在技术部门学习枪械设计，亲眼见证了"汉阳造"的改进过程。我们的专家改进"汉阳造"，使之

成为一款新式步枪,命名为"中正式"。在1942年以后的历次战役中,这种新枪起到了重要作用。①

其妻子赵玉兰说道:

>我是汉口人,但我的老家在南京。父母本是金陵兵工厂的人,后来调到汉阳兵工厂,1938年迁来重庆。到重庆时,我只有7岁多。印象最深的是,敌机轰炸重庆、轰炸我们工厂,大人们总是安慰我们,放心吧,我们的厂子山大洞深,日军飞机是炸不到我们的……真是这样的,我们鹅公岩山头不知被轰炸了多少回,但我们第一兵工厂安然无恙。②

据不完全统计,1944年9月,第一工厂月产75毫米炮弹4000发,中正式步枪2000支。到1945年间,第一工厂每月最低产量中正式步枪达3000多支,山野炮弹3000发,150毫米炮弹200发,击针1000个,刺刀300把,通条3000根,拉弹钩1000个。

第一工厂生产洞穴

兵工署第二工厂,由湖北钢药厂一部改制而来。1940年10月奉令由湖南迁渝,勘定巴县纳溪沟为新厂厂址,厂长为熊梦莘。直到1943年5

---

① 汤华明:《老军工忆抗战西迁岁月:107个岩洞里改进"汉阳造"》,原载2015年7月7日《武汉晚报》。

② 张健主编:《抗战綦江历史档案文献》,重庆出版社2014年版。

月,工厂才开始正式复工,机器设备300多部,员工兵夫有2000人左右,主要生产枪弹、炮弹所用火药、酒精及油品。

兵工署第十工厂,前身为1936年在湖南株洲成立的军政部兵工署炮兵技术研究处,即新式火炮厂。1938年6月,炮兵技术研究处奉令迁渝,在重庆江北忠恕沱建厂。在嘉陵江畔的忠恕沱,原来叫作空水沱。鉴于空水沱名称不吉祥,提倡"忠义仁恕"精神,遂将空水沱改称为忠恕沱。1939年开始,为避免日机空袭,炮技处开始

第十工厂山洞车间旧址外景

第十工厂研制生产的60毫米迫击炮

修建山洞厂房,以后陆续将机器设备搬入山洞作业。1941年1月1日,炮兵技术研究处改制为兵工署第十工厂,由庄权任厂长。这也是抗战时期大后方一所重要的专门研制炮弹、生产火炮的兵工厂,主要生产各种火炮及各型炮弹。凭借研究人员的不懈努力,1941年至1942年,第十工厂先后试制成功苏罗通20毫米炮弹、欧力根20毫米炮弹、苏罗通37毫米炮弹等。1943年,第十工厂试制成功60毫米迫击炮,并改良了迫击炮引信。在1941年至1945年间,第十工厂共生产苏罗通20毫米炮弹40.7万发、37毫米炮弹26.1万发,欧力根20毫米炮弹11.4万发、60毫米迫击炮2770门、炮弹77.1万发,各种雷管近90万支、TNT炸药包170多万个。至1945年,第十工厂拥有职工2739人,各种机器712部,月产37毫米炮弹5000发、60毫米迫击炮150门、60毫米炮弹5万发。

1942年,厂长庄权在回顾第十工厂缔造变迁时说:

本厂自出品以来,屡承军政长官、工业专家、各界人士

暨美国罗斯福总统代表居里先生、英国军事代表团及同盟国驻华代表等，先后莅厂参观，对本厂机器出品、布置工作以及行政管理诸端，多加赞许。本厂同人深愧未能尽最大之努力，以达到圆满之境界。然不敢不更加奋勉，拼力以赴之。

创立于1905年的重庆铜元局，1930年更名为国民革命军第二十一军子弹厂，1935年改为川康绥靖主任公署子弹厂。1937年卢沟桥事变后，由国民政府军政部接管，改为四川第一兵工厂，1938年3月改为兵工署第二十工厂，先后由李维城、刘守愚、陈哲生、马维轨等担任厂长，曾接收了金陵兵工厂、陕西兵工厂筹备处的枪弹机器。至1942年，第二十工厂工人数增至4667人，其出品兵工产品情况如下所示：

■ 兵工署第二十工厂历年出品产量表

品名	1937	1938	1939	1940	1941	1942	1943	1944	1945
七九尖元步机枪弹（发）	7,915,000	101,345,600	72,000,000	51,729,500	54,268,000	75,134,500	65,050,000	70,193,130	64,558,810
7.62步机枪弹（发）	—	—	425,000	183,500	250,000	—	69,600	44,800	—
7.63手枪弹（发）	—	—	—	1,000,000	3,039,550	3,052,500	2,107,500	720,800	500
四号甲雷（个）	—	13,100	21,650	30,200	38,200	81,500	55,000	63,510	94,224
启拉力轻机枪（挺）	—	1900	—	—	—	—	—	—	—

兵工署第二十五工厂，原系湖南株洲的炮兵技术研究处之枪弹厂，由兵工署在重庆于1938年4月筹备，1939年1月正式成立。筹备处处长龚积成为厂长。第二十五工厂设于重庆磁器口张家溪，重要机件安置于40座山洞厂房内，枪弹设备10套，主要以出品枪弹为主，因抗战需要，加造木柄手榴弹，代造雷管、拉火帽、铜皮等为数亦巨。1939年度出品圆步弹1020余万发，尖步弹500多万发，木柄手榴弹8.1万个。1940年度出品圆步弹1410余万发，尖步弹1900余万发，机弹100万发，空包弹160万发，木柄手榴弹18.5万个。1941年度出品圆步弹1300余万发，尖步弹2050余万发，11厘米冲锋弹10万发，空包弹10

万发，木柄手榴弹35.9万个。1943年至1944年，枪弹年产均超过5000万发，且质量优异。

第二十工厂长江转存码头

兵工署第二十六工厂，于1939年10月筹备成立，周宗祥任筹备处处长。1940年1月将厂址设于长寿邓家湾一带。因设备简陋，建设周期长，生产情况不甚佳。1943年1月至1944年7月，共造碳酸钾95吨。1945年3月、5月各造氯酸钾30吨，7月造10吨。

兵工署第二十七工厂，原系1937年3月在南京成立的航空兵器技术研究处，处长为刘东骤。1938年间，该处器材由南京迁出，分批用木船西运，择定距万县7.5千米的沱口之仪象丝厂旧址为厂址，并分设临时工场于长沙、柳州两地。1939年间，航空兵器技术研究处设计新武器二八式枪榴弹试制完成，并大量制造。同时，新设计照明、信号、黄磷等枪榴弹及手枪信号弹、战车燃烧瓶等，改装50千克至500千克的各式飞机炸弹及承造16千克黄磷飞机炸弹等亦均试制成功，出品大增。1941年，因日军意图犯蜀，航空兵器技术研究处奉令增设宜宾迁建工程组，以备不时之需。1942年，航空兵器技术研究处扩编为兵工署第二十五工厂，刘东骒任厂长。该厂生产的枪榴弹等械弹，在镇南关等诸战役上，均获得辉煌效果，各部队电请补拨。为此，第二十七工厂奉令扩大编制，增补员工，日夜加工赶造，以供给前方急需。

1944年，黄啸峰接任厂长，视事伊始，厉行整饬厂务，首重充实技术人才，改善员工待遇，厂政为之一新，员工热情工作，更加尽心努力。产量方面，第二十七工厂出品的二八式枪榴弹逐渐由月产5万发，增至月产10万发。技术方面，第二十七工厂发明了防潮蜡，解决了枪榴弹沾水即潮无法使用的问题，起到了防潮效果。

第二十七工厂由一个小规模的航空兵器技术研究机构，经过十年艰苦筹划，员工努力奋斗，发展成为一个抗战时期重要的械弹制造兵工厂。

> 本厂于1937年春奉令成立于南京，1946年夏遵令结束于万县。在过去十年当中，辗转迁移，辛勤筹划，可谓艰辛备尝，而本厂员工协助航空委员会及空军司令部改造及处理弹药之事迹，实不可泯。尤其是本厂自行设计制造之二八式枪榴弹，于抗战期间，在国内各战场上均获辉煌之战果，对抗战之贡献，厥功甚伟。自成立至结束仅十年左右，虽时间短暂，而有其光荣史实之存在焉。

兵工署第三十工厂前身是济南兵工厂，于1939年1月正式成立。初迁陕，改为陕西第一兵工厂筹备处；继迁渝，改为陕厂迁渝筹备处。第三十工厂成立之初，一面建筑厂房，一面将重要器材及材料疏散安装于王家沱、大佛寺、茅溪三处，赶造成品。主要出品为木柄手榴弹、二七式掷榴弹、二七式掷弹筒及缓然导火索等。第三十工厂自1938年秋至1939年春的半年时间里，厂房建设、机器安装、工程设计、材料搜购、员工招补及一切琐事布置，在日机频繁轰炸下，都顺利完成并开工出品。上峰极为嘉许，曾颁发奖状，以资鼓励。

在努力生产械弹的同时，第三十工厂对所出械弹均进行了技术改进。其中，试造小型木柄手榴弹，所有使用材料，全属国产，易于制

第三十工厂茅溪区厂房

造。只是将木柄缩短，弹壳由瓶式改为圆筒式，体积缩小，装药方式改为压装，比重提高，药量较少，但其威力与较大型者并无逊色，优点为弹重减轻，投掷较远，携带便利，节省炸药。以后又改进了木柄手榴弹的防潮能力，改进后的二七掷弹筒"远较敌军使用者为优，其全部制造时间，仅及日式三分之一"，"使用装拆，尤称便利，调整射程，需时极短，手续简单，且可不用目视，于夜间射击，殊为适宜，其发射速度，每分钟可达二十发，并可卧射，实为战时创制优良兵器之一种"。

火炮，被称为"战争之神"，在现代战争中发挥着举足轻重的作用。在诸兵工厂之中，搬迁至重庆的炮厂在抗战时期的地位与作用尤为显要。抗战时期，火炮也是中国在坦克、装甲战车之外唯一能大量生产的常规重型武器。其时，位于重庆江北郭家沱的兵工署第五十工厂是由广东火炮厂，即由广东第二兵工厂改制而来，是抗战时期国民政府主要的具有较高的技术水平与较大的生产能力的炮与炮弹厂。五十工厂的厂长江杓毕业于德国柏林工业大学，为当时国内少有的火炮专家，领衔为陆军中将，乃重庆兵工生产单位军衔最高者，亦足见火炮厂的军中地位。

■ 兵工署第三十工厂历年主要出品统计表

	木柄手榴弹（个）	二七式掷榴弹（发）	二七式掷弹筒（具）	缓燃导火索（米）
1938年10月—12月	169,100	—	—	—
1939年	1,534,887	82,795	10,300	—
1940年	606,144	163,558	7702	6000
1941年	1,086,421	252,190	5709	50,000
1942年	963,690	222,770	9148	90,000
1943年	750,000	227,000	6000	—
1944年	630,000	308,000	50	15,000
1945年	783,000	294,000	2000	90,000

据《国营望江机器制造厂史》载，为了躲避日机的空袭轰炸，五十工厂人工开凿了20多个防空山洞隧道，主要机器设备与生产车间均设置于山坡隧道之中，面积有1.27万平方米；同时还开凿了14个防空洞，面积约1.14万平方米，用作生产厂房或军械库，亦可以掩蔽全厂的工人及其眷属。此后，日军飞机对该厂进行了几次空袭轰炸，虽有房屋被毁与人员伤亡，但厂房设备不曾遭受损坏，从而确保了基本生产的正常运行。

原五十工厂老工人何兴元记述：

我是1939年10月5日进五十兵工厂的。当初我正在城里干挑水工，听说郭家沱的兵工厂在招人，丢了扁担就往这边跑。管事的一见我，就收下了，说，抬东西去！

当时没电炉，三七炮要开炮管膛线，得先用柴火将炮管烧软再开，有时上面半截开出来了，下半截却冷凝了，炮管就得报废，真心痛啊！

五十工厂外地人特别多，他们大多是技师或技工。但不管来自哪里，大家很团结，一心想着多造炮，都知道是在为抗战奋斗。[①]

1939年3月，五十工厂恢复生产，当年就修造出86门150毫米迫击炮。"当时前线缺乏重武器，而海岸封锁，外来材料断绝"，第五十工厂"乃收集库存报废之旧十五公分迫击炮，加以改良，使其耐于射击，并将炮弹统一改善，增加射程和精度。炮本身可以拆解，由士兵挑抬行进。而炮弹威力之大，堪与105榴弹炮相比。在缅甸山地作战之时，颇收效果，极为盟军所重视"。150毫米迫击炮被誉为"火炮之王"。抗战时期，五十工厂共修造150毫米迫击炮计有281门。

第五十工厂制造的37毫米战车防御炮

第五十工厂生产60毫米迫击炮弹车间

1940年年底，由德国进口的三七炮制造材料陆续到厂，遂即正式试造。经过一年时间的技术攻关，1942年正式出品。这是中国研制生产的第一批三七战防炮。"其素质皆合德国原定规格之要求，是为吾国兵工厂内不借重外籍技士，自力完成新炮之始。"但是，由于战防炮原材料需要从德国进口，五十工厂于抗战时期最终只生产出三七战防炮94门。这也是当时最优良的战车防御武器，最大射程6000米，400米内可击穿40毫米的钢板！作为我国抗战时期生产制造的唯一的一批反坦克炮，这些战防炮在摧毁日军坦克与装甲车中发挥着弥足珍贵的历史作用。

---

① 本报记者：《8年抗战1.5万门火炮重庆造　解放西藏立战功》原载2008年7月10日《重庆晚报》。

厥后战局转为山岳地带，步兵用之重武器极感需要，五十工厂乃集中精力，以德国布朗德式为蓝本，研究筹造了60毫米迫击炮。1942年至1945年间，第五十工厂出品60毫米迫击炮3400门，加上第十工厂出品的2770门，合计有6170门。60毫米迫击炮不仅是第五十工厂生产数量最多的兵工武器，也是抗战时期国民政府产能最大的火炮品种之一。

由于火炮产量的提高，数十万中国远征军也装备了大量的重庆生产的60毫米迫击炮。参加滇西松山大血战的原重庆老兵杨克南说，60毫米迫击炮"它的特点是轻"，"它的射速达每分钟18发，最大射程1400米，但全重仅18千克，一人可背负行走"，"我当时所在的第八军，60炮已装备到连队，每连4门，火力超过了日军"。从松山抗战的各个战场上，闪耀着重庆兵工制造重炮的身影。

除试造火炮之外，1939年至1945年间，第五十工厂出品15厘米迫击炮弹74,600发，十年式山炮弹103,060发，三八式野炮弹32,400发，克式山炮弹48,500发。

■ 兵工署第五十工厂历年主要出品统计表

品名	1939	1940	1941	1942	1943	1944	1945
三七战防炮（门）	—	—	—	24	28	33	9
6厘米迫击炮（门）	—	—	—	200	800	900	1,500
15厘米迫炮弹（发）	—	2000	2500	9000	16,827	18,623	25,650
十年式山炮弹（发）	34,000	17,500	6000	10,500	21,060	10,000	4000
克式山炮弹（发）	—	—	—	—	18,400	17,100	13,000
三八式野炮弹（发）	7050	5550	1000	800	3000	12,000	3000
士乃得75步榴弹（发）	—	—	—	—	7000	—	—

钢铁厂迁建委员会：
大后方最大的钢铁联合企业

1938年3月1日，钢迁会奉令在汉阳成立，其主要工作是拆卸汉阳及武汉附近其他各钢铁厂的机器设备，以备迁川建厂，俾为后方钢铁事业树基础。钢迁会的主要构成之一是张之洞创办的汉阳钢铁厂，其在当时是亚洲规模最大、设备最好的近代化钢铁厂。

钢迁会外景

《钢迁会五周年大事记》（1943年）记载，钢迁会"奉兵工署暨资源委员会会衔训令须发本会国防军章"，这也表明钢迁会属于国民政府兵工署下辖的一个兵工企业。其在1949年改制为兵工署第二十九工厂。钢迁会成立之初，以兵工署制造司司长杨继曾为主任委员，上海炼钢厂厂长张连科为副主任委员，资源委员矿业处长杨公兆、电业处长恽震、专门委员会的程义法为委员。此外，兵工署还加派了严恩棫、胡尉为委员。钢迁会成立之后，杨继曾等人"陈毅果断、排除万难，竭力以付"，遂即组织集散在湖北、湖南、上海、香港等地水利、铁道、矿山、冶炼、兵工、机械等工程技术专家及专业技术人员，"参加此项艰巨工作，细心筹划，大胆施工"，开展对汉阳钢铁厂、上海炼钢厂、大冶铁厂、六河沟铁厂等的机器设备的拆卸、搬迁、复建等工作。

钢迁会拆迁工作不仅事关钢铁工业，更关系抗战兵工生产。对此，蒋介石亦重视有加，多次函电予以指示。1938年7月20日，蒋介石致电钢迁会：

> 查当此抗战期间，五金材料来源困难，而后方又甚需要，汉冶萍公司内之化铁炉、打风炉及桁架等，希加雇工人积极拆除，运往后方，以供军需之用。

中正

钢迁会拆卸工作自1938年3月开始，至10月21日武汉撤守为止。为组织机器设备的有效迁运，钢迁会特别成立了运输股，由黄显淇为股长，具体负责各项迁运工作。运输股下设三组：第一组负责汉阳钢铁厂内外运输及水道技术等事宜，组长为唐瑞华；第二组负责汉阳至渝新厂址沿途船舶运输及水道技术等事宜，组长为翁德銮；第三组管理新厂内外一切运输事宜，组长为黄钟声。

在分工负责、协调运输的部署下，钢迁会迁渝的设备器材由汉阳、磙家矶、大冶、岳州、监利、长沙、香港等地分途迁运到宜昌，再由宜昌转载至川渝地区。由于彼时宜昌人员器材积压如攒，战事导致迁运工作困难重重，大件笨重器材的装卸设备尤感匮乏，旋又于沿途三斗坪、庙河、巴东、巫山、奉节、万县、涪陵、九龙坡等多地设置转运站，颇有成效，经多次分段转运至重庆大渡口。其间，钢迁会在岳阳、宜昌、重庆等地征雇自行指挥利用的运输工具，有海轮11艘，江轮27艘，舰船2艘，铁驳船4艘，拖轮17艘，木驳船218只，柏木船7000只。到1938年年底，经过九个月的拆卸抢运，钢迁会共运出炼铁炉、马丁炉、轧机、机修车间设备等3.72万吨设备器材。其中，从汉阳钢铁厂拆迁的设备器材共3万吨左右。

在拆卸过程中，钢迁会最重要的组成——汉阳钢铁厂频繁遭受日军飞机的空袭轰炸，厂内铁路设施及所属码头，"随修随炸，随炸随修，固无时无日不在轰炸威胁之下"。在日机对钢迁会实施的9次轰炸中，有多次较大的轰炸，破坏性很大，不但炸毁了一些搬迁的设备器材，而且还炸死、炸伤拆迁人员多名。1938年7月19日，在日机空袭中，史汉生等三人被炸死。但是，日军的暴行不仅没有吓退拆卸工人，反而激发了拆卸工人的爱国热情与抗战精神，参与的人数增至千余人，"至技术工匠及搬抬小工，以京沪流亡西来者甚夥"，他们"日夜工作，迄于武汉撤守"。

■ 1938年钢迁会迭次被日机空袭各项损失情形一览表

空袭时间	地点	伤亡人数	机件器材损失	车船与建筑损失
4月29日	汉阳	包工死2人，伤6人	铁炉、轧机等机件损失较重	路轨、岔道颇多损失，价值约7000元
7月19日	汉阳	本会死3人，伤13人 包工死15人，伤30余人	铁炉股机件损坏22件，动力股机件损坏3件，綦江铁矿交运机件损坏7件	建筑股架及堆积材料略有损坏，护运队等处房屋多震毁
8月6日	黄石港上游	—	大冶拆运之动力、铁炉、运输三股机件损失约140吨	木驳两艘被炸沉
8月11日	汉阳鹦鹉洲	船伙死2人，伤船户1人	南桐煤矿锅炉受损2	木驳三艘均被炸坏
8月16日	汉阳		钢炉股机件受损4件，轧机股受损1件，动力股运输股受损各1件	轧钢、钢锭、铁货、造砖、钩钉等各厂建筑物均有相当损失
11月17日	宜昌	—	轧机股机件被炸数件	本会在宜新建办公室全被焚毁，职员及公役衣被等件全被焚毁
11月18日	宜昌		轨机股机件略有受损	—
11月18日	宜昌	本会死1人	动力、轧机两股及綦江、南桐矿器材损失100余件，钢炉、铁炉两股镁灰火泥火砖多损	铁路坝办公室、士兵宿舍、工人宿舍及材料库全被焚毁，公私文件单据、用具、被服等全成灰烬
11月20日	宜昌		动力股器材、铁炉股火砖被损毁	—
合计9次		死23人，伤50余人	损失机材420多吨	交通工具及建筑物损失，无法估计确数

此外，在日军空袭中，钢迁会堆存于宜昌的设备器材也遭受一定损失。钢迁会各厂矿沿途遭遇空袭炸毁及因战事损毁者2000多吨。

在迁渝抢运的同时，钢迁会的新厂址勘测与选定也在有条不紊地进行。1938年3月26日，钢迁会派遣委员严恩棫，运输股长黄显淇飞抵重庆，在长江及綦江两岸调查寻找厂址。几经斟酌，5月21日，钢迁会开会议定将厂址设于重庆大渡口。

钢迁会第三制造所所长何维华，具体负责厂址的征收工作。在当时四川"哥老会"盛行的年代，钢迁会征收完成约100万平方米的大面积厂址是一件极为艰难的事情。为此，何维华采用了三种方法，使得厂址征收得以顺利完成。

> 一是争取当地帮会的支持，同他们搞好关系。我到重庆大渡口后，就去拜会大渡口帮会头目杨大爷、马王场帮会头目李恒升，并邀请他们聚餐，搞好关系。
>
> 二是适应民情，不能强迫征收。我记得在厂区内，有祖居数代的土豪地主，有无依无靠、年老多病的老年人，开始他们拒不迁居。为此，我多次登门拜访，讲明道理，使他们自觉地迁出厂区。
>
> 三是关于征地地价。曾经多次同他们开会协商，订出合理地价，使他们乐于接受，主动地让出地来。

7月，钢迁会临时办公处——晴川院建成开始办公。大渡口厂区及綦江、南桐两矿随即着手施工，平土开石，先建厂基。大渡口厂区区域狭小，高低不平。建厂房平整土石方工程量十分庞大，从大渡口修建到矿山的铁路也十分困难，致使建厂工程进展缓慢。并且，钢迁会所拆迁各钢铁厂，均是设立较久且有停工十余年者，机件陈旧废坏，零件短损甚多，亦导致器材机件难以安装到位。

> 厂址既定，本会与两矿即同时着手建设工作，平土开石，先奠厂基，惟以运道梗阻，需要器材，每不能如期到达。而沿途复有敌机炸毁、船只覆沉之损失，常因一重要零

件之欠缺，而致影响全部机器之安装。纵可制配修理，亦往往旷时费事。如轧钢条机，曾在巴东附近之江内，沉失一大飞轮。经多方设法打捞，卒以该地流急水深，未能捞起。后经本会与友厂合力制配，竟费十余月之工，始克修竣。类此之事，不一而足。此实进度未能如预期迅速之一大主因也。

钢迁会建设伊始，下设总务、炼铁、炼钢、轧钢、动力、建筑、运输、会计等八股和南桐煤矿、綦江铁矿两个筹备处。1939年9月，增设綦江水道运输管理处。1940年1月，兵工署第三兵工厂（原上海炼钢厂）并入钢迁会，组织机构有所调整。1942年年底，钢迁会编制有7个制造所、1个运输所。在这八所之外，钢迁会附设有南桐煤矿、綦江铁矿、綦江水道运输管理处、大建分厂筹备处、新厂建设工程处、煤铁两矿联络铁路工程处、遵义锰矿筹备处等直属机构。其时，钢迁会及其所属机构共有员工15700余人，达到顶峰。其中，钢迁会本部共有员工6850人，包括官佐784人，士兵486人，工人5580人。

钢迁会所属的7个制造所：第一制造所，以供给全厂水电为主要业务。第二制造所，以冶炼生铁为主要工程。第三制造所是炼钢和铸造工

钢迁会附设的南桐煤矿

厂，该厂自行设计、建造了我国第一座平炉，"在式样与理论方面，可称相当优秀"。第四制造所业务是轧钢工程，由钢条厂、钢轨厂、钢板厂及钩钉厂等组成。钢条厂的全部设备来自汉阳钢铁厂，是生产军需钢材的主要生产厂。第五制造所主要研究新式高温炼焦业务。第六制造所主要制造耐火材料产品。第七制造所原为兵工署第三工厂的一部，设有铸造部、机修部、锻造部，主营机械加工，修造机件锉刀、五金用品及各种兵工器材，兼修枪械、战炮等。

钢铁厂

受兵工署之指示，钢迁会每年均为兵工署制造大小十字镐、元锹等兵工器材数万件，以供抗战之用。同时，钢迁会所属各制造所还试制、制造了下列兵工武器要件：

翻铸手榴弹壳。1939年，兵工署第三工厂曾使用熔铁炉翻铸手榴弹壳和飞机炸弹壳；1941年，钢迁会第三制造所也翻铸过手榴弹壳。

试制迫击炮弹壳。1941年，钢迁会解缴表记载生产炮弹壳80只。1944年翻砂座谈会记录显示，钢迁会拟用3吨电炉翻铸迫击炮弹。同年，由第二十八工厂周志宏处，获得美国8厘米迫击炮弹物理性能及化学成分，并派工程师分赴兵工署第四十工厂、二十一工厂等学习参观制造迫击炮弹的方法。

制造飞机炸弹壳。1943年4月24日，兵工署署长俞大维令钢迁会杨继曾，试制一二三式100千克飞机炸弹50枚，一一五、一一六式50千克飞机炸弹100枚，以后又制造弹壳及弹尾，分由第三制造所（翻铸弹壳）、第七制造所（车制弹壳）承担。

成功试制枪管钢。枪管钢要求钢质纯洁，技术难度高，战前各兵工厂枪管钢用料多从国外进口。钢迁会按照美国国家标准学会、美国材料试验协会标准，使用电炉炼钢方法生产步枪枪管钢、枪件钢、炮筒钢等。1943年7月，第四制造所报告：钢条厂成效显著，轧成纯度较高的枪管钢，无多大管状孔穴。在这以后，枪管钢成为钢迁会生产兵工钢料的主要品种之一。

规划试制避弹钢板。1944年，钢迁会总工程师办公处草拟战后建设规划，设想生产牵引车、战车、坦克车、装甲车等多种兵工专用钢材，包括牵引车钢材9000吨，战车钢材1500吨，坦克车钢材9000吨，坦克车钢皮15,000吨，装甲车钢板12,000吨。

■ 钢迁会暨直属机构成立日期、主持人员、职员及工人人数一览表

成立时间	名称	主持人	1942年年底职员数	1942年年底士兵数	1942年年底工人数	合计
1938年3月	本会	杨继曾主任委员 张连科副主任委员	784	486	5580	6850
1938年3月	南桐煤矿	候德均矿长	198	142	5460	5800
1938年3月	綦江铁矿	黄典华矿长	155	101	1147	1403
1939年9月	綦江水道运输管理处	翁德銮处长	189	96	620	905
1941年3月	大建分厂筹备处	王拓洲处长	95	75	244	414
1941年11月	新厂建设工程处	张九成处长	76		43	119
1941年3月	煤铁两矿联络铁路工程处	李仲强处长	63	94	81	238
1942年1月	遵义锰矿筹备处	陈培铨处长	—	—	—	—

1939年8月25日，钢铁厂迁建委员会草创初成，发布公告号召曰：

兵工资材，钢铁为重。后方赶造，前方赶用。凡我工人，有力出力。各尽本分，严守纪律。抗战前途，胜利第

一。增进生产，当务之急。工民合作，同心同德。虽居后方，足制强敌。

其时，钢迁会频遭日机空袭轰炸，广大职工奋力抢救公物，有时为将器材公物搬离险境，竟彻夜不曾休息。而遭遇空袭，重庆城中情形混乱，如入战时状态，市上更无食物可购。在1939年5月4日空袭中，钢迁会綦江铁矿筹备处驻渝办事处的郭培岑、王正华、王厚岩等人抢救器材，两日未进汤水，狼狈不堪。唯当危急之际，职员、工役等皆因抢救公物，私人物件未及照顾，遂被宵小所乘，窃取一空，着实可悲可叹。

私有财产损失事小，公有器材损失及人员伤亡事关重大。1940年9月14日，钢迁会被日机空袭，有18架日机窜入厂区高空，投轻重炸弹约129枚，致使第二制造所的百吨化铁炉被炸，钢板厂、钢条厂、水力厂、汽炉房等的设施设备均有损失。受弹最多之处为职工住宅区，房屋大多被炸毁，死伤累累，计死伤员工100余人，炸毁住宅100余间。一位工人说："日本飞机跟着我轰炸，我在上海、汉口它轰炸，我到了大渡口，它又跟着来炸，老子有一天要把东洋鬼杀光，方消我心头之恨啊。"[①]1941年8月22日、9月1日，钢迁会又遭到两次颇为严重的日机空袭。前者厂区被日机投落爆炸弹、硫黄弹73枚，第一、二、五、六制造所有所损坏，住宅宿舍损坏30余处，计死亡工人6名，佃农眷属3人，重伤工人及眷属8人，轻伤20余人。在9月1日的空袭中，日机投掷爆炸弹、燃烧弹100余枚，钢迁会的第一、七制造所电气修理间等设施被炸毁，计死亡职员1人，工人5名，卫兵3名，重伤工人15名。

但是，日机的疯狂大轰炸并不能动摇中国大后方军民的抗战决心，更不能阻止钢迁会重庆厂区的基建与复工生产。广大职工在日机的狂轰滥炸中，冒着生命危险，抢救器材，拆建机件，抓紧施工，始终不懈。原钢迁会工人邹宗友回忆说：

---

① 《重庆钢铁公司冶金军工史》编委会编：《重庆钢铁公司冶金军工史》，1986年版，第375页。

我们当时一边安装设备，一边生产，一边还得躲避日机轰炸，每天都要注意高处挂红气球没有，挂了红气球，就是空袭警报，预示日机马上就要丢炸弹了。我们当时很希望尽快地赶走日本鬼子，我们好安心工作、生活；也希望多生产一些钢铁产品出来支援兄弟兵工厂，多生产出一些子弹、枪炮，好狠狠地打击日本侵略者。

为了尽快适应抗战需要，在全体职工的共同努力下，钢迁会发电、炼铁、炼钢、轧钢等工程在日机轰炸下陆续建成，并相继复工。

那时，荒草丛生的长江河滩上，堆满了船上卸下来的各种巨型机器。工地上看不见一台机动车，看不见任何起重设备，所有的庞然大物，全靠人力像蚂蚁搬家那样一点一点地用滚木搬运。赤手空拳的工人们，光着膀子，打着赤脚，操着上海话、湖北话和四川话等不同的口音，齐声喊着统一高亢的劳动号子。

1939年冬，第一制造所直流发电厂安装竣工开始发电，1941年10月交流发电厂竣工发电。第二制造所决定临时新建20吨炼铁炉一座，于1938年12月动工，1940年3月正式出铁，同年10月，100吨炼炉亦开炼出铁。第三制造所的第一号10吨平炉于1942年7月开工，10月，3吨电炉开工，1.5吨电炉则于11月开炉，产品为钢锭和铸钢件。第四制造所的钢条厂在1938年秋开挖土方平整厂基，但于1940年春被日机空袭，损失巨大。1941年夏，钢条厂厂房才修建完工，年底设备装配完毕，于1942年1月正式出品，为第二十四工厂赶制大飞轮。钢板厂由于原8000马力蒸汽机的关键的35吨主轴，在宜昌抢运时期遗失，内地无法制造、无法安装，钢轨、钢板轧机都由6400马力蒸汽机带动，只能交替开工，不能同时生产。并且，钢板厂在1939年至1940年连遭日机轰炸，只得重新选址动工，1941年春破土挖基，1943年10月试轧成功厚6、7、8、9、10、11、12、16毫米，宽1.3米，长2.6米的钢板。

钢迁会二号锅炉

到1943年,经过五年的坚毅努力,钢迁会历经困难艰险,并迭遭日机轰炸,终于将大部分拆迁机件,装建完成,并添设必需设备,各厂全部开工,南桐煤矿、綦江铁矿、綦江水道运输处等附属单位亦先后投产,成为抗战后方规模最大、设备最齐全的钢铁联合企业。

同时,钢迁会实现了两大目标:其一是全部原料实现自给自足,凡冶炼所需煤炭、焦炭、矿石等原材料,不仅供应不匮,而且生产有余;其二是各制造工厂密切配合、通力协作,冶炼、轧钢、机电、修造,以及炉渣废品利用,均能互相衔接,周转灵便,且各项出品,经严格检验,品质优良,为抗战大后方各兵工厂所乐意使用。

大渡口八咏

六年前事梦重温,汉水西来硕果存,到此凭高容鸟瞰,丘陵阡陌一荒村。

鬼斧神工费俗猜,居然平地起楼台,石槽门里沿溪路,大小洪炉次第开。

九宫庙下火熊熊,百炼钢如万丈虹,铁板铜琶声激耳,与君高唱大江东。

电气来纵半壁山，万千马力出其间，只今灯火辉煌夜，却把光明作等闲。

原煤洗炼产精焦，岩号观文去路遥，铁道蜿蜒车往复，飞驰暮暮复朝朝。

当年建舍首晴川，胜地香涛别有天，今日英才夸济干，愿君到此学前贤。

李子林中弦诵处，高昌院里读书堂，不因桃李门墙盛，怎见员工子弟强。

应无俗客到琴台，难得知音往复回，攻错他山资借助，大渔路上好朋来。

钢迁会诗人履中作于1944年

全面抗战期间，国内物资奇缺，钢铁产量供不应求。钢迁会的生产经营情况，按照兵工署指令行事，所生产的灰口生铁、钢锭及轧制的各型钢材均供兵工署各工厂使用，用于制造各种兵工产品。钢迁会在1942、1943、1945年三年生铁产量均超过12,000吨。钢迁会是抗战大后方兵工生产基地的核心，是国民政府兵器工业钢铁材料的最大供应中心之一。

■ 1940—1945年钢迁会主要产品产量表

类别	1940	1941	1942	1943	1944	1945
生铁（吨）	3364	4994	13,950	13,392	3298	12,987
钢锭（吨）	—	113	10,000	4088	6559	7826
钢材（吨）	—	—	960	2416	2825	2895
铸品（吨）	—	—	877	1137	1632	1513
发电（千瓦）	—	—	3454	5893	6023	8458

第三章　嘉陵之边：大后方兵工基地

钢铁厂生产车间

钢迁会及中国兴业公司①在1940年至1945年共生产铁96,057吨，1941年至1945年共生产钢28,657吨，1942年至1945年共生产钢材15,456吨，分别占抗战时期大后方钢铁总产量铁的90%，钢的65%，钢材的40%。同时，钢迁会还试制、制造过一些半成品的兵工器材，如飞机炸弹、迫击炮弹、手榴弹、德式磁质地雷、避弹钢板等。1940年，钢迁会生产兵工器材117,166件。除此，钢迁会生产制造了大量的螺钉、铆钉、道钉、洋钉、锉刀及耐火材料等。此外，钢迁会还开采生产了大量矿产资源，如1939年开采铁矿59,910吨，1940年开采煤54,022吨，1943年出产焦炭27,085吨。

钢迁会所出品的灰口生铁，均由兵工署再分配，供给兵工署第十、二十、二十一、二十四、二十五、三十、四十、五十工厂用于翻铸手榴弹、迫击炮弹和甲雷等兵工武器，特别是在抗日战争的1943年至1945年间，兵工署第一、二、十、十一、二十、二十一、二十三、二十四、

---

① 中国兴业公司，创始于1939年7月，创办时期官股占78.16%，董事长为孔祥熙。厂址设于重庆相国寺，由华联钢铁股份有限公司、华西兴业公司矿业组及由泸内迁的中国无线电业公司合并重组而成，规模仅次于钢铁厂迁建委员会。1940年至1945年间，中国兴业公司出品的生铁、钢材产量分别占大后方同期总产量的5.16%和15.69%。

二十五、二十六、二十七、三十、三十一、四十、四十一、四十四、五十、五十三、七十、八十等工厂制造枪、炮、弹使用的钢铁材料占钢迁会总产量的50%～70%。这些兵工厂主要将钢材用于制造步枪、轻重机枪、冲锋枪、各型迫击炮及炮弹、甲雷、火箭、掷弹筒、子弹筒、手榴弹、信号弹、掷榴弹、群子弹等兵工武器。

据不完全统计，1945年1—9月，仅兵工署第一工厂即从钢迁会领取制造枪械、弹的各种钢料有：75毫米炮弹钢6吨，75毫米方炮弹钢136吨，81毫米炮弹钢50吨，81毫米方炮弹钢195吨，140毫米方炮弹钢226吨，35毫米方枪件钢113吨，其他钢料30吨，以上合计756吨，为钢迁会当年钢材总产量2895吨的26.1%。第五十工厂领取的钢料数量比第一工厂还要多一些。在1943年至1945年间，钢迁会为抗战提供了弥足珍贵的物质力量。

但是，由于各方面的原因，钢迁会两座高炉只开一座，20吨炉在1940年至1949年的十年间，共生产了四十六个月；100吨炉在1941年至1949年间也只生产了三十八个月。值得注意的是，作为一个经济实体，钢迁会有国民政府国库指拨经费，有国家政策的大力支持，并集中了一批优秀的技术人才，所出钢铁产品，质量不论优劣，均由国民政府包干销用，颇有供不应求之势。至于效率高低、盈亏与否，则不予计议。有研究者指出：单就一个经济企业而言，钢迁会的实际生产水平，远未达到设备能力之限额。倘若每年即按十个月的生产周期计算，钢迁会在1942年至1943年的全盛时期，生铁最高年产为13,300多吨，月均产量仅为1100吨左右，钢锭最高年产10,000吨，月均833吨，仅为设备能力的50%。这表明，由于战争环境的制约，钢迁会生产时断时续，存在着严重的开工不足问题。可以说，钢迁会一面受困于严酷的战争环境，另一面则缺乏完善的机制运行，各子企业无法做到协调发展及有效配合，因而导致其不可能发挥应有的作用。[①]

---

① 参见重庆市档案馆、四川省冶金厅《冶金志》编委会编：《抗战后方冶金工业史料》，重庆出版社1987年版，第131页。

作为抗战大后方最大的钢铁企业，钢迁会也是抗战时期中国最重要的钢铁工业基地，更是抗战时期我国国防工业、兵器工业的核心支柱，因而国民政府对于战时钢迁会的地位和作用尤为重视，评价甚高。蒋介石、何应钦、陈果夫、陈仪、邵力子、翁文灏等国民政府最高领袖、军政要员等都曾到访视察过钢迁会的生产情况，并皆对钢迁会的生产组织赞誉有加，认为钢迁会是"奠定后方重工业基础"，感言"在抗战期间有这么一个伟大的钢铁厂，更坚定了我们对于抗战胜利的信心"。1942年10月，钢迁会100吨炼铁炉第二次开炉时，翁文灏为之题词："国之桢干，厥在钢铁"。

此外，1939年正式成立的军政部兵工署第二十四工厂，厂长杨吉辉，也是抗战后方主要的兵工用钢生产工厂，年产钢最高时达到4000吨。第二十四工厂的前身是重庆电力特钢厂，曾于1937年炼制出西南地区的第一批优质钢材。1939年第二十四工厂建厂之后，员工人数由最初的400人迅速发展到1800人。1940年，第二十四工厂试制成功钨质枪管钢，改变了枪管钢完全依赖进口的历史，并在当年为第二十一工厂提供该优质钢材130吨。1941年，第二十四工厂又试制成功铬质枪管钢，将此优质钢应用到中正式步枪枪管的制造。1942年，第二十四工厂出品钢材质量、数量都有增加，为第二十一工厂供应枪管钢、刺刀钢、枪件钢，为第三十工厂供应掷弹筒钢，并供应其他各兵工厂所用冲模钢、工具钢等。至1944年，第二十四工厂扩大生产，员工人数增加到4300余人，达到最高峰。

在全面抗战时期，第二十四工厂除生产各种钢材、钢锭、铸钢外，还生产了航空炸弹、手榴弹、八二迫击炮弹壳、甲雷、掷弹筒、枪榴弹筒及圆锹、十字镐等兵工器材。其中，1937年至1945年间生产各种级别航空炸弹549枚及弹体1007吨；1938年至1939年生产四号甲雷6600个；1939年至1942年生产木柄手榴弹3,080,000个。

第二十四工厂生产的钢锭

第二十四工厂生产的产品

　　1942年11月正式成立的兵工署第二十八工厂，原系南京百水桥研究所材料实验处，是抗战后方的合金钢生产工厂，厂长周志宏。该厂规模较小，主要炼制锋钢、冲模钢、磁钢等合金钢铁材料，提炼纯钨以及制造坩埚等。1943年，第二十八工厂设有6所制造所，实有工人数3500人，出品冲模钢28.8吨。除此，1941年4月至1942年4月，该厂炼成锋钢7000余千克，冲模钢4000余千克，以及镍铬钢、弹簧钢、机枪钢等数百千克。1941年至1943年上半年，第二十八工厂第二、三制造所还分别出品高速钢15吨、铸件52吨。

南川海孔洞：飞出中国第一架运输机

在国民政府诸多内迁重庆的兵工单位之中，有一家是飞机制造厂，即中央南昌飞机制造厂，也称中意飞机制造厂。鉴于抗战初期，国民政府军队在"一·二八"淞沪会战时，受日机轰炸，损失惨重，遂决定由财政部长孔祥熙带团考察欧美国家，采购武器弹药及协商合建飞机制造厂。

1934年，孔祥熙与意大利首相墨索里尼洽谈购买意制各型飞机，并代表中国与意大利有关方面签订飞机厂合建合同。1937年春，中意合建的中央南昌飞机制造厂落成投产，是当时国民政府三大飞机制造厂之一。七七事变后，中央南昌飞机制造厂旋即遭到日本飞机的空袭轰炸，多个厂房车间被炸毁，人员、设备均有损失，于是工厂准备疏散机器设备。当年冬天，抗日战局持续恶化，南昌处于抗战前线，飞机厂里的意大利籍人员全部撤走。11月8日，国民政府航空委员会重庆航空站站长张式群以"庆字第686号"函致南川县县政府："查南川县属附近有一可容纳2万余人之山洞，地形隐蔽，可容纳大量物品……，能否适应藏储军用品？"南川县县长陈文澡以"南字第503号"函复航空站。文称："本县山洞颇多，而最适宜储藏军用品尚推丛林乡属之海孔洞……交通便利，其内部容量，可容纳万人，光线充足，气象雄阔，为他洞之冠。洞外筑有城墙，以资防守……"随后，国民政府军事委员长行营派人实地踏勘，决定征用海孔洞。

1938年春，中央南昌飞机制造厂开始向重庆搬迁，所有精密机件、器材设备、物资材料等兵分三路，一部分乘船经鄱阳湖溯长江而西上，一部分装载火车到湖南、广西绕南而行，一部分则用汽车经西南公路长途跋涉，直抵重庆。中央南昌飞机制造厂创建时期中方人员李祺，专门负责人事工作，亲历了建厂至迁建重庆的过程：

  一路上或遭轰炸，或被空袭，或因惊涛骇浪而沦沉水底，或遇崎岖路滑而坠入深谷，冒险犯难，安危莫测。我率全厂眷属随部分迁川人员工程师向惟萱等取道衡阳西上，适逢衡阳方面空战紧急，待修飞机积压多架，要将我们留下修机。军令如山，责无旁贷，于是遵命停止进发，在河西女子中学驻下，即时装机器、运材料，说干就干，工作于斯，食宿于斯，日无暇晷，人无遗力，一个人顶几个人用，一天做几天的事，甚至空袭不避，午夜不眠。记得1938年中秋夜，敌机滥炸衡阳，全市大火，我们还冒险为护卫飞机在淌着汗水呢。当时衡阳空战仍频，伤机要求随坏随修，立刻上阵，人人争先恐后，个个不惜牺牲，热气腾腾的干着、唱着："打不走鬼子心不甘呀！打不走鬼子心不甘！"在衡阳大概停留了一个多月，修复飞机20多架，说起来这不是奇迹吗？

  待我到达四川时，想不到又是奇迹！我们"二厂"短短几个月已在南川县的丛林沟地方一个石洞里——海孔洞，从无到有建成了一个安全的飞机制造基地，这个洞石地石顶，三面峭壁，高有50多米，前洞深300多米，后洞莫测高深，可以停放飞机30架，运用本厂的技术力量在洞里建起了三层办公楼，防潮防火设备齐全，发动机、机工、装配、机身、机翼、钳工、木工、工具、白铁、电镀等车间和飞机库也建起来了，还在洞外建成了发电厂、锻铸、缝工、修配等车间。蜿蜒十几公里的宽敞汽车道，都是在崇山峻岭之上劈山开辟出来的，附近的山阴丛林中到处建起了生活区、住宅群、娱乐园、游泳池……而且都有确实完备的防空设施。敌机始终没有找到过我们的目标,外国人也翘起拇指说是万无一失的战时飞机厂,这样的飞机制造厂是世界罕见的。

同年秋,中央南昌飞机制造厂在南川县丛林乡海孔洞恢复开工,工厂改名为"中华民国航空委员会第二飞机制造厂",对外通联称为"南川丛林十号"。主要任务是设计制造飞机以及修理装配飞机,计划每月生产苏式E-16单翼驱逐机20架。

南川第二飞机制造厂原址外景

第二飞机制造厂将主要的厂房车间、机器设备全部设置于南川丛林的海孔洞中。洞内建设有3层楼高的1200平方米的厂房,机工、钳工、机身、机翼等车间一应俱全。在洞外,修建有一条7.5千米的简易道路与川渝公路连通。为安保起见,四川省省政府以海孔洞为中心,将周边15千米内的林木由飞机厂低价购用,将距离厂区横向1.5千米、纵向2.5千米的区域划定为特别警戒区。1941年,第二飞机制造厂有正式职工1200多人,其中工人1000余人,另有民工约200人。此外,第二飞机制造厂曾在南川县县城招收学徒技工,约有12期。

亲历记述

　　唐仕荣于1942年去的海孔。先在工人俱乐园当店员，干了一段时间，于1944年参加海孔工人招录考试，考上了备取生资格，正取的人员不足，在备取生中递补，于是成了海孔一员，但还不是正式工人。首先要参加三个月的军训，强调纪律，规范言行。第二步参加三个月的文化学习，学习有关的基本知识。第三步是经过六个月的半天学习，半天上工。边学习，边操作等等，需要两年之久，才能成为海孔的正式上岗工人。上岗后每月可以领取不分级别的统一津贴40余元。这个数额的津贴与老工人没有多大差别。所以还引起当时工龄较长的工人不满，成为正式工人之后，被分配到装配股。

　　向中荣是1942年5月被国民党军队抓丁去海孔的。去后经历了杂工的磨炼，于1944年考上海孔第9期学员，与唐仕荣一样参加了两年的培训学习。

　　第二飞机制造厂在海孔洞的建设，特别注意防空、防特、防盗等保护工作，工厂设有一个营的军队驻守，山顶设有岗哨，洞口架有机枪，既有参天大树掩隐，又筑有防空阵地、防御战壕等。由于汉奸的出卖，日军获取南川建设飞机场的情报："有大批苏联专家，可月产战斗机20架。"为此，日军曾在1939至1941年间专门5次派遣飞机空袭轰炸，但由于飞机厂隐蔽较为妥当，5次轰炸中均未造成损失。1939年10月13日，日军第一次大肆轰炸南川县城，18架飞机低飞投弹142枚，南川县被毁房屋820余间，炸死、震死、烧死151人，伤142人。南川县城顿时化为一片火海，尸横遍野。"南川人民未受过大劫，又无空防抵御，更不知防空常识，被炸死、烧死、机枪射死的老百姓不计其数，有些人家全家死亡，及无家可归者惨不忍睹。经过此劫，南川县城，成了一片废墟。"1940年8月13日，日军25架飞机分3批第四次企图轰炸海孔洞的第二飞机制造厂，但仍然找不到目标，转而轰炸南川县城。此次日军投弹225枚，损毁房屋565间，炸死24人，伤46人，毁坏稻田约4.6万平方米。其中，被炸毁房屋多系贫民所属，厥状极惨。

1938年年底，第二飞机制造厂开始仿制苏式E-16单翼驱逐机，半年后试制成功，在重庆机场装配，并由著名试飞员王汉勋试飞成功。该型号飞机移交国民政府空军使用后，曾在空战中击落日军飞机，取得了重要战果。为适应抗战需要，1939年年初，第二飞机制造厂开始试制苏式E-16双座驱逐机，再获成功。因当年是民国二十八年，故命名为"忠二八甲式"教练机。第二飞机制造厂将"忠二八甲式"教练机，投入批量生产，但拘囿于战时美国发动机、苏联仪表等器材供应困难，该机型总共生产出30多架。

1941年冬，第二飞机制造厂设立试造室，由林同骅任总工程师，顾光复、高帮俊为副总设计师，带领设计员陆孝彭、张桂联、程宝蕖等20多人的研究团队，开始设计研制运输机。经过两年的不懈努力，技术人员克服艰难，利用库存的航空木材、配件、仪表及进口的美国航空发动机等器材，于1944年设计、总装、制造出可载驾驶员2人、领航员1人、乘客8人的中小型双引擎运输机，命名为"中运一号"。由于战时航空材料奇缺，"中运一号"采用了木质和金属混合结构，只有副翼和襟翼采用铝合金材质。

中国第一架运输机

8月，"中运一号"运到重庆白市驿机场试飞。当时公路路面狭窄，只得将飞机拆卸装载到十几辆卡车上。同时，为躲避日机轰炸，车队昼伏夜行，走走停停，前后用了七八天时间才运抵机场。"中运一号"试飞时，总工程师林同骅、检验员林同骥与试飞员空军少校李兴唐一同登机，顺利升空，平安降落，完成首飞。由此，诞生在战火中的中国自行设计研制的第一架运输机，满载着中国人的骄傲和自豪，翱翔在天空。11月18日，林同骅、高作楫与李兴唐等人由重庆飞往成都，历时五十九分钟，完成该机由渝飞蓉的首航。至此，"中运一号"试飞圆满结束。同年，林同骅、唐勋治等人开始着手研制"中运二号"。

第二飞机制造厂职工与中国第一架运输机合影

1939年至1945年间，第二飞机制造厂的职工在极端艰难的战争环境下，在简陋的山洞里，凭借自己的技术力量，依靠仅有的进口航空材料，研制出中国近代第一架军用运输机"中运一号"，还仿制德式H-17式中级滑翔机30架，仿制"狄克生"初级滑翔机6架。此外，第二飞机制造厂还修理了上百架的受伤飞机，充分发扬了广大职工的抗战爱国精神，体现了中国人民不屈不挠的顽强奋斗精神。

迁川的两家军用化学单位

在川渝之地，除形成以重庆为中心的抗战大后方兵工生产基地之外，还有两家军用化学单位也迁到四川境内的泸县。

其一是兵工署第二十三工厂，即原巩县兵工厂分厂。九一八事变后，国民政府为应对日本可能发动的化学战争，决定筹建国内第一家化学兵工厂。1932年兵工署化学工程专家吴钦烈组织赴美考察，筹备我国的化学兵工厂。1936年2月巩县兵工厂分厂成立，实际是独立建制的化学兵工厂，吴钦烈为厂长。1938年2月，巩县兵工厂分厂迁移到四川泸县新厂址，随后改制为兵工署第二十三工厂。1938年10月，防毒面具厂率先复工生产。1939年，硫酸厂、电解厂、修理厂、水厂、电厂等先后复工。为防空安全起见，1939年秋，第二十三工厂在离厂本部4千米的山洞中设立毒气厂及毒气炮弹厂，将重要厂房均建于山洞之内，且以隧道互相贯通。其设计建筑宏伟、工程浩大，至1942年秋，才全部竣工。

迁川之后，第二十三工厂接收了原济南兵工厂、四川兵工厂、四川第一兵工厂，广东第一、二兵工厂以及应用化学研究所开封实验工场的机器设备，并购新建了泸州济和水力发电厂、上海中国炼气公司等，进一步扩大了生产规模，增加了产品品种。

全面抗战时期，第二十三工厂设有13个工场，还包括重庆、昆明两个分厂，成为我国最大的军用化学厂。在1942年，第二十三工厂的职员、工人、士兵等总人数超过3000人。主要产品包括5大类：

化学战剂类：泡肿气、喷嚏气、催泪气、光气、黄磷、氯化苦、烟雾酸、六氯乙烷等。

火药炸药类：氯酸钾炸药、单基无烟煤、改造双基六零、八二迫炮药等。

化学军品类：方药飞机炸弹、圆药飞机炸弹、催泪手榴弹、催泪抛射弹、黄磷弹、有毒无毒烟幕罐。

防毒器材类：防毒面具、防毒口罩、漂白粉消毒罐、防毒皮靴、防芥子汽油膏等。

工业原料类：硫酸、烧碱、盐酸、漂白粉、苏打、氯酸钾、硝酸、酒精、以脱、氧气、二硝基氯化苯、氯化苯、硫化元青、苯酚、硫化碱、无水氯化钙、碳酸钙、水玻璃等。

■ 迁建前后第二十三工厂每日生产能力对比表

场 别	出品名称	迁建前每日产量	迁建后每日产量	备 注
第一工场（硫酸厂）	硫酸及发烟硫酸（吨）	15	14	机件使用过久，效能渐减
第二工场（食盐电解厂）	液氯（吨） 盐酸（吨） 烧碱（吨） 漂白粉（吨） 烟雾酸（千克） 氯酸钾（千克） 氯酸钾炸药（千克） 苏打（千克） 无水氯化钙（千克） 氯化苯（吨）	1 2 1 2 200 1	1 2 1 2 300 300 150 100 1	迁建后设备移作他用而停产 如有需要，随时可造缴
第三工场（炮弹装填厂）	装填各种毒气弹及飞机炸弹（枚）	500	500	—
第四工场（化学战剂厂）	泡肿气（吨）	1	1	—
第五工场（化学战剂厂）	喷嚏气 硫化元青（千克）	250	250 250	—
第六工场（化学战剂厂）	催泪气（千克） 光气（千克） 氯化苦（千克） 苯酚（千克）	250 300 200	250 200 150	移作他用而停产 如有需要，随时可出品 如有需要，随时可出品
第七工场（烟雾罐装填厂）	装填烟雾罐（个）	300	250	—
第八工场（活性炭厂）	活性炭	—	—	已停办

续表

■ 迁建前后第二十三工厂每日生产能力对比表

场 别	出品名称	迁建前每日产量	迁建后每日产量	备 注
第九工场 （防毒面具厂）	防毒面具（具）	250	440	—
第十工场 （制药工厂）	无烟药（千克） 硝酸（千克） 以脱（千克） 酒精（千克）	—	150 500 300 300	—
氧气工场 （工业原料厂）	氧气（立方米）	—	630	—
口罩工场 （防毒器材厂）	防毒口罩（副） 漂白粉消毒罐（个）	—	3,300 165	胜利后停造 抗战时期临时造缴
油布工场 （防毒器材厂）	防毒衣（套）	—	650	胜利后停造
昆明分厂 （化学战剂厂）	黄磷（千克）	—	250	胜利后移交五十三工厂接收
重庆分厂 （制革工厂）	防毒靴（双） 军用皮件（件）	—	30 遵令制造	—

其二是应用化学研究所。1933年8月，兵工署署长俞大维奉令筹设军用化学研究机构，1934年10月，应用化学研究所成立于南京大方巷。兵工专门委员汪浏担任所长，主要任务是研究化学战剂，设计防毒器材，试制防毒服装、面具及特种兵器弹药等。1938年3月，应用化学研究所搬迁至四川泸县西郊职业学校旧址复工，并增设实验场所。同年6月，兵工署第二十三工厂厂长吴钦烈兼任所长，再增设工场两所，赶造侦毒器材等军需用品。

日军侦知应用化学研究所搬迁到泸县后，欲毁灭之而后快，于1939年9月1日集中重型轰炸机32架空袭该所，致使化学试验室、仪器室、陈列室、图书室及修理工场、侦纸工场等，均起火燃烧，贮存器材半数尽毁。为避免重蹈覆辙，1940年9月，应用化学研究所搬至泸县狮子岩。

在被敌军轰炸之前，应用化学研究所对于实际参与抗战工作，如侦毒器材、战地化验车及纵火器材的制造，均积极推进，不遗余力。还曾开展湖北、湖南地区对防毒军官的训练，南北战区防毒设施的视察，编制医疗与训练手册等各项工作。在被敌军轰炸之后，在外来物资的运输道路几乎被封锁，对国外进步科学技术无从知晓的客观环境下，应用化学研究所同人工友，固守岗位，刻苦耐劳，撰写工作报告达百余篇，纵火器材、信号弹、侦毒纸、侦检器、治疟国药等兵工用品，亦能够大量制造。各项研制工作，以化学兵器为主，对于兵工化学原料，如钾、硫、甲烷、煤膏、大豆干酪、有机染料、尿素之合成提炼、电木、避弹玻璃、耐酒精涂料、固体油、合成苯，以及对治疗疥西药、疟痢国药等的研究均有成就，或已经开展研究，也取得一定成果。

虎啸风生,过化存神

抗战时期的兵工企业以及各种实体经济的内迁,是"中国经济史以及民族战史上最精彩最灿烂的一页"。在中日持久抗战的历史背景下,基于重庆独特的地理环境和丰富的矿产资源,抗战时期中国大多数的兵工单位迁移到以重庆为中心的大西南地区,这实质也是国家经济领域的战略转移。作为中国大后方战时经济的重要组成部分,内迁重庆的兵工企业对于陪都人民乃至全国人民抗日持久抗战起到了强有力的支撑作用,对于西南地区的经济人文开发起到了举足轻重的开拓作用。同时,也第一次改变了中国现代工业的整体格局,为重庆近现代工业与经济发展奠定了基础,并推动重庆工业经济实现了第一次跨越式发展。

1. 确立了重庆在西南地区的中心地位

全面抗战以来,中国主要兵工及其他单位内迁到重庆地区给重庆自身发展带来了空前的新机遇。随着内迁重庆,重庆原有的行政架构已经不适应时代形势的发展。1939年5月重庆的行政级别由四川省政府直辖的乙种市提升为行政院直辖市。1940年9月重庆市被国民政府正式宣布为中华民国的陪都。在世界反法西斯同盟战线形成的历史背景下,重庆作为中国战时首都的战略地位空前提高,由偏居西南一隅的普通城市一跃成为世界反法西斯战争远东地区最高统帅部的驻地,重庆也因而成为中国抗日战争的中心城市,乃至成为世界反法西斯战争的知名城市。战时兵工内迁重庆完成之后,中国抗战大后方新的工业中心和经济中心就初步形成了。兵工内迁使得重庆工商业社会经济获得了跳跃式发展，重庆不仅成为西部地区的经济中心，并逐步形成了以重庆为中心的中国重工业生产基地。重庆也成为抗战时期国民政府的政治、经济、军事、外交、文化、教育、工业、交通、金融的中心。

国民政府及其兵工内迁重庆，改变了重庆工业经济原本粗放的发展模式，极大提升了重庆的工业产业资本，丰富了轻、重工业门类，提高了工业产能效益，推动了工厂数量和资本额度迅猛增长，促使重庆成为真正意义上的中国抗战大后方的经济中心。

首先，战时重庆建立了相对完善的近现代工业体系。以工业门类为例，在抗日战争期间，兵工内迁直接造就了重庆以兵器工业为中心，钢铁、机械、冶炼、化工、运输等为主体的近现代重工业体系。如在钢铁冶炼方面，抗战时期国民政府以云南与四川为基地，建立12家官办和民营的钢铁企业，其中重庆有9家，占到75%。战时大后方炼钢厂有10家，重庆有7家，占70%。1943年在抗战大后方5万吨的钢产量中，重庆出产了4万吨，占大后方年总产量的80%。[①]战时重庆是抗战大后方钢铁冶炼工业体系的中心。其时，重庆的工业产品几乎占到了整个后方工业生产的一半以上，甚至有的产品只有重庆的工业能够生产。战时重庆工商业的繁荣发展，使得重庆被誉为中国抗战时期的"工业之家"。

其次，战时重庆成为中国大后方的金融中心。兵器工业作为国有工业中资本最雄厚的行业之一，兵工内迁重庆需要政府巨额的财政投入和资金运转。如1939年国民政府对兵工署兵工厂投入的额造经费、加造经费、建设经费、械弹库经费等四项即高达239,627,464元，[②]而同年国民政府实际收入是7.4亿元，兵工署不完全支出就占了该年度国民政府总收入的32%以上。这则使得国营、民营的银行、钱庄汇聚重庆，当时中国银行、中央银行、交通银行、中国农民银行等民国四大银行齐聚重

---

① 参见陈真编：《中国近代工业史资料》第4辑，三联书店1961年版，第773页。
② 参见军政部兵工署：《兵工署二十八年度概算书》，重庆市档案馆，兵工署1目，1056卷。

庆，大小银行、钱庄多达233家，使重庆成为战时中国的金融中心。

再次，重庆成为抗战大后方的交通运输中心。战时兵工内迁到重庆后，加速了重庆与外界的联通，极大促进了重庆交通运输的繁荣，为经济的发展奠定了基础。一是水路方面，当时，抗战大后方亟须的各类物资，抗战前线亟须的战略物资，基本上要依赖江河水路运输。二是陆路方面，重庆至成都，重庆至长沙，重庆至贵阳、昆明，重庆至宝鸡、兰州等地都开通了省级公路运输。重庆成为联系中南、西南、西北各省市地区的交通枢纽，并且修筑了联通中国与印度、缅甸、苏联的国际公路，加强了国内外军事物资运输。三是航空方面，重庆开辟了到成都、昆明、贵阳、西安、香港、兰州、阿拉木图等国内航线以及到仰光、河内、加尔各答，甚至是莫斯科等地的国际航线，使得重庆成为空中战略物资的中心。而繁荣的交通运输网络促进了重庆工业经济中心的形成，也推动了重庆城市现代化的转型。

2. 推动了重庆城市现代化建设进程

抗战时期，以中国兵工为中心的工厂内迁重庆，促使重庆的经济与城市现代化建设进程发生了跳跃式的大发展。这主要表现为：

第一，城区面积扩大。抗战之前，重庆主城区面积只有约94平方千米，城区范围主要包括嘉陵江与长江汇合处的渝中半岛及南北两岸。兵工内迁重庆之后，分别布局于重庆簸箕石、忠恕沱、王家沱、鹅公岩、大渡口、綦江赶水镇、巴县鸡冠石等，进一步拓展了重庆城区的范围。1939年5月，重庆市辖区数量由6个区设置为12个区。到1940年11月，重庆市区范围再次扩大调整，辖区数量增加到17个区，城区建成面积范围扩大到了西至沙坪坝，东到涂山脚下，南抵大渡口的广大地区，[①]全市面积扩展到了328平方千米，是内迁前重庆城区面积的3.5倍。同时，为了躲避日军对重庆，特别是对内迁重庆的军事机构的战略大轰炸，国民政府重新制定了一些政策并采取措施，划定合川、巴县、綦江、璧

---

① 参见周勇主编：《重庆：一个内陆城市的崛起》，重庆出版社1989年版，第278页。

山、江北等地为疏散区，有计划有组织将政府机关、军事单位、工矿企业、科研院所等向重庆周边疏散。由此，重庆城区由渝中半岛向外扩展到沙坪坝、大渡口等地，同时形成了重庆市区对周边的辐射带动作用。如今天的北碚区，在战时是国民政府中央行政院等重要机关的驻地，有着"小陪都"之称。在战时城区不断扩大的同时，重庆城市现代化进程也得到进一步拓展。

第二，城市人口增多。据1936年重庆市警察局公布的全市人口统计结果，局部抗战时期的重庆市区有74,398户339,204人。但是，抗战全面爆发后，重庆人口于1938年即迅猛增加到53万人，两年间增加近20万人；到1946年更多达125万人，比全面抗战战前增长了3.68倍，十年间重庆人口净增长了90万。①其中，迁渝人口约占重庆总人口的一半以上，而绝大多数迁渝人口都是随着战时兵工、民族工业、政府机关及科研院所等内迁而来。与此同时，重庆各类型城市人口，特别是产业工人数量也得到空前增长。抗战前重庆工人数不足万，但到1940年10月，重庆就已初步建立了以兵工为中心的工业体系，形成了一支包括兵工、机械、冶金、煤炭、纺化工、航运等行业为主体的产业工人大军，总数近20万。其中，重庆各兵工厂拥有9万名工人，占到45%。资源委员会所属工矿企业也有数万名员工。庞大的工人数量保证了重庆兵工生产及各种工业制品的军需民用，而重庆城市人口的极度膨胀标志着重庆城市现代化水平的大幅提高。

第三，工商业经济繁荣。一方面战时兵工内迁重庆直接或间接促进了重庆工商业经济的繁荣发展。兵工是一个整合多种工业行业的联动式企业集团，兵工内迁极大促进了重庆煤炭、钢铁等相关产业的大发展。如重庆天府煤矿，局部抗战时期产烟煤0.4万吨，而到1943年时就已达到3.1万吨，②增长7.75倍。同时，兵工内迁带来了十数万的工人及其眷属，形成了一个稳定的消费市场，使得附近的许多五金商、木材商、

---

① 参见周勇：《重庆通史》，重庆出版社2002年版，第875页。
② 参见佚名：《战时后方工业是如何建立的》，载《新世界》1944年复刊号。

煤商、船夫、小贩、运输夫，都依赖兵工厂以为生活。[①]继而促进了重庆商业市场的繁荣。另一方面战时兵工内迁促使重庆形成了长江、嘉陵江工业经济带。由于战时陆路交通运输难度大，空运不现实，而重庆的水运交通又比较发达，因此内迁重庆的兵工厂大多数是通过长江水道迁运而来。同时，内迁重庆兵工厂集中分布于长江与嘉陵江的沿岸。长江沿岸东起唐家沱、西至铜罐驿，嘉陵江沿岸的双碑、磁器口，散布着兵工署第二、十、二十、二十一、二十四、二十五、二十八、三十、五十等十几家兵工厂。这样的兵工厂集结也引导了其他行业工厂的布局。据统计，除兵工厂外，90%的工厂分布在两江沿岸。在长江沿岸的，从江津到长寿，嘉陵江沿岸溯江而上，直抵北碚、合川，此为战时重庆的两江工业经济带。[②]由此，战时重庆的渝中、江北、南岸、沙坪坝、九龙坡、长寿等两江经济带范围内工厂密布，烟囱林立，汽笛长鸣，造就了如今重庆市两江新区的雏形。

　　第四，公共基础设施完善。兵工内迁重庆后，也推动重庆的城市公共基础设施建设。如大中小学校增多，城市环卫业、减灾防灾业、卫生防疫事业、邮政电信事业、水电事业等社会方方面面都取得了显著发展。特别体现在交通运输方面，战时国民政府在重庆市修筑了一批公路干线道路，开通了公共汽车运输，使重庆与周边连片成网。如赶水到小鱼沱修筑了通往第四十一工厂公路15千米；海棠溪至广阳坝、南温泉，北碚到北温泉修筑公路37千米；江津到蔡家修筑51.5千米；赖家桥至白市驿、山洞至白市驿，修筑通过机场道路23千米；佛图关至九龙坡修筑机场、渡口道路10.4千米；两路口至佛图关修筑用于特种服务道路3.8千米；等。城市交通运输等基础设施的完善也推动了重庆现代化城市功能的完善和发展。

---

　　① 参见张国镛、陈一荣：《为了忘却的纪念——中国抗战重庆历史地位研究》，西南师范大学出版社2005年版，第426页。
　　② 参见民革中央孙中山研究学会重庆分会编著：《重庆抗战文化史》，团结出版社2005年版，第52页。

3. 促进了西部地区的经济人文开发

对大区域经济而言,战时兵工内迁有力地促进了我国西部地区的经济人文开发。战时内迁带来了以兵工为核心的工业企业的发展,催生了一大批采掘、化工、矿产、冶炼等能源与原材料工业及其他工业门类的迅猛发展,提升了西部人民科学文化素质,推动了西部教育科技文化事业,可谓是中国近现代历史上第一次具有国家战略性质的"西部大开发"。

首先,内迁兵工企业拥有雄厚的资本实力,先进的机器设备,科学的生产管理,高技能、高素质的技术人才及成熟的产业工人,等,因此兵工内迁到重庆本身就对西部经济的发展具有积极的开拓意义。如兵工署第二工厂除生产制造兵工器械之外,还在重庆新建了汽油、酒精等厂企;第十工厂除设立铜壳、弹头、引信等制造单位外,还设有水电、木工、装配等制造所;第二十三工厂同时开设有硫酸厂、电解厂、炮弹装填厂、化学战剂厂、烟雾罐装填厂、防毒面具厂、制药工厂、防毒器材厂、制革工厂等十几个厂企。有学者指出:"内迁工业多数是中国当时工厂中,规模较大、资金较雄厚、设备较好、技术较高的工厂,他们的内移……真是战时大后方工业发展的动力与资源,也是改变西南和西北经济发展面貌的功臣。实业界的'敦刻尔克',对西南地区的开发而言,实具有相当正面的意义。"[①]内迁兵工是中国国有工业中最精华的组成部分,因而此观点同样适用于对兵工企业内迁重庆的评述。如内迁到大渡口的钢铁厂迁建委员会,在战时即成为大后方最大规模的钢铁基地,产量占后方钢铁生产总量的90%,不仅有力地支援了抗战前线,也奠定了今天"千亿级"重庆钢铁集团华丽转身的历史基础。

其次,抗战时期兵工企业内迁重庆,其复工生产急需大量原材料,因而就地取材刺激了煤炭、钢铁、公路等资源的开发和利用,带

---

① 胡春惠主编:《纪念抗日战争胜利五十周年学术讨论会论文集》,香港珠海书院亚洲研究中心1996年版,第36页。

动了西部地区的矿业、机器、化学、电力等工业产业的迅速发展。以钢铁事业为例,战前四川(含重庆)地区只有华联钢铁厂、重庆电力炼钢厂两家近代钢铁厂,经过几年建设,到1944年上半年民营钢铁厂就达41家。其时,整个西部地区的民用钢铁厂达到59家,其地域分布情况分布是:四川41家,陕西8家,广西6家,贵州3家,云南1家。① 这些民营钢铁厂大部分是抗战爆发之后,特别是兵工内迁之后新创建的,占到全国钢铁厂的80%。再如机械工业,1939年以前的重庆民营机器厂有69家,到1943年迅猛增至366家,增长430%。各厂设备方面有大小机床1236部,龙门刨床57部,牛头刨床198部,钻床372部,其他磨床、铣床、锄床等特种工具744部,共计生产工具2607部,年成产能力可制造大小机器2万吨。② 其他诸如化学工业、五金电器工业、煤炭燃料工业及纺织业等轻重工业都在兵工内迁之后,如雨后春笋般繁荣发展起来。

再者,抗战时期兵工内迁不仅带来了一批中国优秀的兵工专家与技术人员,随着兵工企业内迁而来的还有大批文化教育机构、各个学科的科研人员及各类文艺创作者等,从而使西部地区一跃成为全国文化事业的中心。这些文化教育机构与知识分子的内迁,不仅为西部地区带来了科学和文化,推动了当地的文化教育事业的发展,还促进了西部人民群众的科学文化思想意识的现代化进程,为西部工业经济的现代化进程提供了精神文化资源。一方面,内迁兵工大多坚持技工培训制度,开办技工培训班或技工学校,培养了一大批科学技术人才。譬如,军政部军工学校内迁重庆之后,招收培训各类学生684名,其中培养出了任新民、李乃暨等新中国顶级兵工技术专家。另一方面,推动了中国西部地区人民综合素质的空前提高。以重庆市为例,到1945年,重庆人口中,大学毕业和肄业占5%,中学毕业和肄业占17%,小学毕业和肄业占34%。③

---

① 参见建子:《抗战中成长的民营钢铁事业》,载《西南实业通讯》1945年5、6期合刊。
② 参见薛明剑:《重庆民营机器工业之危机及救济办法》,载《中国工业》1944年第23期。
③ 参加贺耀祖编:《重庆要览》,重庆市政府1945年版,第18页。

战时内迁成就了桂林、重庆等地作为"抗战历史文化名城"的美誉，今天西部地区的重庆、成都、西安、昆明、桂林、贵阳等城市的工业发展与文化积淀都深刻烙印着战时内迁的历史记忆。从某种意义上说，倘若没有战时内迁，中国东西部的经济文化差距或许会更大。

4. 改变了中国现代工业的整体布局

从国家经济整体布局来看，近现代以来，不论是兵工企业，还是其他国有、民营工厂企业，大多集中于中国东部沿海地区。国民政府成立之后，这种不合理的工业经济布局也没有得到有效改变，与经济领域密切相关的兵工企业大多集中于华东、华北、华中、华南地区。抗日战争爆发之后，随着中日战局的持续恶化，国民政府不得不做出政策调整，陆续将中国兵工企业及其他工厂企业，有组织、有计划地迁移到重庆、四川、贵州、云南、陕西等西部地区。

兵工企业并不是单一的工业经济结构，它其实是一个系统综合的集群式的工业经济集团。兵工生产与机械、钢铁、煤炭、电力、运输、化工、电器、冶金、水泥、邮电等行业有着密切关系。

战时兵工企业内迁结束之后，一方面，改变了重庆工业经济的格局。在兵工内迁之前，重庆只是一个区域性的经济中心，而且工业门类单一、生产规模小、现代化程度低。重庆经济主要以农商贸为主，工业是以修配机器、制革、染织、农产品加工等轻工业为重心的格局，重庆战前"几乎是无工业可言的。它所有的工业，只是少量的农产加工工业，和利用外来原料的手工织布工场而已"[①]。兵工内迁之后，重庆形成了以兵工为中心的近现代工业体系。在这个工业体系中，兵器重工业起着主导和决定因素，占据重庆整个工业经济体系的重心，催生了重庆工业现代化的发展。

另一方面，影响了新中国的工业经济布局。战时兵工内迁重庆，

[①] 李紫翔：《胜利前后的重庆工业》，载《四川经济季刊》1945年第4期。

推动了重庆成为中国六个老工业基地之一，也是西部地区唯一的老工业基地，从而初步改变了中国工业经济的整体布局。中华人民共和国成立后，随着经济体制改革调整，当年很多内迁重庆的兵工企业都已经成功改制转型，衍生出一批中国现代著名的国有大中型工厂企业。如第一工厂即发展成重庆建设机床厂，第十工厂成为后来的江陵机器厂，第二十工厂成为重庆长江电工厂，第二十一工厂成为现在的长安机器厂，第二十五工厂发展为嘉陵机器厂，第二十四工厂成为重庆特殊钢铁厂，第五十工厂成为望江机器厂，钢铁厂迁建委员会发展为现今的重庆钢铁集团公司等。这些工业企业奠定了重庆重工业基础，至今依然是重庆乃至中国优秀的国有企业，不仅引领着重庆工业经济的繁荣，也推动着中国工业经济的发展。

第四章

湘滇黔桂：大后方兵工羽翼

1937年全面抗战爆发后，国民政府兵工署制订了兵工厂搬迁计划，并初步以"三阳"（洛阳、襄阳、衡阳）防线为重点进行兵工厂的布点。南京沦陷后，1938年年初国民政府拟订《西南西北工业建设计划》，明确规定新的工业基地"其地域以四川、云南、贵州、湘西为主"。随着日军沿江向中国腹地发动进攻，聚集于武汉的兵工单位陆续再度迁移。

第十一工厂：抗战最前线的兵工厂

在湘西，汉阳兵工厂、河南巩县兵工厂以及炮兵技术研究处等相关人员、设备整合成立了兵工署第十一工厂。在中缅边境的云南瑞丽雷允，中央杭州飞机制造厂几经周折，苦心经营，建成中美合作下的中国最大的飞机制造厂。在广西到贵州的崎岖山路上，广东第一兵工厂、桂林修炮厂等历尽艰辛坎坷，饱受颠沛之苦，表现了一代兵工人强军御侮的坚毅精神。可以说，湘、滇、黔、桂等省份已然成为抗战大后方兵工事业的主要辐射区域。

1938年，国民政府公布《西南西北工业建设计划》，在湖南境内要求建设以"湖南沅陵、辰溪为中心的电力、兵工、电器、水泥、纺织等为主的工业区"。在兵工方面，国民政府拟定湖南省内的兵工厂序列为兵工署第十至第十九工厂。在此期间，国民政府设立及内迁于湖南的兵工厂主要涉及三家，但因战争局势而几经搬迁、归并，最后仅剩军政部兵工署第十一工厂。

这三家兵工厂其一是炮兵技术研究处即株洲兵工厂。按照兵工署于1932年提出建设新炮厂的计划书，经过各方面四年的讨论商定，1936年3月，兵工署派遣炮兵技术研究处处长庄权负责筹建株洲兵工厂。该兵工厂是由蒋介石指定建于湖南株洲，经勘察地形，选定厂址为董家塅，主要筹设有炮厂、炮弹厂及枪弹厂，计划建设一座国内规模最大的兵器制造现代化工厂。

1936年9月，炮兵技术研究处设立驻株洲办事处，由梁强兼任主任，具体督办株洲兵工厂的建筑工程。11月，接收了汉阳兵工厂所属炮厂。1937年，卢沟桥事变后，炮兵技术研究处奉命由南京迁移至株洲。值此株洲兵工厂初建之时，抗战前线急需枪械弹药，1938年5月，株洲临时枪弹厂，积极开工生产，日产枪弹40,000发，供应抗战急需。然而随着日军将战火引至华中地区，兵工署遂决定放弃株洲兵工厂建设计划。6月，株洲兵工厂奉令迁渝，筹备另建新厂。炮兵技术研究处所属汉阳炮厂将机料3000余吨、人员300余人，亦起运离汉，准备转移湘西沅陵。

> 本厂迁移湘西计划，原定移设沅陵，嗣以派员季冰心等考察结果，该地不但无相当隐蔽地址可供建厂之用，而交通运输，尤艰险异常，遂于本年七月间，决定将厂址移至桃源。惟彼时厂本部人员一部尚留驻汉办公，一部则已出发在途，距全体到达尚须时日。为卸存机件及筹建新厂工程便利起见，因于桃源游仙观地方勘定厂址后，先行成立第三分厂，即派季技术员冰心为主管员负责办理一切，迨本厂人员相继莅止，当于本月五日将厂本部迁入游仙观继续办公。①

9月，汉阳炮厂到达桃源，在该县搭建临时厂房，安装机器，恢复生产。12月，汉阳炮厂再由桃源迁往湘西沅陵，成立沅陵修械工厂。1939年1月，所属汉阳炮厂第一分厂迁往桂林，暂改编为炮兵技术研究处桂林修炮厂。6月，汉阳炮厂归并到辰溪的第一工厂，改编为第一工厂沅陵修炮厂。

其二是汉阳兵工厂。1938年7月，九江失守，一度作为抗战中心的武汉岌岌可危，大批日军飞机向武汉发动空袭攻势，于是，兵工署决定将汉阳兵工厂内迁，迁移厂址选定为湖南辰溪县雍和乡南庄坪。1938年年初，租用停工已久的民营油厂作为简易临时厂房。兵工署限令汉阳兵工厂8月底全部拆迁撤离武汉。是时，丁天雄为厂长，奉令将制枪厂拨交第二十一工厂。6月，汉阳兵工厂员工眷属两万多人全部投入拆迁工作，将所有的机器设备、原材料、半成品等一切用具，以及厂房的钢屋架、钢窗、铁皮

---

① 炮技处编：《炮技处驻汉办事处呈述第一、二、三分厂成立文稿》，重庆市档案馆藏，10厂，97卷。

瓦、铁地板拆卸装船。员工、眷属除少部分自行疏散外，大部分随同运载机器的船只撤离武汉。剩下的砖墙基石，移交城防部队构筑工事。此次搬迁，工厂受到了巨大损失，工人也受尽苦难。其中，年仅12岁的罗宗泽，跟着父亲罗瀚潜随汉阳兵工厂迁到辰溪。

汉阳兵工厂外貌

当时交通不方便，只能走水路，厂里包了船，但船也只能一段段地送。先是坐船到常德，住在河洑，然后厂里再包船往沅水上游走。……让我印象最深的就是沅水的青浪滩。我们有一个船队，每条船上坐了一家或两家人，过青浪滩的时候，每次只能过一条船，前面还有纤夫拉，才把这个险滩慢慢过去。①

可以说，广大汉阳兵工厂员工眷属，从汉阳到辰溪，来回奔波，不仅水路交通工具十分落后，机器设备亦都是民船装运。员工们带着眷属搭乘装载设备的船只，缺吃少穿，忍饥挨饿。湘西山高水急滩险，一遇风大浪急，有的船只被打得粉碎，设备损失，人员葬身河底。同时，还不断遭到日军空袭和土匪的抢劫，员工们历经艰辛，饱受摧残。

1938年11月21日，搬迁至湖南辰溪的汉阳兵工厂改称兵工署第一工

---

① 记者 李立：《荣光与使命——辰溪老军工回忆抗战烽火岁月》，原载2015年09月18日《湖南工人报》。

厂。1939年5月，汉阳兵工厂人员、设备基本迁移完毕。迁于辰溪的有枪弹厂、机关枪厂、机器厂、手榴弹厂、动力厂等。各厂安装完毕后，枪弹厂在3月就先行开工出品，其他各厂于7月前全部复工生产。1939年年底，日机袭击辰溪，兵工厂常遭破坏，附近的辰溪电厂、水泥厂被炸毁。于是，1940年春，第一工厂奉命迁到重庆。6月，宜昌失陷，第一工厂只有部分人员与器材运抵重庆，剩余部分只得折回湖南。第一工厂迁渝的部分机材移交第二十五工厂，大部分设备则与迁渝的第十一工厂制枪厂、样板厂和炮弹厂及桂林迁渝的火工设备合并，在重庆鹅公岩建设新厂，仍称为兵工署第一工厂。而第一工厂留在湖南的枪弹厂、机枪厂、机器厂、电机厂及火工所等则合并到第十一工厂，仍在辰溪复工生产。

其三为河南巩县兵工厂。1937年，卢沟桥事变爆发后，巩县兵工厂遭到日军飞机的多次空袭轰炸，损失惨重。11月15日，巩县兵工厂奉令南迁到湖南株洲。12月，接收当地的萍乡修械所。因株洲无适当可用厂房，1938年春又在湖南安化县烟溪镇选定新址，6月1日改厂名为军政部兵工署第十一工厂。当机料运抵长沙后，1938年4月在朱家花园、天心阁、育才学校等处设临时厂房，利用半成品，制造中正式步枪、山野炮弹和手榴弹。其间，长沙朱家花园手榴弹制造场，不慎引起爆炸，全场火药殉爆，火灾遍及朱家别墅及朱氏墓庐，燃烧三个昼夜才熄灭。12月，员工、机料由长沙到达烟溪，其火工部奉令迁至桂林临时设厂。第十一工厂在烟溪建成房屋423幢、洞库162个，设炮弹、制枪、机器、火工和电机5个制造厂，主要出品中正式步枪及枪弹、捷克式轻机枪、信号枪、山野炮弹和手榴弹等。

1939年11月，第十一工厂启用代名"巩固商行"。1940年春，鉴于湖湘战局恶化，湖南境内的第十一工厂、第一工厂同时奉令向重庆搬迁。搬迁途中，因宜昌失陷，致使两厂员工和机料只有一部分成功运抵重庆，另一部分只得折返，回到湖南原驻地。由此，第十一工厂、第一工厂被分割为湘、渝两部分。随后，留在湖南的两厂设备、人员合并之后，统称为第十一工厂。

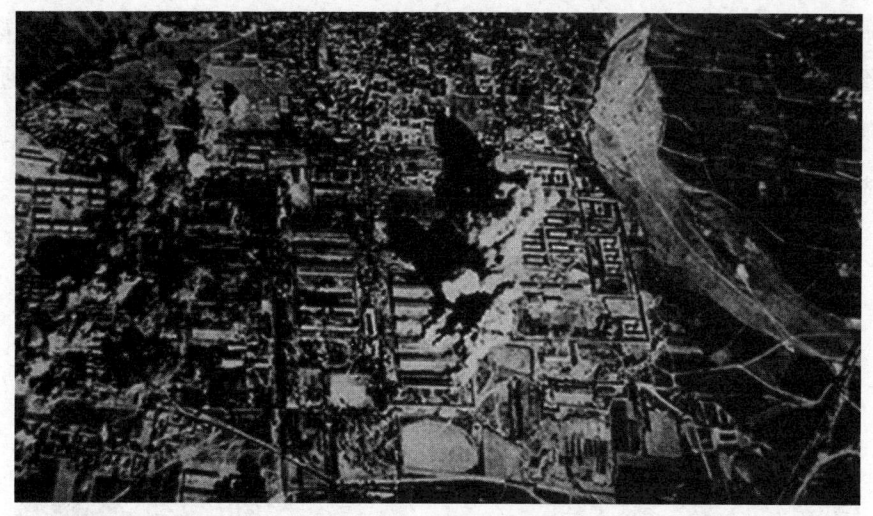
遭到日军轰炸的巩县兵工厂

遭到日军轰炸的巩县兵工厂一角

第十一工厂在湖南境内可谓历经劫难、三波六折，时而安化，时而沅陵，时而辰溪，而最后确定厂址为湖南辰溪，则颇有深意。辰溪县县城地形独特，位于湘西、湘南山区沅江支流辰水之畔，乃是"当川鄂之通衢，扼云贵之锁钥"的战略要地。原先汉阳兵工厂选定辰溪，除战略地位考量之外，亦因辰溪地处锦江与沅江交汇点，周边有辰阳镇、大路口、小路口三地，仿佛一个缩微版的武汉三镇。而巩县兵工厂一路辗转，最终从长沙、安化烟溪流徙而至辰溪。可以说，辰溪不仅拥有连绵群山的天险保护，以及层峦叠嶂的隐蔽性能，更兼有水路运输的交通便利。"当时兵工厂的机器，都是从水路用船运过来的，从长江转洞庭湖，再从洞庭湖入沅江到锦江，最后到这个大码头上岸。"

辰溪第十一工厂工房旧址

数以万计的兵工人及眷属迁到湖南辰溪后，不少兵工家庭只得寄宿于当地农民家里。姚茂荣的家中，就住进了三户兵工人。"我家房子也不大，大家都尽量挤着住，有的住偏屋，有的住阁楼，做饭都在堂屋里，每家烧一个炉子。当时住在我家的，有三户：一户姓王；一户姓徐，我叫他徐伯伯，他的大儿子也是厂里的工人，1949年他们一家去台湾了；还有一个毛伯伯，中华人民共和国成立后留了下来，后来还当了在南庄坪的兵工厂工会主席。"

同时，很多农民也积极参与到第十一工厂的建设队伍之中。姚茂荣说："我的父亲姚源马和母亲沈香兰以前都是农民，兵工厂迁来后，买了村子里很多地，修了厂房。父亲成了兵工厂的运输工人，母亲也到了兵工厂的木工所上班。"

第十一工厂搬迁于湖南境内，主要目的是就近供应湖湘抗战前线的武器弹药，因而亦成为日军飞机空袭轰炸的重要目标。1939年4月，日军飞机第一次轰炸辰溪县城。9月，日军飞机追踪轰炸了位于南庄坪的兵工厂，给年幼的张必津留下了抹不去的记忆：

> 当时兵工厂和煤矿还有电厂都发了空袭警报，一般警报会发两次：第一次是情况警报，是通知大家尽快找地方躲避；第二次是紧急警报，紧急警报一响，街上就戒严了，都不能走了。那次空袭的时候，两次警报间隔的时间特别短，我们一家人都没跑出去，父亲他们急了，就在堂屋里把几个大方桌摆在一起，上面铺了三四床棉絮和被子，大家就躲在桌子底下，吓得直打哆嗦……炸弹丢下来，正好丢在隔壁家里，爆炸之后，隔壁家里被夷为平地，我家的仓屋也被炸没了。①

此后，由于汉奸告密，日军获悉第十一工厂迁于烟溪的情报，于12月11日、13日连续对兵工厂进行了猛烈地轰炸：

> 12月11日上午10时许，（日军）派出一架侦察机、九架轰炸机从新化方向顺资江而下，对兵工厂进行轰炸，敌机飞至马辔市（安化县马路镇马辔市村，与烟溪市相距十里，当时为资江的一处重要码头）时，潜伏在五厂对面姚家山山顶的汉奸即向日机鸣放信号弹指引轰炸目标。红色信号球冲上天空，九架日机旋即掉头飞向五厂上空，分组排列，三架一组，对五厂实行了轮番轰炸、扫射，整个五厂的生产车间被炸毁，厂房砖瓦被烧得通红，有两处防空洞的出入口被炸塌，躲在洞中的士兵和工人有的窒息而死。随后又掉头对烟溪市的上河街、下河街、中正街等处进行了轰炸，投放炸弹十余枚，街道房屋被夷为平地，尹家祠堂亦被炸毁，来不及躲避的上百名老百姓被炸死，平民尹华保一家六人全被炸死。一时间，烟溪市火光冲天，尸首遍地，整个街道被炸

---

① 李立：《铸剑战天狼——湖南辰溪第十一兵工厂的抗战记忆》，原载2015年09月11日《湖南工人报》。

得面目全非，其中一个大粮仓烧了三天三夜。①

此次轰炸，系日机第一次轰炸位于烟溪的第十一工厂，共投掷炸弹40余枚，炸死兵工厂员工30余人，致使第五厂（造枪厂）几近毁掉，第四厂（造炮厂）亦被炸毁两成以上。同时，日机炸死当地市民115人，轻重伤140多人，炸毁、震毁房屋800多间，其他零散损失不计其数。

12月13日上午10时，正当兵工厂员工与居民忙碌于收敛尸体、筹办丧事、清理遗物之际，日军9架飞机再度对烟溪的第十一工厂进行了空袭轰炸，共投放炸弹20余枚，陈放于兵工厂第五厂厂房废墟的棺材、遗骨等被炸得七零八落，第二厂（机关枪厂）机器设备亦被炸毁两成，炸死职工7人，位于兵工厂附近的民房70多栋以及职工子弟学校被炸毁。日机的两次轰炸，不仅使得第十一工厂在烟溪的位置完全暴露，更使得制枪厂、制炮厂等机器设备受到严重损毁，兵工厂的正常生产难以为继。于是，第十一工厂不得不再次进行整体迁徙，一部分迁往湖南辰溪，一部分迁到川渝地区。

1940年秋冬之际，原第一工厂和第十一工厂将没有迁移到川渝的机器设备与人员在辰溪南坪进行整合，并复工生产，主要包括枪弹厂和木工、火工两所。同时，第十一工厂又在辰溪孝坪购地340余亩，建设新厂区。1941年6月，第十一工厂孝坪新厂房设施竣工、设备安装完成。7月1日，炮弹厂、机枪厂、样板工具和机器厂等陆续开工生产。1942年，第十一工厂原驻留烟溪的人员和机料全部迁至孝坪。此后，第十一工厂在辰溪基本稳固下来，主要生产单位有10所。其中，南庄坪的第一所为机器厂，第三所为重机枪厂，第四所为枪弹厂，第七所为手榴弹厂，第九所为木工厂。孝坪的第二所为捷克式轻机枪厂，第五所为炮弹厂，第六所为引信厂，第八所为熔轧铜厂，第十所为印刷厂。

为了保护第十一工厂在湖南辰溪的安全生产，国民政府派遣了一个团的兵力进行驻守。还调配一个高射炮连，以防御日军飞机的空袭轰炸。同时，

---

① 参见杨军：《安化山沟里造枪炮打鬼子》，2015年8月22日《湖南工人报》。

在兵工厂周边的辰溪县的码头河畔等地，修筑了碉堡、暗堡等防御阵地。

第十一工厂厂长李待琛还特意命令厂里的简立、彭麟、谭瀛等工程人员办了厂报《青年报》，一面借以报道时事新闻，冲散闭塞的信息环境，一面作为厂政宣导媒介，用以鼓舞员工士气，激励员工抗战精神。其间，简立撰写了《第十一兵工厂厂歌》：

> 努力！努力！第十一兵工厂的同志，握紧着钢锤，奋起着铁臂；在三民主义旗帜下，来创造伟大的时代，制枪炮打敌人，伸张人类的正义；要同心挽救祖国的危亡，要合力铲除前途的障碍；平复累累的创伤，偿还重要的血债；建立本厂殊荣，担当国防重寄……①

1941年至1945年，第十一工厂在湖南稍微安定的生产期间，主要产品及月产量概为：中正式步枪10,000支，中正式刺刀10,000把，重机枪100挺，轻机枪300挺，冲锋枪100支，转轮手枪100支，信号枪50支，步枪弹及机枪弹200万发，十年式七五炮弹、克式七五炮弹等8种山炮弹、野炮弹共约12,000发，八二迫击炮弹2000发，炮弹引信15,000个，木柄手榴弹20万个，信号弹30,000发，地雷200个，等等。

以上所列，仅是每日八小时单班产量，在广大职工的积极配合下，第十一工厂更可根据战时需要进行增产，如采用双班制即可增产一倍，推行二十四小时的三班制则可增产两倍。家住枪弹厂门口的姚源宋依然记得，为了供应抗战前线的械弹需求，第十一工厂的员工经常不分昼夜地赶工生产，每到夜晚从河边到整个山沟的厂区几乎是灯火通明。姚源宋的兄弟姚源马，当时是第十一工厂的工人，甚至因为长期过度劳碌而累死。他的儿子姚茂荣说："当时像我父母这样在兵工厂工作的工人很多，我的父亲是运输工人，每天工作十多个小时，非常辛苦。劳累过度的父亲在1941年24岁的时候就因为积劳成疾过世了。"

此外，第十一工厂推行械弹产品的品质管制制度，由技术人员对兵

---

① 李立：《铸剑战天狼——湖南辰溪第十一兵工厂的抗战记忆》，原载2015年09月11日《湖南工人报》。

工成品进行检验，以确保兵工厂的产品质量。成立战地游修队，以厂设技工学校学生为主力，奔赴抗战部队中对械弹进行保养维护，以策械弹的正常使用。成立运输补给队，通过汽车队、船舶大队将兵工产品直接运输到抗战前线，以保证军队的械弹供应。

至1945年抗战胜利时，第十一工厂有员工兵夫5114人，其中职员604人、工人3892人、兵夫618人，各类机器设备1178部，主要产品每月生产情况为：枪弹130万发，七五炮弹4000发，手榴弹10万个。

对于长期处于抗日战争前线的湖南省而言，第十一工厂是湖南境内唯一的大型兵工厂，也是抗战最前线的兵工厂。其对于支援在中南、西南地区的数十万抗战军队的武器弹药，对于支撑湘北会战、长沙会战、常德会战、衡阳会战、雪峰山会战等中日重大战役，发挥着不可磨灭的历史作用。"最危险的时候，日军打到沅陵，离兵工厂很近了。当时厂里面的领导就跟我们讲了：'要是日本人打过来的话，厂里就拉电笛，电笛一响，你们就带好家属，往泸溪方向走，进四川。'"①在最危急的时刻，侵华日军曾一度距离第十一工厂只有不到100千米。工厂毅然在辰溪山洞里坚持生产，支援前线。无怪乎第十一工厂被美国总统罗斯福称赞为"最前线的兵工厂"，被评价"创造了二战中的奇迹"。

今天，第十一工厂已经华丽转身成为中国兵器工业集团之江南工业集团有限公司。第十一工厂在抗战时期演绎的兵工精神，砥砺七十载，凝聚为江南工业"箭文化"的核心价值，化作为江南兵工人"铸箭报国"的力量之源。2015年，抗战胜利七十周年之际，新一代的江南兵工人刘可亮，曾作对联表达对第十一工厂先辈们的深切缅怀与无比崇敬之情：

后羿挽弓谁递箭？前线即工房，保卅万军之需，战略相持赢险局；

芷江落日尽欢颜。豪情藏洞穴，历七十载犹郁，吾侪景仰赞奇功。

---

① 李立：《荣光与使命——辰溪老军工回忆抗战烽火岁月》，原载2015年09月18日《湖南工人报》。

彩云之南：大后方兵工要地

由于重庆依山而建，有其隐蔽性，亦造成陆路交通并不十分便利，特别是兵工进口器材、原料供应时有困难，加上日军飞机空袭轰炸频繁，这些都极大制约着一些兵工厂的正常生产。而云南偏于一隅，少有日军飞机空袭，更兼有滇缅公路、滇越铁路可与外界相连，尤便于兵工建设所急需的进口器材、原料的输入。于是，常有一些兵工厂在云南建厂或设立分厂，使得云南成为仅次于川渝地区最集中的大后方兵工生产要地。

在全面抗战时期，国民政府在云南地区的兵工厂建设的大致情况如下：

其一，兵工署第二十一工厂安宁分厂。1939年1月，第二十一工厂厂长李承干准备于云南筹设分厂。3月，兵工署经由香港、仰光等地，从德国进口的新式制造炮及炮弹的专用机器设备运抵云南。第二十一工厂接收了这些设备，选址于云南安宁县长坡始甸村建立分厂。1940年11月，厂房建筑工程及水电设备等基本完成，第二十一工厂安宁分厂成立，并于1941年12月建成投产，主要产品为82毫米迫击炮弹，每月出品产量由2万发增至4万发。1942年11月开始生产4号甲雷，月出品4000发。1943年7月出品82毫米黄磷迫击炮弹，月出品5000发。从建成投产到抗战胜利，安宁分厂总共生产了82毫米迫击炮弹135.8万发，82毫米黄磷迫击炮弹13万发，4号甲雷10.36万个。抗战胜利时，安宁分厂有员工、兵夫2272人，机器设备553台，月生产能力为82毫米迫击炮弹4万发，4号甲雷400个。

其二，兵工署第二十二工厂。该厂原名军用光学器材工厂，初于1936年9月在南京设立筹备处，周自新为处长。只因京沪战事吃紧，1937年11月迁至重庆，但由于重庆气候潮湿，加之日军飞机轰炸频仍，后又迁到昆明。1938年夏，勘定昆明南城外柳坝桥侧为厂

第二十二工厂望远镜生产车间

址，兴建厂房、训练技工，开展望远镜、测远镜等的制造准备工作。1939年1月1日，军用光学器材工厂改称第二十二工厂，周自新仍为厂长。同年4月，中国自制的第一架军用6×30双筒望远镜研制成功，奉俞大维之命，以何应钦之字，命名为"敬之式"望远镜。唯因该厂所需器材，均向欧洲订购，时中国海岸商埠相继沦陷，改由海防仰光进口。自欧洲战场发动后，德国器材进口困难，日军又从海防登陆，故虽经种种挫折艰阻，幸赖全体员工共同奋斗，仍制成望远镜500余架，并修成光学器材400余件。1940年，第二十二工厂试制奥式美特克迫击炮瞄准镜、法式勃朗特迫击炮瞄准镜和瑞士威尔特式80厘米倒影测远镜等相继制造成功。是年10月，工厂惨遭日机轰炸，厂区中弹达46处之多，地面弹坑累累，曾经生机勃勃的厂房顿时化为一片废墟。为安全起见，工厂搬迁至距昆明46千

第二十二工厂制造的单、双筒望远镜

第二十二工厂制造的迫击炮瞄准镜

米的海口，开凿山洞厂房13座，实施隐蔽生产。在该年度，第二十二工厂出品望远镜600余架，试制奥式迫击炮瞄准镜25架，制造五角测远镜100具，修理维护光学器材630余件。1941年元旦，中国自制的第一架军用80厘米

第二十二工厂制造的中正式望远镜

测远镜试制成功，定名为"中正式测远镜"。4月，电力厂因空袭被炸，再度停工。1941年间，第二十二工厂出品中正式测远镜70余架，6×30双筒望远镜752架，法式迫击炮瞄准镜1136架，奥式迫击炮瞄准镜11架，代造法式36倍野炮水准器100具，修成光学器材400余件。1942年以后，第二十二工厂合并到第五十三工厂，作为光学厂继续研制各种军用光学器材。

第二十二工厂作为我国第一个军用光学器材厂，有着"中国军工光学事业的摇篮"美誉，被称为"中国光学人才成长的故乡""中国光学产品研制的基地"。云南原省委书记普朝柱曾在该厂五十周年庆祝大会上，赞扬它是"抗战烽火中散落在云南的一颗光辉灿烂的明珠"。

其三，兵工署第二十三工厂昆明分厂。全面抗战爆发时，我国用于生产燃烧弹和烟幕弹所需的黄磷一直依赖进口。随着战事深入，海运断绝，黄磷难以进口，而位于四川泸县的第二十三工厂，作为当时国内最大的化学兵工厂尚不能自制黄磷，致使抗日前线急需的黄磷燃烧弹和烟幕弹无法制造。1940年5月，第二十三工厂厂长吴钦烈聘请德国柏林工业大学的化工博士、曾供职于德国拜耳公司的顾敬心到厂主持试制黄磷。1941年9月，顾敬心采用电热高温试验法，率先从牛骨中成功提炼出黄磷，开启了中国自制黄磷的历程。

1942年年初，适逢云南省昆明地区发现磷矿石。同年4月，第二十三工厂在昆明马街石嘴村设立昆明分厂筹备处，由顾敬心任处长，利用当地的天然磷钙矿石做原料，生产黄磷。到1943年12月，第二十三工厂建成主要反应装置冶炼炉——"黄磷炉"，可以日产黄磷100千克，主要供给第二十一工厂安宁分厂及其他各炮弹厂、手榴弹厂制造黄磷燃烧弹之用。1944年7月，试制成功赤磷。1945年1月，第二十三工厂昆明分厂正式成立，但到1945年12月遂即结束，所有厂房、机器、材料等均交由第五十三工厂保管。

第二十三工厂昆明分厂的存在虽然时间短暂，但工作开展极为突出。顾敬心回忆当时的情景时，不无自豪地说："别看我们那摊子不大，可还创造了几个中国第一呢：露天开采磷矿，是中国第一；加工国内磷矿，是中国第一；电炉法制磷，又是中国第一。"

其四，兵工署第五十一工厂。1939年4月1日筹建于昆明，筹备处处长为毛毅可，周典礼主持工务，过静宜负责设计。筹备期间，经勘定昆阳海口山冲为厂址，一面在海门村小孤山麓搭建茅棚9所作为临时办公处，一面设计建立山洞厂房34座，使全部机器均可安装于山洞之中。厂设之初，本来以月造麦特森机枪500挺为目标。但由于欧洲战场爆发后，海外运输停滞，所购用以制造麦特森机枪的进口器材、钢料无法按期运抵，而制造麦德森机枪全套刀具及图样等更被日机炸毁于滇缅公路西南运输处的存放站。于是，第五十一工厂不得不奉命改造捷克式轻机枪。1941年4月，捷克式轻机枪试造成功。6月，首批捷克式轻机枪出品100挺。后因滇池水枯，电力供应不继，以致影响出品甚巨。9月1日，第五十一工厂正式成立，李维城为厂长。该月，厂区迭遭日军飞机轰炸，厂房、宿舍等全部被炸毁，无法正常生产。第五十一工厂遂将机器设备搬入山洞厂房，至10月复工。1941年，第五十一工厂出品捷克轻机枪约450挺，为各部队修理马克沁重机枪、捷克轻机枪等各类轻重机枪及附件50余挺。

其五，兵工署第五十三工厂。1942年1月1日，奉兵工署命令，比邻的第二十二工厂与第五十一工厂合并，改称第五十三工厂。由周自新担任厂长，李维城则调任重庆第一厂厂长。此后，第五十三工厂逐步发展壮大。1942年正式出品有捷克式轻机枪、6倍望远镜、80厘米测远镜，以及迫击炮瞄准镜。同年，试造军用指南针成功，并为各部队修理枪支与精细光学器材。12月，鉴于滇西南战事吃紧，第五十三工厂在贵阳成立修理所，将光学修理器材部分人员与器材疏散至贵阳厂

山洞里的兵工厂

区。1943年1月，成立贵阳分厂筹备处。2月，试制成炮兵用象限仪。该年，军用指南针投入量产，命名为"中正式指南针"。1944年6月成立昆明修械所、游动修理队，举办军械保养干部训练班，派员赴保山前线开展军械修理保养工作。同年9月，试造麦特森机关枪及枪架成功，第一批完成12挺。1945年，开始研制迫击炮瞄准镜。

经过数年发展，第五十三工厂拥有各类机器设备近千台，员工、兵夫2400人，成为云南地区规模最大、设备最先进、存续时间最长的轻武器兵工厂。其间，第五十三工厂下辖工厂与出品种类包括：光学器材厂，主要出品望远镜、测远镜、瞄准镜和指南针等军用光学器材；轻机关枪厂，主要生产捷克式轻机枪；机器厂，主要制造专用设备和工具，维修和保养机器；游动修理总队，主要为中国远征军修理枪炮和光学器材；贵阳分厂，试制光学玻璃，修理各部队损坏的光学器材和枪械。其中，第五十三工厂先后组建了11个游动修理队，不仅活跃于湖南、广西、贵州、重庆等地，还与中国远征军一道在中缅边

境的腾冲、芒市等地服务，并受到盟军的嘉奖。

抗战期间，第五十三工厂总共出品轻机枪约15,000挺，望远镜约12,000架，行军指南（北）针约28,000具，并为中国远征军修理火炮近1000门，累计修理机枪、步枪、手枪、光学器材及各类军用杂件约48,000件。

■ 第五十三工厂主要出品及修理情况一览表

	1942	1943	1944	1945
捷克式轻机枪（挺）	2508	3052	4440	4920
6 30 望远镜（架）	1550	3350	3840	2740
行军指南(北)针（具）	—	850	8100	18,800
80厘米测远镜（架）	15	60	147	175
迫击炮瞄准镜（架）	2608	—	—	—
机枪零件（套）	—	—	—	450
修理情况	枪支及光学器材500余件	枪支及光学器材4000余件	步枪1047支 机枪529挺 手枪36支 炮84门 光学器材41件 杂件11,109件	步枪21,546支 机枪4618挺 炮887门 手枪88支 光学器材181件 杂件4126件

在第二十二工厂与第五十一工厂合并为第五十三工厂期间，第五十一工厂厂长李维城的资历远比第二十二工厂厂长周自新深，且第五十一工厂人员也比第二十二工厂人员多。而兵工署以幼代长、以少胜多的做法，难免引起两厂间的纠纷。李维城在宣布兵工署并厂命令时，曾以"小日本妄图吞并大中国"的言辞影射周自新。1942年1月7日，原第二十二工厂举办的告别聚会上，吕大元书写了一首四言古诗，表达了当时人们的心境：

唯我光厂，如木初荫。朝夕灌溉，甫见欣荣。冀成大木，错节蟠根。忽遭霜雪，将催其生。数载辛劳，忍见凋零。嗟我老农,速起图营。不屈不挠,坚如石金。一心一德,果言力行。民族伟业,必竟其成。

为了团结两厂职工,周自新任用原第五十一工厂人员,举办各种形式的联欢活动,促进两厂职工和谐相处。并通过抗战宣传活动,增进职工团结御侮的爱国情怀。"为抗日募捐,为抗战增产"的宣传口号,"河山破碎留遗恨,风雨凄清欲断魂,北望陪都心怆然,陈兵何日向东瀛"的爱国诗句,遍布各个厂区。经过短暂的阵痛之后,第五十三工厂逐渐消除并厂的隔阂,逐步走上正轨。

第五十三工厂抗战宣传画

其六,兵工署第五十二工厂。1938年10月,兵工署署长俞大维命王仍之利用前四川省政府订购的法国斯乃德工厂有关105山炮及炮弹等一批器材,筹设第五十二工厂,目标设计为每月生产几十门斯乃德式105山炮和几千发炮弹。12月,由潘景安代理,于昆明成立筹备处,在滇越铁路旁的宜良县西华县木希村、凤鸣村一带设厂。但因兵工署建设费用未能及时到位,动工之时,受到当地农民的阻挠。与此同时,厂房建设、机件材料几经搁浅,生产经营困难重重。1942年10月1日,第五十二工厂正式成立，厂长为王仍之，工人编制名额有1500人。但由于各种复杂的原因，第五十二工厂已经严重偏离了生产火炮及炮弹的初衷，实际产品为木柄手榴弹，兼或生产破坏剪、炸药包及工兵用器材等。

第五十二工厂厂长王仍之，于法国巴黎高等工业学习机械科毕业，曾任上海兵工厂制枪厂主任。他在回忆第五十二工厂的这段历史时，发出无限感慨：

第五十二工厂事实上并不是一个炮厂……

……严格地说，实在有点不三不四，够不上一个正式工厂的规模。

……在试造用的第一批材料专款被中央信托局控制……累月经年不见下文。不过，回想当时欧战业已爆发，即使按原约交斯乃德厂代办该批材料，多半于事无补。以后用已有的少数普通工作机，自行制造有关作手榴弹的机器设备，应付生产的需要。至于斯乃德厂交来的主要机器设备，大部分无法变通使用，只能作古物保存。又有炮弹样品所附带的发射药，因接近保存年限，为预防发生意外，无奈就地销毁。

最终，由于种种原因，第五十二工厂中途改行，生产工兵用器材和手榴弹，产量数字亦无法准确提供。

在航空兵工方面，抗战时期亦有两家重要的飞机制造厂搬迁至云南。其一为广州韶关飞机制造厂，后改为第一飞机制造厂。1938年韶关飞机制造厂与广州东山飞机制造厂合并迁移至昆明地区。1940年，第一飞机制造厂昆明新厂建成，全厂有职员、工人等400余人。工厂投产后，厂长周德鸿组织技术人员，试制成功"复兴"教练机，共生产20余架。1942年，厂长朱家仁指导职工生产了苏式伊-15战斗机30多架。

值得说的是，在滇西边陲德宏州瑞丽县的傣族村寨雷允，曾经存在着抗战时期中国规模最大、设备最先进、产量最多的中央飞机制造厂，也称中央雷允飞机制造厂。

1937年8月，位于杭州筧桥的国民政府中央飞机制造厂受到日军飞机的轰炸，被迫内迁，先迁武汉，后至昆明，最后落脚雷允。从此，中

第四章　湘滇黔桂：大后方兵工羽翼

中央雷允飞机制造厂外景

国人民在边疆少数民族地区的一隅建立起当时世界上具有先进水平的现代化大型飞机制造基地。

1939年，中央雷允飞机制造厂迅速在中缅边境线上建成投产。这是一座中美合资的大型飞机制造厂，生产设备基本都是从美国引进，生产产品多由美国专家监管制造。在工厂繁盛时期，中央雷允飞机制造厂的规模、设备、人员都比杭州时期有很大发展，全厂职工一度近3000名，是内迁前"中杭厂"的3倍。原为中央雷允飞机制造厂技术人员叶肇坦，曾在回忆录中说，"全厂员工拧成一股绳，没日没夜地拼命工作，目的就是一个：抗日救国。"

在1939年7月至1940年10月的短短一年多的时间里，中央雷允飞机制造厂共制造了霍克-75单翼战斗机30架，莱茵教练机30架，霍克-3双翼战斗机3架；组装了CW-21战斗机5架，P-40战斗机29架，DC-3运输机3架；改装了勃兰卡教练机8架，比奇克拉夫特海岸巡逻机4架。此外，还大修了蒋介石的座机西科尔斯基水陆两用机。

中央雷允飞机制造厂在雷允建成投产后，日本派出大量间谍特务企图搞破坏。叶肇坦等人回忆：在工厂周边"有日本派出的游方和尚"，"也有用高倍望远镜侦察窥望飞机厂的开照相馆的日本老板"，"还有被日本间谍收买的深入到离飞机厂仅几公里的缅籍间谍"。由于防卫严密,日本特务活动始终未能得逞。原瑞丽县县长、瑞丽政协主席刀安年回忆到:日本帝国主义的间谍曾多次企图潜入,试图进行破坏,但均未得逞。为什么?是因为有一支由当地村民组成的警卫团,警卫团长还是我们德宏州第一任州长刀京版。刀京版在接受了警卫任务后,就广泛发动群众,要求一旦发现陌生人,就立即向他的警卫团报告。曾有两次日本间谍

中央雷允飞机制造厂生产车间

刚刚进入弄岛街,就被当地的村民发觉,后被警卫团给收拾了,日本间谍根本接近不了制造厂。

然而,日本间谍终于获得中央雷允飞机制造厂方位的情报并传递给了日军。1940年10月26日,日本27架军机轰炸了中央雷允飞机制造厂。雷允缺少防空力量,结果损失惨重,有40人死亡,67人受伤,部分厂房车间被炸毁,致使投产一年多的中央雷允飞机制造厂的生产陷入停顿状态。此后,为躲避日机轰炸而在缅甸八莫建立发动机分厂,在仰光设立装配车间,承担一些飞机发动机的组装和军用机的装配维修工作。

1942年年初,陈纳德率领的美国航空志愿队——"飞虎队",将雷

中央雷允飞机制造厂生产的"霍克"飞机

遭到日本飞机轰炸的中央雷允飞机制造厂

允机场作为基地。其间,中央雷允飞机制造厂为"飞虎队"的座驾P-40型战斗机进行了数十次检修。

同年4月,中国远征军从缅甸撤退,日军则由缅甸沿滇缅公路北犯,距离中央雷允飞机制造厂只有区区100千米。中央雷允飞机制造厂监理钱昌祚、厂长曾桐在请示上级指示后,命令将无法搬迁、不得不遗留的厂房建筑、设施设备,以及待修的飞机等全部付之一炬。由此,一个苦心经营数年,当时中国最先进的飞机制造厂,化为灰烬;

一个承载着中国航空抗战志士强国御侮的心血与梦想的飞机制造厂，魂断雷允。但是，中央雷允飞机制造厂在抗日战争期间所做出的卓越贡献，值得后世铭记缅怀。

令人唏嘘不已的是，中央雷允飞机制造厂在准备撤退之际，曾经计划撤往云南保山筹建新厂，于是，全厂人员设备紧急装载，不分昼夜地火速运往保山。恰在此时，日军又对保山发动了猛烈轰炸。1942年5月4日，54架日机狂轰保山城，炸死居民8800人，其中中央雷允飞机制造厂员工及家属就有1000多人。据《保山县政府报敌各次暴行致云南省第六行政督察专员公署呈》（1943年1月16日）记载，"飞机制造厂人员技工家属约死亡1095人"。其中，包括飞虎队队员本尼·福希，技术工人曹如发、郑玄煜、沈乃翠、林柄泉等。工厂监理处曹秘书的夫人被炸死后，竟有人将她手指割断把金戒指盗走。中央雷允飞机制造厂人员伤亡极其惨重，死亡人数占到日军空袭保山伤亡总人数的12.4%，若加上受伤人数，则更为悲壮。

空袭发生后，中央雷允飞机制造厂的受伤人员被送往空军医院抢救。厂长曾桐派叶肇坦等人赶到医院看望受伤人员。"医院里也是一片惨状。我一进大门，就听见院子里一片向我大呼救命声，十分凄惨。当时天黑，没有电灯（炸后停电），根本看不出是谁，只能大声安慰他们，请他们暂时忍耐。走进屋内，走廊里又传来许多呼救声。这里有几支烛光，隐约可以见人，于是走去看望。在我看到而认识的重伤人员中，我竟发现随我同来保山的王工程师（美籍华侨）也在其中，他的两臂被炸断，躺在担架上呻吟，旁边有几位广东同事守护，我非常伤心，忙俯身和他

第十修理厂检修飞虎队飞机

说话，安慰他。他大概因流血过多，已不能说话，但仍能听出微弱的回答声，更令我心酸欲泪。"①

翌日，在兵荒马乱之中，保山全城大撤退。叶肇坦悲痛地了解到："前面谈到的王工程师，据后来确知，他在跟着发生的保山全城大撤退时，竟因无人照顾，在空军医院中饿死。一个从万里之外为了抗日而回国的爱国华侨竟无端遭此横祸，实在令人十分痛惜！"

---

① 参见中国人民政治协商会议河南省郑州市委员会文史资料委员会编印：《郑州文史资料》第7辑，1990年版，第54页。

桂黔兵工：迂回曲折中前行

广西的兵工事业是伴随着李宗仁、黄绍竑等为代表的新桂系崛起而发展起来的。全面抗战爆发后，广西原有兵工企业开始纳入国民政府军政部兵工署管理之下，同时有部分兵工厂搬迁至广西复工生产。但是随着战事的深入，广西境内的兵工厂又陆续迁移出去，分别迁至四川重庆以及贵州境内。其间，广西、贵州的抗战兵工单位多有交织，主要涉及如下几家。

其一，兵工署第四十工厂。前身为广西国民政府陆续创办的几家兵工厂。卢沟桥事变后，广西兵工厂全部移交给南京国民政府。1937年8月，军政部兵工署指令刘守愚赴桂林接收广西的兵工单位，并设立广西兵工厂筹备处，统一管理广西各兵工厂。

广西兵工厂筹备处主要由第五路军的柳州制弹厂（第三机械厂）、第一机械厂、第二机械厂、梧州火药厂和科学研究所等组成。为了集中管理，筹备处将广西的各个兵工厂所进行了迁移重组，指令南宁的第一、第二机械厂、梧州的火药厂、科学研究所统一迁移至柳州，与柳州制弹厂整体合并。筹备处厂址设于蟠龙山的柳州制弹厂原址，并在柳江南岸独登山上的两个天然岩洞中建设新厂房。自此，广西兵工厂筹备处下辖枪弹厂、机枪厂、炸弹厂、火药厂及科研所等，员工2000余人，于1938年1月撤销。2月，改编为军政部兵工署第四十工厂，刘守愚为厂长。时第四十工厂有机器设备570多部，主要生产枪弹、迫击炮弹、手榴弹、轻机枪、刺铁线等。3月，第四十工厂开始投产，枪弹厂月产步枪弹、机枪弹120万发，刺铁线10万米；机枪厂月产捷克式轻机枪20挺左右，兼造重机枪；炮弹厂月产八一、八二、八三3种迫击炮弹约9000发；炸弹厂月产手榴弹2400个。

从1939年下半年开始，日军为切断中国从广西至越南的国际交通运输线，对广西的各项设施展开了疯狂的轰炸。9至10月间，第四十工厂屡遭日军飞机的轰炸，造成人员伤亡，厂房设备受到毁坏。11月，日军从钦州湾登陆，随之攻陷南宁。第四十工厂接收第四十一工厂的枪弹厂，奉命迁至重庆綦江赶水镇张家坝。1944年12月，奉兵工署命令改为第二十一工厂綦江分厂。

广西满载迁移军民的火车

其二，兵工署第四十一工厂。前身是张之洞倡立的广东制造枪弹厂，曾一度发展成为东南地区规模最大的兵工厂。民国以后，先后改为广东兵工总厂（也称广东兵工厂）、广东兵器制造厂、广东第一兵器制造厂。1936年11月，改名广东第一兵工厂，俗称广东石井兵工厂，附设步枪、机关枪、炸弹、机器、动力、木工等9个场所，工人

2300余人，主要生产步枪、机关枪及枪弹、手榴弹乃至飞机炸弹等。1937年卢沟桥事变后，广东第一兵工厂受到日军的飞机轰炸。12月，广东第一兵工厂遂奉令迁往广西融县，而职工仅用一周时间便将全厂机器设备拆竣下船。

1938年2月，改称为军政部兵工署第四十一工厂，厂长钟道锠。8月，广西融县的临时厂房抢建完成，轻机关枪厂、子弹厂、步枪厂相继复工生产。厂房位于小岘及天堂坪两处山麓，有职员144人，工人2500余人。1939年下半年以后，广西战事吃紧，严重影响着兵工厂的正常生产。12月，该厂奉令迁往贵州桐梓。恰逢时局急危，一面将重要器材由西南运输处运存，一面将部分器材由火车运输。在搬迁期间，第四十一工厂将枪弹厂、炸弹厂分别拨交其他工厂，同时接收了第四十工厂的机枪厂。调整后，第四十一工厂实际上成为专门的制枪厂，只生产步枪和轻机枪。1940年3月，第一批兵工器材抵达桐梓。原本事先勘定在城南东约4千米处的傅家洞为厂址，但因凿洞工程浩大，一时难以完工。于是在城南西约3千米的傅家龙洞山㘭，赶建临时厂房，以便尽快开工。6月，第四十一工厂的8400多吨物资方才全部运到新址，部分物资在途中散失。该月月底，临时厂房完工。8月，轻机枪率先复工出品，接着其他兵工产品也陆续出品。同时改工厂代名为"桐业公司"。1941年1月，根据兵工署编制指令，第四十一工厂将工务处下设第一至第八制造所：第一所为步枪厂；第二所为机枪厂；第三所为机器厂；第四所为工具厂，制造弹膛、枪管、车零件、工具样板等；第五所为动力厂，负责动力发电、供水；第六所为铁厂；第七所为翻砂厂；第八所为木工厂。1942年3月，机器运入山洞工作。7月，傅家洞厂区的凿洞工程才全部竣工。此时，第四十一工厂有职员258名，工人2192名，机器设备1032部，可月产步枪1000支，轻机枪300挺。一个工作日生产的兵器，可以装备一支120人的连队。

■ 第四十一工厂主管人员简历表

钟道锟	厂长，毕业于美国惠脱华斯工业专科学校，曾任金陵兵工厂工务处处长
陈德坤	秘书主任，黄埔四期毕业，曾任金陵兵工厂事务科科长
郑祥云	工务处处长，毕业于日本仙台高等工业学校，曾任广东兵器制造厂枪厂主任
朱祖绩	会计处处长，毕业于浙江省七中高级部，曾任金陵兵工厂会计科员和广东第一兵工厂簿记科科长

由于黔桂战事吃紧，武器弹药供不应求，第四十一工厂必须提高生产动力，扩大生产，支援前方军队武器弹药。第四十一工厂厂长钟道锟向兵工署俞大维署长提出，利用天门河水力发电，以解决该厂动力问题。1942年10月，设立水电工程组，组织开展水电工程。不久，由于太平洋战争爆发，由美国购置的发电机组难以运输到位。历时两年，4月15日，天门河水力发电厂一号发电机安装完毕，开始发电。发电机全部机件来自美国，其他散件机件经印度空运至昆明，再由汽车运抵桐梓。这不仅是贵州地区第一座水力发电站，也是中国最早的岩溶地下发电站。

此外，第四十一工厂比较重视技术培育与科研管理工作。1939年，工厂开办艺徒训练班、技工训练班，后来发展为兵工署第十技工学校，陆续培训艺徒和技工360多人。1940年秋，在工务处下设工程师室，以加强技术研究与生产管理。1941年冬，先后成立了步枪制造研究室和机枪制造研究室，进一步强化枪械制造的技术研究。后又下增设技术处，将技术研究与行政工务分开，以突破技术研究受制于行政官僚的牵绊。

到抗战胜利时，第四十一工厂拥有职工3913人，各种机器设备1118部。其中，职员298人，工人3189人，士兵348人，夫役78人。在全面抗战期间，第四十一工厂共计生产步枪9.37万支，轻机枪4.67万挺，枪弹4553.4万发。

第四十一工厂为利用天门河的水力资源建造水电厂，钟道锠厂长首先聘请了中国工程学会会员及水利工程学会会员陈祖东担任总工程师，还聘请内迁的清华大学、浙江大学、东北大学、西北大学、工业大学等五所高校的专业人员，参与电厂土木工程的设计建造。工程技术人员与广大民工夜以继日，奋战累年，饱尝艰辛。建成后，成为贵州第一座水力发电厂，保障了第四十一工厂的生产动力，

天门河水电厂设计的高校标志

飞越喜马拉雅山的天门河水电厂机组

亦成为一件颇具影响的重要事件。国民政府军政要员纷纷题词，蒋介石题写了"中正坝"，杨继曾题写了"兵工策源"，钟道锠则题写了"天门洞（河）水电厂"。第四十一工厂厂长刘守愚题写了记事碑，其中记述全部机件为美国最新出品，由美国运于印度，驻印美军空运部（ATO·USAFCBI）用巨型机飞越喜马拉雅山空运来此，共计百吨。尤重达3吨之电机芯件，因美军机场军官卡尔少校等之毅力安然运抵国内，破中印空运重件最高纪录。他感叹道："伐石著辞以志创业维艰之意焉"。并认为天门河水电厂建成后，"自斯，江海浩瀚，蒸而为云，凝而为雨者，皆得为本厂动力之原料，变态往复，不涸不竭，取不加力用不紧，皆大自然之功能备也！"

其中，天门河水电厂的总工程师、第四十一工厂动力处处长陈祖东专门赋诗《石工歌》一首，歌颂那些辛劳的农工，由书法家周承彦隶书刻于碑上。

石工歌

嗟嗟石工，黄帝子孙。不期而会，众志成城。
胼手胝脚，风曝雨淋。夜以继日，无时或宁。
或钻隧洞，鸠面鹄形。或涉冰流，澈骨寒心。
冬无寸被，夏抗蚊蝇。衣不蔽体，食止酸辛。
已唯一饱，妻孥何存？偶为山怒，折肢亡身。
来如落叶，去如飘萍。岂免苛虐，胡云功成。
君甘劳力，我愧劳心。劳心沾誉，劳力埋名。
悠悠溱水，巍巍天门。象尔石工，终古留馨。

中华民国三十三年谷旦　周承彦书

数千名石工衣不蔽体、忍痛挨饿，虽历尽艰险，建此电厂，拳拳爱国之心跃然而出，为的无非是抗战二字。

如今，天门河水电厂已成为中国人民不畏强暴、团结御侮的历史见证。

在迁移过程中，战时兵工表现出了艰苦奋斗、顽强拼搏的一面，不少兵工单位有效地利用现有建筑和厂房设施，大幅度加快了复工出品步伐，缩短了新厂的建设工期。如第五十三工厂在贵阳建立光学器材分厂时，就因地制宜利用原有设施，使得工厂建设经济高效。"原有旧房约二千平方公尺，稍加修葺即可利用作为办公室及一部分之厂房，以目前新造市价计算约值二百四十万元。且水电均感便利，仅需短期间即可开工，经济时间，两

天门洞水电厂石碑

俱节省……倘本厂另行征地建屋,所需时间至少两年,建筑费约计数百万。"①

但是,战时兵工事业的曲折发展也有一些值得深思的地方。譬如,原广东石井兵工厂随迁技术人员邬维镛回忆道:

"迁厂后,在战时状态,辗转搬迁,工厂内部就谈不到发展和改进。到分成四十厂和四十一厂后,四十厂造子弹,因为原料关系,产量反而减缩到每月不到一百万发;四十一厂造枪,则因合并了广西厂和另外增加了设备,机关枪每月产量则增加到七八十挺。

"不过,有一可述的是,虽然说,抗战期间,四十厂和四十一厂的产品在全国各厂中稳保着优胜奖。可是,直到此时,偷工减料的情况并没有完全遏止。在搬到广西融县的时候,我就亲自经历过这样一件事:当时我是子弹审查员,我发现了一大批子弹是用收回的过时子弹的弹药装成的,我不肯在检查表上盖章,厂长的亲信先来劝我照盖,继而兵工署派来验收的检查员先盖上图章后再跑来劝我盖章,我还以为是他们私下作弊,我不敢负责,专为这个情况向厂长打了个报告,这时的厂长是钟道锠,结果他批下来要我盖章。这方才知道是从上而下通同了的。一公斤无烟药十多元,这一次作弊他们不知吞下了多少。从这种情况看来,我只能说,狗嘴里长不出象牙。石井兵工厂管理水平和技术水平长期停滞不前,原是旧中国腐烂的官僚制度决定了的。"

其三,兵工署第四十二工厂,前身为广东兵工厂的防毒面具分厂。1933年8月,国民革命军第一、四集团军与德国公司签订合约,引进机器设备与技术人员在广东建立火炮厂、炮弹厂、毒气厂及防毒面具厂。1934年9月8日,国民革命军第一集团军参谋长廖培南代表总司令陈济棠再与德国柏林克兰订立合约,由德国供给工作规程、制造图样及规程、试验规程、验收规程和最新军事秘密制造法,选定广州城郊凤凰岗,建设一座新式而完备的防毒面具厂,设计并备每日出品

---

① 周自新:《周自新就勘定第二十二厂贵阳分厂厂址情形给俞大维呈文稿》,1942年10月1日,云南省档案馆藏,全宗34,目录2,卷号3907。

第四章 湘滇黔桂：大后方兵工羽翼

贵州山路上搬迁的军民

1930年式防毒面具150具，呼吸装置150具，面具箱150个。两广事变失败后，兵工署派员赴粤接办防毒面具厂。1937年5月，兵工署成立广州面具厂筹备处，陈正修为处长。全面抗战爆发后，广州受到日军威胁。1938年1月，广州面具厂筹备处奉令迁往广西柳州窑埠村。迁移过程中，接收了广西梧州理化研究处，收购了上海新华橡胶厂的部分物资，工厂规模得到扩大。

1939年2月，改称为兵工署第四十二工厂，陈正修为厂长。3月正式投产，逐步开始批量生产防毒面具，日产防毒面具150至200具，命名为"四二式防毒面具"，半年后日产提高到250具。同年11月，日军侵入广西境内，柳州告急，第四十二工厂奉命再迁往贵州遵义天台阁建设新厂，启用"绿溪林场"代名。1940年年初，工厂迁建完毕，时有员工300多人，士兵和夫役近100人，下设3个生产制造所，建于贺家洞、吉家洞、雷公洞的山洞之中厂房工场约有3000平方米。是年冬，第四十二工厂复工生产。一面受制于制造原材料的进口，另一面受困于日军的战争封锁，工厂生产状况不容乐观，日产防毒面具100至200具。后技术人员用心钻研，自行研制所需材料，自制防毒面具的零部件终获成功。到

1943年，第四十二工厂生产所需的防毒胶布、滤毒纸、皮革、帆布带等原材料基本达到自足自给。这些原材料不仅比进口成本低，用其制造的防毒面具，经过严格检验，质量也符合标准。由此，防毒面具生产得以稳定，产量得以提高，日产最高达300具。除此，第四十二工厂还生产机枪枪衣、机枪胶垫、汽车缸套圈、榴弹炮风帽垫、风镜、军用胶鞋等兵工产品。

到1945年抗战胜利时，第四十二工厂拥有职工745人。其中，职员93人，工人557人，兵夫95人。各种机器344部，月产防毒面具3000具，防毒眼镜7000副。

其四，兵工署第四十三工厂。前身桂林修炮厂，原为汉阳炮厂第一分厂。1936年，兵工署设立的炮兵技术研究处接管了汉阳炮厂。全面抗战爆发后，兵工署筹备将新式炮厂迁建于湖南株洲。1938年6月起，汉阳炮厂的人员和设备分两路陆续向湖南迁移。7月，汉阳炮厂的一部分人员、设备在衡阳东阳渡设厂，即为汉阳炮厂第一分厂，主要负责修理湘桂一带抗战前线军队的火炮。1938年11月，该厂奉令迁移广西桂林，勘定桂林丽泽门外甲山村山谷中为厂址。此处纯系荒山僻壤，工人们只有破土开拓。员工不过几十名，厂房也只有几间茅草房屋。1939年2月，为适应当时环境需要，并增进办事效率，更厂名为炮兵技术研究处桂林修炮厂。6月，改由兵工署直辖，更名为军政部兵工署桂林修炮厂。1940年4月，桂林修炮厂接管第四十一工厂的炸弹厂，改为弹药厂。11月，添设制枪厂。1942年春，又增设工兵器材厂。6月，正式改名为兵工署四十三工厂，启用新的关防及官章，代名仍为"桂馨园"，厂长为赵达，员工编制有2000多人。这时的第四十三工厂不仅能够修理保养枪炮军械，还能制造手榴弹、4号甲雷、信号弹，以及十字镐、大手斧、圆锹、铁丝剪等各种兵工器材，能够月产手榴弹约10,000个，4号甲雷10,000个，信号弹20,000发。1943年秋，第四十三工厂曾成功试制美式卡宾枪，但可惜没有投入量产。

到1944年，日军企图打通粤汉铁路，加大对广西的侵略。3月，第四十三工厂奉命先迁到贵州独山，再迁往贵阳。由于广西至贵州的山路崎岖，运输困难，行进迟缓，致使兵工机器材料沿途堆积，800多吨物资勉强运抵独山。12月，独山失陷，第四十三工厂遭到日军的洗劫，损失惨重。日军撤退后，第四十三工厂已是元气大伤，难以恢复正常的生产能力。1945年2月，第四十三工厂撤销，其残存的兵工人员与物资器材并入兵工署第四十四工厂。

第四十三工厂在存续期间，除去修理养护枪炮等各种军械之外，共计生产手榴弹21万个，地雷21万个，信号弹42万发。

其五，兵工署第四十四工厂。前身为1936年兵工署在南京成立的中央修械所，几经迁移扩建，直至1943年才改名为兵工署第四十四工厂。

1937年11月，南京面临日军威胁，中央修械所撤离南京。12月迁移到湖南衡阳的东阳渡，利用东阳渡前湖南军械局的厂房设施，并接收第三路军修械所的部分机器设备，开始着手整理恢复生产。1938年冬，日军进犯华中，衡阳成为战争前线，中央修械所不得不再次迁移，搬至贵阳。到贵阳后，1939年2月，中央修械所又接收了贵州修械厂的机器设备，在贵州修械厂虹桥工厂原址复工。所长为赵学颜，有职员30多人，工人200余名，机器设备数十部。为了适应战时修械需要，1940年1月1日，经批准扩编为军政部中央修械厂，下设有8个所，各种机器设备200多部。附设游动修理队，下辖随军抢修班，往来各抗日战区之间，随军担任修械工作。北至甘肃、新疆，南达昆明、中越边境，东至沿江两岸的巴东、宜昌、老河口及辰溪、常德，甚至长沙等地，皆有该厂游动修理队的身影。其间，游动修理队履险涉阻，冒着炮火，坚持工作，备尝艰苦。随着人员、设备的逐渐增多，原虹桥厂区已经难以容纳。是年夏季，中央修械厂勘定贵阳南郊中曹乡，凿石辟路，修建新厂房，不断扩充修械能力。7月，接收了从武汉撤退的兵工署第一工厂所属的沅陵修炮厂，即汉阳兵工厂之炮厂——这是我国近代第一家造炮厂，改名为中央修械厂沅陵修炮厂。是年，中央修械厂开始筹备制造左轮手枪与手榴弹。

1941年春,中央修械厂从新疆接收由苏联购运来的部分器材;6月,又从仰光接收由美国购运来的设备,进一步加强了工厂的生产能力。该年,中央修械厂迁至贵阳中曹乡,手榴弹开始投入生产。1942年春,再从昆明的五十三工厂借拨制枪机器30余部。同年秋,该套制枪设备安装完成并投入使用。从此,中央修械厂除修理军械外,还能够自制左轮手枪和手榴弹,产量也渐渐提高。军政部对中央修械厂的发展转型也给予肯定,赞赏厂长赵学颜"对本管业务尽心推动外,尚力图精进,努力制造"。1943年6月,鉴于修械厂名称显露,易于被奸细注意,根据兵工业务编制番号,将中央修械厂改名为兵工署第四十四工厂。同时,将游动修理队扩编为游动修理总队,以加强对游动军械的修理。

第四十四工厂游修队在保修武器

1944年8月,日军攻陷衡阳,向广西发起进攻。11月,日军占领桂林、柳州,进犯贵州境内。"贵阳城郊构筑工事,公路桥梁已安上炸药包,随时准备破坏,贵阳各机关、团体、学校、商店竞相疏散躲避。第四十四工厂员工仍坚守岗位,加紧生产。"厂长赵学颜集合员工讲话:"此次世界大战中,我国牵制纳粹势力已达任务,德京指日可下,倭寇亦成弩末；筑为渝之唇，唇亡则齿寒，吾委座英名睿智，指挥若定，早顾及此矣；望各位安心工作，贵阳决无问题也。"于是，第四十四工厂员工公而忘危，几不知大敌之将临，而愈加赶紧加班加点地生产制造兵工产品。"以木柄手榴弹产量为例，当年1—6月份为17.92万个，7—12月份上升到22.2万个，其中12月份产量达4万个，保持全年最高月产水平。"

1945年年初，第四十四工厂接收从广西桂林迁贵州独山第四十三工厂被日军洗劫后的残余机料与员工。此时，第四十四工厂达到最盛时期，拥有职员300人，工人2000多人，机器500多部，材料1000余吨，生产规模大幅提升。为了尽快将日军赶出中国，第四十四工厂全体员工夜以继日奋发生产，与美国兵工技术人员协同工作，装备国民政府第三、四方面军于黔湘两地。至6月底，在几个月的时间里，第四十四工厂即生产出能装备两方面军共计20余师的武器弹药，为国民政府军队反攻，收复柳州、桂林，争夺长沙、衡阳，做出了积极贡献。8月13日，日本投降后，最先收复南京、上海、北平、天津的军队，即为第四十四工厂装备的第三方面军。消息传来，第四十四工厂"员工听闻，莫不欣

第四十四工厂游修队与美兵工人员合影

然色喜，感觉与有荣焉"。

据不完全统计，第四十四工厂在全面抗战的迁建时期共生产手榴弹128万个，手枪3450支，信号枪2490支。该厂游动修理队更是深入各战区前线部队，修理养护了大量的枪炮、车辆等。

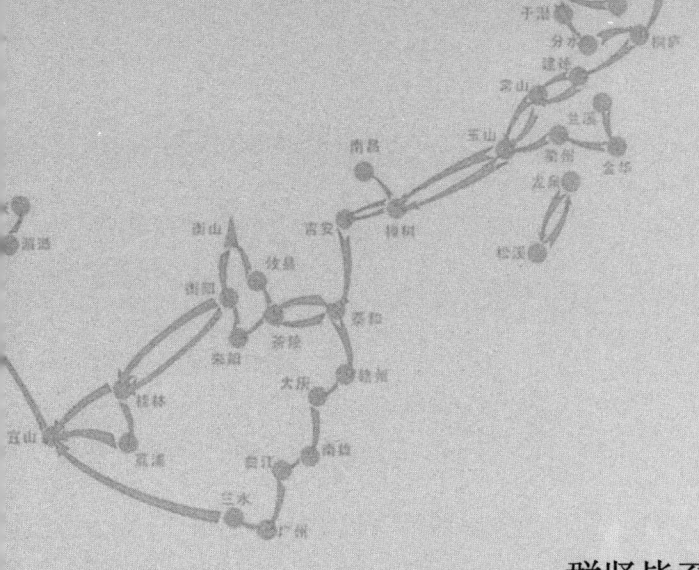

第五章

群贤毕至：铸造精兵为射日

抗战时期，一大批海外留学生怀抱"科学救国"的理想，毅然回国投身中华民族抗日救亡战争的历史洪流中。从中国战时内迁大后方的兵工单位人员构成上来看，一方面，以海外留学生为骨干的中国兵工高级专业人才成为兵工署及各个兵工厂的领导和专家，他们率领数以万计的兵工厂员工、兵夫直接主导了战时兵工企业技术的改进、武器装备的研制及其他各项生产活动，为抗战胜利立下了功勋。另一方面，这些兵工专家队伍借助内迁大后方的兵工单位也培养了一批兵工专业技术工人队伍，更为新中国的国防工业提供了有生力量。

海外赤子，诠释爱国情怀

早在1931年7月，国民政府颁发的《修正兵工厂组织条例》中就明确规定："工务处长，审检处长，各技术人员，各厂主任，高级厂员，非有兵工学识及专门技术者，不得任用。"这项硬性指标为知识分子走进兵工单位，走上管理层提供了制度保障，从而一改旧军阀割据时代武人专权独断兵工生产的局面，逐步形成了具有专业技术教育背景的知识分子掌握兵工生产管理权的新风貌。特别是在俞大维主持兵工署之后，更加完善了全国兵工单位科学规范的用人制度，吸引和招揽了一大批研习军事技术的中高级专业人才，开创了内行专家领导兵工生产、引导兵工技术研发的新格局。战时兵工内迁西南之后，当时中国绝大多数具备高技能、高素质的兵工专家带着技术工人和物资设备一并移驻大后方地区。

俞大维（1897—1993），祖籍浙江绍兴，生于湖南长沙，先就读于复旦大学、圣约翰大学，后到美国哈佛大学获得哲学博士学位，再赴德国柏林大学获得数学博士学位。1925年，俞大维在由爱因斯坦主编的德国乃至世界最著名的《数学年鉴》上发表论文，成为在该杂志发表文章的第一位中国人。在德国期间，俞大维协助国民政府采购军火，转而研修军事，专门研习德国的兵器制造技术，这使其转身

俞大维

成为一代弹道研究专家，奠定了其在中国兵工领域的领导地位。

1929年，俞大维婉拒德国、美国等机构的高薪聘用，接受国民政府兵工署陈仪署长的邀请，甚至割舍下一段与德国爱人的感情，毅然回国效命。1933年，他出任国民政府兵工署署长。上任伊始，日本侵华步伐已然加快。俞大维一面继续从德国、瑞典、美国等国购买武器弹药与兵工原料，引进先进的国防科技技术，招揽海内外兵工人才；一面对既有的金陵兵工厂、汉阳兵工厂、河南巩县兵工厂等各兵工厂进行整顿，改进生产研制技术，加强兵工仿造水平，推进现代管理体制。同时，进一步开展筹备新兵工厂建设，筹划全国兵工厂的布局与拆迁工作，重视科学技术的应用，并积极筹建国防研究机构，如陆续组织成立了应用化学研究所、精密工具研究所、弹道研究所、军用光学器材研究所、航空兵器技术研究处等，基本形成了一整套兵工技术的研究开发体系。各兵工厂凡有新式重要武器试验，俞大维都亲临现场，一面指导，一面加以验查。此外，在兵工生产标准化、制式化基础上，俞大维还大力推行贯彻现代兵工企业的科学管理措施，譬如完善兵工绩效考核管理制度，建立兵工生产成本会计制度，实施兵工产品的验收制度，借以提高兵工产品的质量和生产效率等。1937年中日全面战争开始后，在俞大维的精心组织下，全国20多个兵工单位先后迁移到湖南、重庆、四川、云南、广西等抗战大后方。并且，俞大维在艰难的环境里全力投入支持前方抗战的兵工研制和生产工作，无暇参加国民政府上层的应酬，常奔走于金陵兵工厂、汉阳兵工厂、南昌飞机修配厂等单位，指导兵工生产，激励员工士气。俞大维还几次赶往湘西辰溪海军水雷制造厂指导武器生产和研制。这家兵工厂生产的几种水雷源源不断地送往前方，供给在战争中遭受重创的海军部队，用以在长江江面上布雷，这些水雷多次炸沉炸伤过日军舰船，阻滞了日军在长江航道的进攻步伐，给日本侵略军以沉重的打击。①

在整个抗日战争期间，俞大维主持国民政府兵工事业的建设，领导兵

---

① 参见王炳毅：《俞大维与华罗庚的一段交往》，原载2010年3月25日《人民政协报》。

工企业整体西迁，指导兵工单位在大后方构建了一定规模的生产基地与研发体系，培育了一大批优秀的国防工业专业技术人才，为战争时期中国抗日军队提供了弥足珍贵的装备保障，基本支撑和保障了国民政府正面战场的各种轻型武器装备及弹药供应，亦为我国现代国防工业的建设发展奠定了不可小觑的物质基础，被誉为中国近代的"兵工之父"。

俞大维历任工署署长等，国民政府交通部长等，他虽始终未加入国民党组织，是各界有口皆碑的贤者长官。作为领导要员，俞大维从不任用提拔所谓的"自己人"，而是一贯坚持用人无类、用人唯才，不论亲疏、不论派系。作为曾国藩的曾外孙，俞大维谨记母亲教导他"不近人情的事不做"的信条。

1999年，在庆祝中华人民共和国成立五十周年表彰为"两弹一星"做出巨大贡献的23位杰出科学家的颁奖大会上，被誉为"中国航天之父""中国导弹之父""中国自动化控制之父"和"火箭之王"的首席科学家钱学森，在接受中共中央、国务院、中央军委颁发的"两弹一星功勋奖章"时感言：今天我们能交出这样一张成绩单，要特别感恩和怀念三位先贤前辈，第一位就是俞大维先生。例如在场的受奖人任新民、屠守锷、姚相斌、孙家栋、黄纬禄、徐兰如、沈正功及谢光选等均系在俞大维的兵工厂及研究机构工作或资送出国留学培养出来的人才……俞大维是我国近现代兵工事业最感恩与最感念的先贤之一，他是我国近代国防科技发展史上第一位大力开拓、耕耘、播种、灌溉、施肥的始祖园丁，我们不能忘记他。[①]

1937年年初，国民政府资源委员会与德国签订引进全套设备与代为培养中国留学生的合同。资源委员会选派二三十名技术人员到德国公费留学，到克虏伯钢铁公司实习。7月，卢沟桥事变发生后，日本侵略中国步步深入，国内形势日渐恶化。抗战声急，靳树梁、严恩棫、王之玺、刘钢等四人激于爱国热情，致电资源委员会，申请提前回国参加抗

---

① 参见王奂若：《中共"火箭飞弹之父"钱学森感念三位哲人》，载《传记文学（台湾）》2003年。

战工作。1938年4月,四人遂参加武汉刚刚成立的钢铁厂迁建委员会。其中,靳树梁、严恩棫担任迁建委员会委员,具体负责迁建工程的技术指导工作。王之玺后赶赴昆明,参与筹建了云南钢铁厂。其他,诸如毛鹤年、邵象华、丘玉池等人也都陆续回国,参加到抗战救亡的民族解放运动中,不少人成为我国钢铁事业的开拓者,为新中国培养出第一批钢铁技术专业队伍。

钢铁厂迁建委员会人员合影

根据重庆市档案馆的《军政部职员录》和中国第二历史档案馆的《军政部长何应钦卸任陈诚就任交接全国兵工单位清册》等档案史料,同时参考周棉主编的《中国留学生大辞典》及李滔、李洪洲编写的《中国兵工企业史》等著述资料,对战时兵工署及大后方各兵工单位的高级专业人员的职务与学历情况进行统计,具体如下表:

■ 抗战时期国统区主要兵工单位高级专业人员一览表

李维城	第一工厂,陆军部兵工专门学校毕业,留学美国学习机械制造,曾任制造司考工科科长
熊梦莘	第二工厂,日本东京高等工业学校毕业
庄 权	第十工厂,德国撒克逊工业大学机械科毕业,曾任炮兵器材科科长

续表

■ 抗战时期国统区主要兵工单位高级专业人员一览表

李待琛	第十一工厂，日本东京帝国大学毕业，美国哈佛大学博士毕业
陈哲生	第二十工厂，法国巴黎大学理学院硕士，曾任制造司事务科科长
李承绪	第二十工厂，日本东京高等工业学校毕业，曾任职材料储整处
李承干	第二十一工厂，日本东京帝国大学毕业
吴钦烈	第二十三工厂，美国麻省理工大学毕业
吴祉祺	第二十三厂重庆分厂，法国刚城大学毕业
顾敬心	第二十三工厂昆明分厂，德国柏林工科大学毕业
杨吉辉	第二十四工厂，陆军大学第三期毕业
冯朱棣	第二十五工厂，国立同济大学毕业，曾任兵工署弹道科科长
方志远	第二十六工厂，浙江公立专门工业学校毕业
黄啸峰	第二十七工厂，德国柏林大学毕业
周志宏	第二十八工厂，美国哈佛大学科学博士毕业，曾任材料试验处处长
李世琼	第三十工厂，美国满鸠司特大学毕业，曾任制造司核料科科长
李式白	第三十一工厂，国立同济大学毕业，历任处长、主任等职
钟道锟	第四十一工厂，美国惠脱华斯工业专科学校毕业
刘守愚	第四十一工厂，日本东京帝国大学毕业
陈正修	第四十二工厂，法国国立都鲁斯大学毕业
赵 达	第四十三工厂，德国哈裕佛大学毕业
赵学颜	第四十四工厂，德国柏林大学毕业
丁天雄	第五十工厂，德国博莱斯劳工业大学毕业，曾任兵工署弹道科科长
钟 林	第五十工厂成都分厂，美国麻省理工学院毕业
王仍之	第五十二工厂，法国巴黎高等工业大学毕业
周自新	第五十三工厂，德国柏林大学毕业
龚祖同	第五十三工厂贵阳分厂，德国柏林大学毕业
杨继曾	钢铁厂迁建委员会，德国柏林大学毕业，曾任主任委员，后任兵工署署长
梁 强	军政部兵工学校，日本东京帝国大学毕业，任校长
俞大维	兵工署，美国哈佛大学哲学博士，德国柏林大学数学博士，任署长

续表

抗战时期国统区主要兵工单位高级专业人员一览表

左景銮	兵工署，伦敦大学理科硕士，任总务处处长
徐培根	兵工署，德国参谋大学毕业，任军械司司长
江 杓	兵工署，德国柏林工科大学机械科毕业，任设计处处长，后任五十厂厂长
刘楚才	兵工署，美国匹茨堡大学毕业，教育处处长
张郁岚	兵工署，德国启尔大学化学博士，任特种兵器材科科长
刘东睐	兵工署，德国工科大学工学士，技术司司长
赵 英	兵工署，德国柏林工业大学特许工程师，运输器材科科长
陈 良	兵工署，日本青山农业大学毕业，任会计处会计长
方光圻	兵工署，美国芝加哥大学物理研究院毕业，后任兵工学校校长
江元方	兵工署，美国西北大学工厂管理班，工业司行政科科长
陈修和	兵工署驻昆明办事处，法国高等兵工专门学校毕业
杜 巍	兵工署驻重庆北碚办事处，日本东京帝国大学毕业
汪 浏	军政部兵工特派员办事处，德国波恩大学毕业
陈绍焕	兵工署驻闽通讯处，日本东京工业大学毕业，历任技术员、工程师、主任、厂长等职
汪 源	弹道研究所，德国勃莱斯劳工业大学毕业

由上表可见，战时重庆各兵工单位具有海外留学经历的专家人才可谓群星璀璨、大放异彩。这在民国时期特别是艰苦卓绝的抗战岁月实属可贵，这充分体现了以兵工专家为代表的广大知识分子踊跃献身中华民族抗日救亡战争的爱国情操。

据上表统计，在兵工署主要部门及重庆兵工单位所列举的45位高级专业人员中，具有海外留学背景的有41人，且不乏硕士、博士学历，甚至是双博士学历者。其中，留德的有17人，留美的有11人，留日的有9人，留法的有5人，留英的有1人，留德、美两国的占68%。美国、德国作为新兴的资本主义强国，掌握着当时世界上最先进的工业技术，留美、德的教育背景反映出战时兵工专家人才素质极高。同时，在20多个兵工生产企业及军政部兵工学校的领导阶层中，除杨吉辉是陆军大学第三期培训班毕业之外，其余全部是国内外技术专业学校毕业的高级专业人员，并且具有海外留学背景的有25人，占到86%。因此，可以说，战时兵工的高级专家人才是国民政府各行各业知识水平最高、专业技能最强的部门。这些毕业于国内外高校的高级专家人才，大部分正值风华正茂、年富力强。他们为了抗日救亡的崇高理想，汇聚抗战

俞濯之

大后方，挥洒着青春汗水，奉献了自己最珍贵的才情和年华。

值得一提的是，内迁大后方的兵工专家人才也为新中国的科学事业做出了重要贡献。一方面，一些兵工专家与专技人员继续为各项事业服务。如原兵工署第二十一工厂厂长李承干，原第二十五工厂厂长冯朱棣、原第二十八工厂厂长周志宏、原二十一工厂工务处处长虞绍唐等，在重庆解放后均继续献身国家，发光发热，成为中国科学领域各项事业的宝贵人才，甚至成为相关学科领域的奠基人物。另一方面，为中国培育输出了一批高级兵工专业技术人才。如中国导弹与航天技术重要开拓者任新民、李乃暨等，抗战期间均毕业于重庆的军政部兵工学校，前者曾分配至第二十一工厂担任技术员，后者则曾供职于重庆的航空兵器技术研究处。再如原重庆第二十一工厂的工程师俞濯之，中华人民共和国成立后成为重庆长安机械厂厂长，并参与创建了中国第一个兵器技术研究所。此外，还有部分兵工专家和技术人员本身就是中共地下党员，如钟林、刘雅清等。抗战胜利后，钟林组织研制出了第一批国产火箭弹。中华人民共和国成立后，钟林担任了国家工业部门的领导，更为中国兵器工业、钢铁重工业等相关领域的发展做出了重大贡献。

在大后方兵工企业中，位于抗战最前线的第十一工厂，是除重庆第二十一工厂之外的最大规模的综合兵工厂。在湘西偏僻的山区洞穴之中，

外界阻隔、物资匮乏、材料无着落、设施简陋，但在厂长李待琛的领导下，全厂专业技术人员攻克技术难关，克服种种困难，凭借先进的专业技术能力，源源不断地制造出数以万计、数以百万计的各类步枪、轻重机枪及其枪弹，各型号炮弹、手榴弹等，并经过严格的兵工产品检验，长期供应着中南地区中国抗战军队所需的基本的武器弹药。

这其中，人才成为决定因素。除去李待琛厂长之外，第十一工厂的各部门主管，大多数是留学归来的"海归"。据有关资料显示，在1938年至1939年间，第十一工厂的动力厂主任施宇亮、机器厂主任王建民、炮弹厂主任周有庭、引信厂主任吴宝书、熔铜炼钢厂主任马千里等都是留学德国归来的技术人员。枪厂主任孙非、材料室主任李神哉、技工学校主任李步黄、运输处主任张骏、主任工程师朱彦群、工程师田赓尧等均是留学日本的专业技术人员。审检处处长宋建寅等则是留学比利时的"海归"。

李待琛（1891—1959），字伯芹，号泉池，湖南人，先后获得日本东京帝国大学造兵科学士学位，美国哈佛大学工学院冶金学博士学位。参与创办湖南大学，为首任校长。还曾在广东兵工厂、湖南铁工厂、上海兵工厂任职，并担任军政部兵工专门学校校长。卢沟桥事变后，接任河南巩县兵工厂厂长，后为兵工署第十一工厂厂长。抗战胜利后，曾任盟国驻日委员会中国代表团副团长、联勤总部兵工署副署长、中国驻日接收赔偿总代表、军政部兵工署署长等职。

李待琛一生笔耕不辍、著述颇丰，主要有《现代武器》《革命后之俄罗斯》《金属材料》《军械制造》《国防与工业》《兵器计算》《枪炮制造及理论》《嘤鸣录》《五种遗规选注》《国防建设之基础》《海南岛之现状》《日本食量及燃料之需给》以及《现代枪炮之趋势》《世界枪炮之现状》《火炮之制造》《我国兵器制造

李待琛

之发达及其现状》《我国兵器与列强兵器之比较》《改进兵工厂之要图》等，晚年著作有《原子兵器》。

值得称道的是，在李待琛这些具有海外留学高级技术人员的指导下，第十一工厂不断改组经营组织架构，完善科学管理，细化专业生产模式，使之管理更为科学化、人性化。李待琛特意为全厂拟定了行为规范，内容包括"居心光明，勿作妄语，公而忘私，临财不苟，孝顺父母，友于兄弟，忠于职务，笃守信义，严于律己，恕道待人，励志百工，坚苦辛勤，崇尚气节，遵守礼性，守身如玉，爱惜物力" 16条，要求全厂职工"第一要诚实不欺，第二要力行不懈"。李待琛采取了中华传统文化的"修身立德""成德立人"的格物教化方式，使得第十一工厂孕育着现代企业文化氛围，培育着广大职工的爱国主义意识与职业敬业精神，激励着全厂上下同仇敌忾、众志成城地进行抗战生产活动。

在航空兵器工业方面，也涌现出一批海外学子归国报效祖国，献身抗日御侮的航空国防工业建设事业的事迹。譬如，位于重庆南川的第二飞机制造厂的第一任厂长朱霖，曾在美国留学，先后获得康奈尔大学机械工程学士、麻省理工学院航空工程硕士，1939年任第二飞机制造厂厂长。第二任厂长钱昌祚，留学美国麻省理工学院获航空工程硕士学位，1933年任国民政府军事委员会航空署技术处处长，1940年任重庆南川的第二飞机制造厂厂长，1941年6月赴云南中央雷允飞机制造厂任监理等。第三任厂长黎国培、第四任厂长马德树也有留学经历。第二飞机制造厂总工程师林同骅，留学美国麻省理工学院期间专攻飞机制造，1937年归国后参与设计了中国第一架运输机"中运一号"，成为我国著名的航空工程力学专家。此外，在滇西的中央雷允飞机制造厂，据老员工叶肇坦回忆：雷允时期，进厂的比较重要的技术人员中留学回国的有许玉赞、杨彭基、马明德、刘政原、刘镇雄等，美籍华侨有余兆昌、郑兆、George Chang、Y.Y.Wang、蔡融活等。

再如李柏龄，从美国普渡大学、密歇根大学航空工程硕士毕业后，于九一八事变后立即回国投身抗日事业，曾任杭州笕桥航空学校飞机修理厂厂长，后在昆明任航空发动机制造厂厂长。葛正权，美国留美博士，1933年学成归国，从事国防科学研究设计工作，成为我国雷达事业的奠基人。李耀滋，美国麻省理工学院硕士、博士毕业后，在贵州主持创办了我国第一家飞机发动机制造厂——大定航空发动机厂，其后成为美国国家工程院院士。程嘉垕，美国麻省理工学院航空工程硕士毕业，博士在读期间得知国民政府筹建航空发动机制造厂，于1939年毅然放弃考试，辗转至贵州大定县参加建厂工作。

海外学子归国后，从事航空工程、飞行教官等国防工业相关教学工作，以及积极投身各种形式的抗日救国运动者，诸如姜长英、黄玉珊、邝炳舜、林致平、陆士嘉、王叔铭等，更是不胜枚举。

少长咸集，哺育兵工英才

1939年起，第二飞机制造厂的600多名员工齐聚重庆南川丛林沟，开启了中国航空工业自主研发的进程。第二飞机制造厂设立的试造室，由林同骅任主任，顾光复、高邦俊任副主任，设计试造检验工程的有程宝蕖、张桂联、荆庆生、严国泰、吴麟祥、陆孝彭、俞乃喜、杜宗正、张冰煦、王达新、胡铜海、王修琛、林同骥、胡昌寿、高作楫、彭成一、蔡维裕、徐云黼、潘昌运、乔万森、余沛瑾、顾家贤等设计员、技术人员20多人。他们大多是来自中央大学、西南联大、西北联大等航空工程相关科系的大学生。他们报国心切，为了抗日御侮，来到偏僻的西南山沟，奉献出了自己最美好的年华，为争取抗战的胜利，为中国航空事业献出了自己的一分力量。

尽管条件和工作非常艰苦，然而，封锁、轰炸，挡不住年轻航空创业者的热情，与陆孝彭一起工作的不少都是后方院校的毕业生，有航空、机械、土木、电机、化工等方面的工程技术人员。尽管远离城市，但他们十分关心国家大事，偷阅《新华日报》和进步书刊，大家学术气氛很浓，绝无迟到早退的现象。在洞口设计科里，大家伏在几十张意大利造的绘图台上，只有手摇计算机丝丝嚓嚓的响声，间或伴随着打字声……每个人都埋首工作，安静极了。[①]

抗战时期大西南兵工系统的高级专业人才几乎清一色由内迁来。譬如，钢迁会主任委员杨继曾、副主任委员张连科及其以下各处所负责人，即全部由国内外各地奔赴重庆。他们率领着数以百计的高级科技人才，数

[①] 许珊：《陆孝彭传》，航空工业出版社2014年版，第53页。

以千计的专业技术人员,引领着数以万计的钢铁产业工人,强烈改变着中国国防工业的整体布局,深刻改变着西部地区文教事业的发展。

杨继曾(1898—1993),别号君毅,安徽怀宁人,先后于上海同济医工专门学校、德国柏林工科大学毕业,曾任东三省兵工厂炮弹厂厂长,后历任汉阳兵工厂副厂长,上海兵工厂副厂长,兵工署行政司司长,制造司司长,钢迁会主任委员,兵工署副署长、署长,等职。

杨继曾

■ 钢迁会所属各处(所)主要负责人姓名录(1945年9月1日)

姓名	简历
翁德銮	广东顺德人,英国苏格兰格拉斯哥大学机械科毕业,大冶钢铁厂工程股长 1938年3月1日到会,总工程师办公处,总工程师兼处长
徐纪泽	江苏海门人,交通大学机电科毕业,大冶钢铁厂机械工程师 1938年3月1日到会,第四制造所,所长
陈 东	江苏人,南洋大学电机科毕业,首都电厂工程师兼电厂主任 1938年3月5日到会,第一制造所,所长
梁 强	浙江绍兴人,日本京都帝国大学土木工科工学士,兵工专门学校校长及兵工研究委员 1943年7月26日到会,秘书处,主任秘书
童致诚	江苏宜兴人,法国南锡大学化学工程博士,本署第二十军机总库库长 1940年12月1日到会,福利处,处长
杨君雅	江苏无锡人,复旦大学商学院会计系毕业,军政部兵工署制造司专员 1942年1月1日到会,会计处,处长
李仲强	浙江绍兴人,国立北京大学工科采矿冶金系毕业,西安市工程处处长 1940年3月11日到会,购置处,处长
孟宪厅	河南舞阳人,国立同济大学机械科毕业,兵工署制造司聘任工程师兼厂政科科长 1944年1月1日到会,工务处,处长
陈 洽	江苏宜兴人,日本东京高等工艺学校,兵工署第十一厂工程师 1941年6月1日到会,第二制造所,所长
周自定	山东单县人,唐山工程学院采矿系毕业,中央研究院技术员、大建分厂工程师 1941年6月1日到会,第三制造所,所长
孙祥鹏	浙江绍兴人,德国柏林工业大学特许工程师,柏林煤汽厂实习工程师 1940年7月18日到会,第五制造所,所长
陆芙塘	江苏宜兴人,交通大学毕业,南通天生巷电厂工程师 1938年6月25日到会,第七制造所,所长
韩兆琦	河北丰润人,唐山交通大学机械科毕业,杭江铁路机械工程师 1940年4月19日到会,运输所,所长

1949年，杨继曾去台后，由兵工转入财经系统，出任台湾最大企业台湾糖业公司董事长兼总经理。此后，杨继曾还曾担任台湾地区一些重要职务。

战时兵工内迁带来了专家人才，带来了机器装备，也带来了一支浩大的兵工专业技术队伍。据重庆市档案馆所藏1945年5月的《兵工署所属各兵工厂员工兵夫编制人数暨驻厂眷属人数统计表》，除东南区5个小分厂之外，战时大后方兵工厂员工兵夫及眷属情况，具体如下表：

■ 战时大后方主要兵工厂员工兵夫及眷属统计表

厂 名	所在地	员工兵夫人数	驻厂眷属人数	合 计
第一工厂	重庆	7094	5372	12,466
第二工厂	重庆	4714	1680	6394
第十工厂	重庆	3352	1146	4498
第十一工厂	湖南	8475	8172	16,647
第二十工厂	重庆	6976	4769	11,745
第二十一工厂本部	重庆	7918	5906	13,824
第二十一工厂綦江分厂	重庆	3377	1551	4928
第二十一工厂安宁分厂	云南	2269	654	2923
第二十三工厂本部	四川	4514	2204	6718
第二十三工厂重庆分厂	重庆	559	230	789
第二十三工厂昆明分厂	昆明	545	34	579
第二十四工厂	重庆	4808	2003	6811
第二十五工厂	重庆	5199	1481	6680
第二十六工厂	重庆	1355	604	1959
第二十七工厂	重庆	4625	2061	6688
第二十八工厂	重庆	3807	494	4301
第三十工厂	重庆	3546	3475	7021
第三十一工厂	陕西	1850	641	2491
第四十一工厂	广西	4112	3006	7118
第四十二工厂	广西	1051	342	1393
第四十四工厂	广西	2212	1831	3953
第五十工厂本部	重庆	5716	3075	8791
第五十工厂成都分厂	四川	2561	784	3345
第五十二工厂	云南	1947	381	2328
第五十三工厂本部	云南	2788	1135	3923
第五十三工厂贵阳分厂	贵州	277	87	364
钢迁会	重庆	26,618	5710	32,328
总 计		122,175	58,828	181,003

据上述数据统计，在抗战大后方27个兵工企业及其分厂的职员、工人兵夫总数有122,175人，其中重庆兵工企业的员工兵夫总数多达89,664人，占到抗战大后方兵工企业员工兵夫总数的73%；云南、贵州、四川、陕西及湖南五地兵工厂的员工兵夫只有32,511人，占到总数的27%。重庆的这些大型兵工厂生产规模大、产品种类齐全，构成了支撑中国正面战场武器装备的基石，也再一次证明了战时重庆兵工在抗战大后方的中心地位。

抗战胜利后，兵工署按照军政部编制的《军事委员会兵工厂库整理计划》实施了大后方兵工厂的调整、迁并及员工兵夫的裁减、资遣等工作。经过调整、迁并，重庆原有的17个兵工厂及其分厂改组成5个兵工厂和2个分厂。但是，到解放战争时期，重庆兵工厂又多有增建。据中国第二历史档案馆所藏的《兵工署各工厂三十八年五月份现有人数统计表》等档案史料，在1949年5月国民政府掌握的全国兵工厂及分厂有24家中，重庆兵工厂及分厂就有13家，占总数的54%。而在24家兵工厂所拥有的58,621名员工兵夫中，重庆这13家兵工厂所拥有的员工兵夫则多达40,664名，占总数的69%。这些兵工厂及其技术人员大部分继续在西南地区为新中国服务，他们不仅在西南地区清剿匪霸斗争与抗美援朝战争中发挥着重要作用，也为新中国兵器工业建设储备了专业技术力量。

兵工生产是一项工艺复杂的工程，需要技艺成熟的工人。为此，兵工署十分重视对兵工单位的员工进行技能培训，形成了一套员工培训及管理体制，培训了中国最早的一批兵工专技人员。

■ 兵工专门学校毕业学生一览表

系（科班）别	毕业总人数	出国人数
老一二三期（造兵系、应化系第一期至第十期；军械技术科第一至三期）	541	102
特别训练班，技术员补习班，初级军械技术班	84	—
军械人员训练班共11期	571	—
军械库员训练班共8期	316	—
共　计	1512	102

作为国民政府兵工人才的主要教育机构，军政部兵工专门学校于1938年初迁到重庆，1939年12月改名为军政部兵工学校。军政部兵工学校的历任校长，一般由有留学经历者担任，多为文人学者型。譬如，军政部兵工学校第三期，校长李待琛（1934年至1937年）具有留日、美经历；校长梁强（1937年至1942年）曾留学日本东京帝国大学；校长方光圻（1942年至1946年）则是美国留学生。

南迁之后，军政部兵工学校扩大办学规模，开设造兵工程系、应用化学系、军械技术科、工厂管理科等系科专业，以造就兵工技术专门人才为主要宗旨。学校每年招生一次，每系招两个班，学制是五年制，在校四年，实习一年。兵工署对兵工学校的要求，历来是重质不重量。学生待遇比较优厚，除免学杂、住宿、伙食等费外，还发给书籍、文具、纸张，每月发生活费（按军队上士级），按季发军服。因此，家境困难的学生踊跃报考。学校校风俭朴，管理严格，平时不准学生离校外出，因事请假外出，回校必须销假，并汇报外出活动的情况。其主要目的是控制学生的思想，防止学生外出参加政治活动，但是，每当重庆市沙坪坝有学生游行活动，总有兵工学校学生跳墙参加。学校有关实验、实习借用附近高等学校或附近兵工厂的设备进行。学生毕业后，则全部由兵工署直接分配到相应的军事机关部队及兵工厂工作。成绩优异的毕业生，还可派往国外留学，以资深造。

在学制教育之外，兵工学校还根据战时需要开办一些速成的短期训练班、技术班及补习班。如1938年曾开设特别训练班，招收高中毕业生，训练期为六个月。1940年招收初级军械技术班，训练期为两年。1941年招收技术员训练班，训练期为一年。在1938年2月至1945年10月间，军政部兵工学校在重庆招收大学部、专修部及各种培训班学生共684名，毕业学生331名，其中包含任新民、李乃暨等新中国兵工殿堂级的专家人物。这些毕业生大多直接分配至重庆各兵工厂，为战时兵工制造技术的改进和新式武器的研制做出了积极贡献。后来担任兵工署副署长的李待琛在《兵工学校成立三十周年纪念》中称赞道：兵工学校创办三十周年,造就了兵工专才,为兵工建设的健将,共有1500多人,曾出洋学习研究者有100多人,占到8%。这些同学除极少数人外,都在兵工界担任兵器研究、生产或保养工作,成绩斐然。[①]原军政部兵工学校造兵系主任金锡如回忆道:"那些未去台湾的兵工校毕业生,在旧社会虽然为国民党的兵工厂服务一段时间,但也为新中国军工事业的发展起了重要作用,有的在党的教育下已成为新中国军工事业的骨干。现在回忆起来,这也是我们教师的骄傲。"

与此同时,抗战大后方各兵工厂也采取一些措施,培训兵工厂所急需的技术工人。1939年冬,蒋介石发出指令:"限定时期,训成额定之技术员工,尤以技工训练为刻不容缓之要图。"[②]于是,国防工业委员会召集兵工署、资源委员会等机关,拟定了《训练技术人员计划大纲》。按照该大纲,兵工署各兵工厂负责训练950名技术工人。其中,除去云南的第二十二、五十一、五十二工厂训练250名技工之外,重庆各兵工单位则负责训练700名,占到兵工署兵工厂训练总人数的74%。具体情况如下表:

■ 重庆兵工厂训练技工表(1940年9月)[③]

工厂名称	训练技工不同类别人数		小 计
	普 通	特 别	
第二十工厂	50	—	50
第二十一工厂	50	100	150
第二十四工厂	50	—	100
第五十工厂	50	200	250
炮技处	50	—	50
钢迁会	50	100	150
合 计	300	400	700

---

① 参见李待琛:《兵工学校成立三十周年纪念》,载《兵工月刊》1948年第5期。
② 中国工程师学会:《三十年来之中国工程》,京华印刷馆1948年版,第228页。
③ 10厂:《俞大维为补寄技工训练班经费表给炮技处的代电》,重庆市档案馆藏,10厂工务,221卷。

第五章　群贤毕至：铸造精兵为射日

据上表明，战时重庆不但是中国兵工专家人才的主要集中地，也是大后方兵工技术工人的聚集地，还是兵工技术工人教育培训的主要基地。

工厂技校

抗战之后，在高级兵工技术专门人才方面尚可设法罗织，勉为应付，但低级兵工人才，极感匮乏，实有赶速造就的必要。为此，大后方各兵工厂大多还开办各种形式的讲习所、传习所等兵工技艺的短期职业培训班，甚至是艺徒培训学校。这些短期职业培训班的学生通过理论与实践学习，成为兵工厂一线技术人才的有益补充。如钢迁会开办的技工培训班，自1940年开班至1945年为止，教育培训技术工人450名。再如第五十工厂开办的艺徒学校，1939年招收技工学徒203人，这些学徒专门学习机器设备的应用，比一般工人技艺更加纯熟。在兵工厂实习期间，共修理该厂破烂机器127部，自制各种工具数百件，修缮房屋435间，每月制造手榴弹所用琴弦1吨。[①]1940年8月，兵工署因势利导发布训令，将各兵工厂办理的各类培训班改称技工学校。如第三十工厂所属技校称为兵工署第十技工学校，第四十一、

---

① 参见《第五十工厂艺徒学校工作报告》，重庆市档案馆藏，50厂，3889卷。

第二十一工厂技工学校

四十二工厂所属技校分别称为兵工署第十一、十二技校,钢迁会技校改称第十三技工学校,第五十一工厂的技校改为第十四技工学校,等。其中,第二十一工厂所属技工学校规模较大,在校学生达千人以上,"历年毕业学生甚多",所培训的技工学生"均能学以致用,增进工作效率不少"[①]。重庆的这些兵工技术教育培训学校或机构,为兵工厂培育了大批初级管理干部和技术人才,同样为新中国输出了大批的兵工产业工人。

■ 兵工署各厂附设艺徒学校改正名称一览表

厂别	改正名称	原名
第五十工厂	第一技工学校	艺徒学校
第十一工厂	第二技工学校	艺徒技工训练班
炮技处	第三技工学校	艺徒技工训练班
第二工厂	第四技工学校	艺徒训练班
第二十工厂	第五技工学校	艺徒训练班
第四十工厂	第六技工学校	艺徒训练班
第二十二工厂	第七技工学校	艺徒学校
第二十四工厂	第八技工学校	职工学校

1940年9月18日,第二十一兵工厂技工学校在重庆正式组织建立,由李承干任厂长兼校长。李承干沿用厂歌的曲谱,再次邀请郭沫若重新撰写了技工学校歌词:

工以建国,技以利工,我们奋斗是为自力更生。工业救国的使命,大家要努力完成。劳我筋骨,振我精神。求学

---

① 《第二十一工厂沿革史》,重庆市档案馆藏,总86目,1—3卷。

习技是在能知能行。沉着毅勇，自强日新，我们是工业的劲军。我们有骨肉般的友爱，我们有金石般的至诚，我们有熔炉般的热烈，我们有钢铁般的坚韧。学欲其专，技求其精。

同学们！猛进！猛进！！同学们！猛进！猛进！！

此后，技工学校凡有集会活动，必唱校歌。这歌声不仅鼓舞着学生们好好学习、天天向上，也激励着他们为抗战保家卫国刻苦钻研技能，为祖国的富强繁荣贡献力量。

李承干经常组织和参加技工学校组织的业余学习与科技研讨会，以提高职工的素质。他告诫学员们："凡技能、人品低下，而不努力者，可予淘汰。如有必要，则去数劣者。"

1947年5月，李承干在卸任厂长之际，亲笔给技校师生写下了《再告别技校师生书》：

一、技工为中国工业建设之中坚分子，其重要性绝不下于大学生，或更过于大学生。盖理论与实际相辅而行，方有成就。实际间或不须理论，而理论绝不能无实际。专恃理论等于纸上谈兵，何益之有？二、国人昧于数千年之积习，每有轻视工人之感。而工人亦无自尊自重之念，不自振作，致每况愈下。以后当力矫此弊，职业无上下，人格有高低，端在各自为之耳。三、以前技工缺乏基本知识，甚至目不识丁。技工学校出身者，有基本知识，受高尚品德之熏陶，如更加以优良技能与长久宝贵经验，以后发展，与普通技工自不可同日而语。故望向较远之将来而改变观念，努力学习。四、社会是进步的，人心是进步的。我辈既为中国人，当愿中国进步，而改变数千年数百年来的旧观念。故我们各个人亦须有进步的观念，有进步的计划，方不致为时代落伍者。请各学生不斤斤于目前，应培养实力（学识、技能、经验、身心），与旧社会奋斗，打开前途。万一遇有困苦，亦当甘受。须有我不入地狱，谁入地狱之决心，前途光明。我们不可受环境控制，我们须改造环境也。最后，承干愿各教职员各学生，本此信心，爱护学校，改善学校，培植善良技工，以备国用，是所至盼。

勤勉励耕，造就华彩篇章

在各兵工厂中，李承干及第二十一工厂无疑是生产经营的佼佼者。第二十一工厂发展成为中国抗战大后方最大规模的综合兵工厂，离不开数以万计的职工的众志成城，亦离不开厂长李承干的勤勉励耕。

李承干自主持兵工厂以后，倡导公物节约，表彰清廉正气，他经常说："机器、材料、人力、经费及一切设备，应知为国家资产，人民脂膏，务须珍惜爱护，妥慎节用。"迁厂到重庆后，第二十一工厂执行清廉褒扬制度：凡临财不苟、拾金不昧、拒收贿金者，必布告嘉勉。而李承干对中饱私囊的行为深恶痛绝，对职务贪污腐败绝不姑息。1942年8月，厂内一位叫袁守常的科长在采购制药包用的绸料时，经查实贪污数千元。李承干将其送交军政部兵工署军法司审讯，按当时国民政府军法，贪污500元以上者处以死刑。

在兵工厂的各项具体工作中，李承干躬耕不辍。他将厂长办公室设于事务办公室旁边。即使夜里，事务办公室每有电话铃响，李承干必起床赶来旁听，不搞清状况不离开，有重大问题总是当机立断，予以指示解决。对于很多事务工作，李承干也往往身

李承干指挥员工唱厂歌

先士卒，与普通职工无异。1941年夏，兵工厂一船大米停泊于嘉陵江北簸箕石河边，因空袭之下无人搬运。李承干振臂一挥，亲自挑米上岸，厂里职工见状纷纷参与抢运，大米很快得以卸完。

李承干强调职工道德品质的培养。他提出："国家的强弱，视乎其国民之奋靡，而不在人数之多寡。苟国民精神振作，而能急公好义，为国忘私，则国家未有不兴盛者，反之若国民生活腐败，精神萎靡，知识谫陋，品性卑劣，好逸恶劳，虽为数众多，亦未有不日趋于灭亡者。"厂长李承干重视专业技术人才的应用。他认为：在科学极不发达，工业极为落后之我国，更需要工程师努力奋斗，且国家应使工程师得充分用其所学，能用得其所，用得其当，勿使大部分工程师之精力，花费于应付、疏通、公事往返、陈文习套及困厄于生活，而后方可望展其所长，以从事于建国大业。①

兵工厂内迁之后，国民政府要求各兵工厂相关人员必须加入国民党组织。李承干拒绝加入，他对国民党元老张继说："余曾见若干党员，所作所为均未遵照国父遗教，违反三民主义。余虽非党员，但敢自誓所行所言，迄今未违反遗教及三民主义。"李承干曾三上辞呈，宁愿不当厂长，也不愿加入国民党。后来，国民政府改为"技术人员应笃信三民主义，不必一定入党"。李承干才未离职。

李承干操守廉洁、自律甚严。他认为"一个人应立志远腐化、近事业，特立独行，不与不肖者同流合污"。他奉行"人身真义在于敦品励学，克己去私，处处以社会群众利益为前提"。李承干的住处，简单到只有一张木板床、一顶蚊帐、几条棉被等基本物品。他常年与职工一道吃食堂，甚或经常在办公室以馒头、花生等果腹。全面抗战时期，国民政府为各单位高级官员设置有"特别办公费"，即职务津贴。照例，李承干不必办理报销手续，每月可签字领取"特别办公费"500元，以供支配使用。但李承干从未领取，而是要求财务人员全数拨付给职工作为福利经费。1947年，李承

---

① 李承干：《抗战中服务兵工回忆录》，重庆市档案馆藏，全宗号0176，目录号4—5，卷号8。

干离开第二十一工厂时,依然身着一套常年穿着的旧布中山装,全部家当仅有两个木箱里的衣物和书籍。由于李承干主持的第二十一工厂较好地完成了各项生产任务,有力支援了抗日战争,他先后获得"陆海空军甲种一等奖章""云麾勋章"等九次授勋和嘉奖。李承干的一生,秉持着"匈奴未灭,何以为家"的信念,一心为公,清贫简朴,保持着单身。他始终一身正气,两袖清风,克己奉公,成为我国兵工界的楷模。

这样勤勉励耕、克己奉公的还有中国兵工光学事业的主要创始人、中国光学工业的主要开拓者——周自新。周自新,江苏江阴人,17岁起赴德学习,曾在德国柏林工业大学学习精密测量仪器专业,并多次在蔡司工厂实习。在德国期间,周自新开始意识到光学器材在国防工业的重要性。

1934年,周自新归国之后,先任兵工署精确研究室主任。他上书军政部兵工署俞大维,积极倡导在国内建立军用光学器材厂。在呈递创办光学军器修理厂报告中,周自新指出:"若不设厂集中整理,使光学军器能保持战时应有状态,恐数年之后,将尽成废物。"他还随附了《光学修理工厂实现计划》《测远镜检验室设计图样》等材料。蒋介石、何应钦亲自审定通过了光学工厂建设计划。1936年9月,兵工署调任周自新为军用光学器材厂筹备处处长,厂址设于南京百水桥,仪器设备、技术指导均由德国蔡司工厂提供。由此,中国第一个军用光学器材厂就此诞生。

在筹备期间,1937年至1938年初,周自新奔赴于国内外,先后到德国、瑞士、意大利、匈牙利、奥地利、越南等国,考察军用光学仪器相关的工厂、学校,选购机器设备,聘请外国技术人员,接洽物资材料运输等事项。经过精心筹划,1939年1月,兵工署二十二工厂正式成立,周自新任厂长。1942年1月,第二十二工厂与第五十一工厂合并为第五十三工厂,由周自新出任厂长。

周自新

在昆明时期，周自新以建立"东方蔡司"为己任，科学管理，苦心经营，主持开发研制出第一批国产军用光学仪器，为创建中华民族的军用光学工业做出了积极贡献。譬如，中国第一架自制的6×30双筒军用望远镜，中国第一架自制的炮兵用80厘米测远镜以及奥美特克式迫击炮瞄准镜、法国勃朗特式迫击炮瞄准镜、麦特森机关枪等先后试制成功。1941年，兵工署检视所属各单位，在总评中赞语第二十二工厂是"国内唯一军用光学器材制造厂，设备新颖，性能优良，管理合宜，员工工作努力，主要设备均设于山洞中"。因此给予周自新记大功一次。在工厂重组之后，《扫荡报》记者在参观第五十三工厂的报道中写道："周学有专长，精明干练，颇多作为。工厂组织严密，生产力强大。"并称赞第五十三工厂是"抗战中成长的国防工业，是制敌于死命的军火渊泉"。中国战后复兴会议经济计划美国顾问曲朗到厂访问后，亦赞许说："论管理，五十三工厂如果搬到华盛顿或纽约去，也是个算得上的工厂。"

此外，周自新亦十分重视对技术人才的培育工作，不仅举办艺徒与技工学员的训练班，还亲自参与教学管理。1937年8月至1938年5月，在筹备期间就培训教育艺徒、技工、学员等207名。迁建昆明之后，周自新正式组织成立了技工学校兼任校长，开班的两期训练班学员即达196名。

战时兵工内迁不仅带来了各种专家人才，也带来了先进的兵工生产技术、科学的管理理念及管理经验。在这些兵工专家领导的带领和指导下，以内迁兵工为骨干的抗战兵工企业，不但生产了大量军需产品，满足了抗战前线武器装备的需求，同时积极开展了兵工技术的改进和研制创新，取得了令人瞩目的成绩。

在抗战时期各兵工厂进行技术改造，试制新材料和产品中，第三十工厂于1938年试制成功的掷弹筒，具有结构简单、使用方便的优点，兵工署定名为"二七式掷弹筒"。航空兵器技术研究处1939年制成新式枪榴弹，迭经试验，杀伤力强，各战场需求迫切，兵工署正式定名为"二八式枪榴弹"。1939年冬,钢迁会在严恩棫指挥下,由刘刚、王之玺等留学归国的工程师设计了我国第一座自行设计的平炉。平炉车间负责监督建炉的是第三所所长何维华,厂房设计则是黄显淇工程师负责。该平炉"在式样与理论方面,可称相当优秀",1942年春投入生产,情况颇为顺利。第二十一工厂陆续完成了改造启拉利轻机枪生产线为捷克式轻机枪生产线、改造汉式步枪生产线为中正式步枪生产线、马克沁重机枪零件互换、仿造美式破甲枪榴弹、试造120毫米迫击炮等研制项目。第十工厂成功仿制德式苏罗通37毫米破甲弹,并进行改造,使之较德式产品安全,破甲穿击性能强,并于1942年12月投产。第五十工厂于1941年试造成三七战防炮,可用于射击坦克和装甲车辆,兵工署定名为"30年式50倍37毫米战车防御炮"。

据《中国近代兵器工业——清末至民国的兵器工业》中编辑的"大事记"内容,结合台湾地区民国军事史专家刘凤翰编著的《国民党军事制度史》以及各种档案文献资料,对战时大后方兵工企业的技术改革与研制创新进行统计,具体情况如下表:

■ 全面抗战时期大后方主要兵工科技研制一览表

1938年	第二十工厂	四号甲雷
1938年12月	第三十工厂	二七式掷弹筒
1939年2月	航空兵器技术研究处	二八式枪榴弹
1939年4月	第二十二工厂	双筒望远镜
1939年7月	第五十工厂	10年式山炮弹
1939年	弹道研究所	氯酸钾、TNT混合炸药
1940年	兵工署	改进木柄手榴弹
1940年7月	第二十二工厂	中正式望远镜
1940年10月	第二十一工厂	捷克式7.92毫米轻机枪

续表

抗战时期大后方主要兵工科技研制一览表

时间	单位	研制内容
1940年10月	第二十一工厂	改进中正式步枪
1940年11月	第二十工厂	手榴弹弹壳翻砂机
1940年11月	第二十二工厂	奥地利美特克式与法国布朗德式迫击炮瞄准镜
1941年3月	第五十工厂	37毫米战车防御炮
1941年4月	第十工厂	苏罗通20毫米曳光弹
1941年6月	第五十一工厂	捷克ZB26式轻机枪
1941年7月	第十工厂	苏罗通20毫米榴弹
1941年9月	第五十工厂	60毫米迫击炮
1942年4月	第十工厂	欧力根20毫米榴弹
1942年5月	第十工厂	苏罗通37毫米榴弹
1942年7月	钢铁厂拆建委员会	炼钢平炉
1942年8月	第五十工厂	瞬发、延发两用引信
1942年12月	第十工厂	苏罗通37毫米破甲弹
1942年	第五十工厂	八二毫米迫击炮
1942年12月	第五十三工厂	中正式指南针
1943年1月	第三十工厂	改进木柄手榴弹
1943年2月	第十工厂	60毫米迫击炮
1943年2月	第五十三工厂	炮用象限仪
1943年5月	第十工厂	电气雷管
1943年10月	第二十一工厂	试制中正式步枪
1943年12月	第十工厂	60毫米迫击炮引信
1944年5月	第十工厂	改良苏式3.7铜壳毛口制造
1944年9月	第五十三工厂	麦特森式轻重两用机枪
1944年10月	第二十一工厂	120毫米迫击炮
1945年1月	第二十六工厂	钾桐炸药
1945年2月	第二十六工厂	53毫米超迫击炮
1945年4月	第十工厂	超迫击炮及炮弹

综合上述文献资料统计，在1927年至1949年的二十二年间，国民政府各单位在兵工领域共有技术成果40项。而在1938年至1945年的八年间，由大后方兵工单位成功改良的兵工技术及研制的武器装备即达36项，占到90%。而且，除第二十六工厂是兵工署迁到重庆后新创建的兵工厂外，这些兵工技术成果几乎清一色地由内迁重庆、云南的兵工企业所研创，占到95%。其中，迁到重庆江北忠恕沱的第十工厂试制10项，江北郭家沱的第五十工厂试制5项，江北簸箕石的第二十一工厂试制4项。仅这三家内迁重庆的兵工单位的技术成果竟占到全面抗战时期全国主要兵工技术成果总数的53%。足见内迁重庆的兵工企业不仅是中国战时兵工的骨干力量，也是全国兵工技术研发创新的主力军。

此外，还有大量的兵工技术研制与改进并没有记载于兵工"大事记"里。

第二十工厂的技术人员，依靠简陋的研究及试验设备，在实际生产中不断摸索，取得了一系列的技术改进与制造改良成果：改良枪弹铜壳的制造方法；将圆弹头改造尖头枪弹；改进弹头精度；改进甲雷，将由精硝、TNT混装的甲雷改为纯装TNT的新式甲雷；改进七九底火疵病；设计制造手榴弹壳翻砂机；利用酸洗铜壳废液提炼硫酸铜；设计制造精铜提炼设备等。这些技术改进将兵工生产制造程序更加合理化、科学化。如枪弹铜壳制造方法改良后，生产效率大为提高，废品减少，产量激增，尤其节省了各种辅料。再如提炼精铜设备的设计与制造，因熔铜所扒出的灰渣里含有铜锌等金属，抛弃实在可惜，工厂乃采用人工淘洗的方法，从灰渣中淘出铜渣，经打碎清洗后利用鼓风炉熔炼耙铜，再经电解，即获得有用的精铜材料。为此，第二十工厂又专门研究设计月出30吨电炼精铜的设备。

第二十三工厂作为化学兵工厂，凭借优秀技术人员的勤奋钻研，试制了单基无烟药，改制了步枪弹发射药等技术，并成功研制了光气、氯化苦等各种化学战剂、化工产品和工业专用料。1939年3月，成功试制氯酸钾，5月成功试制水玻璃，9月成功试制氯酸钾炸药。1940年6月，成功试制氯化苦，7月成功仿制疟特灵，9月成功研制烟雾剂，11月成功试制电石。1941年9月，试制黄磷成功，10月仿制西药"色芳里迈"成功。1942年5月，成功试制漂白粉消毒罐，6月成功试制代用燃料油，10月成功试制苯酚、氰氮化钙。1943年成功研制氧化锌，10月成功试制草黄、草绿有机染料。1944年7月，昆明分厂成功试制赤磷。此外，该厂材料试验处还试制成矽铁，各型锋钢、冲模钢、磁钢、拉丝模钢、热冲模钢、镍铬钢等多种合金冶炼产品，以供军用。

作为抗战大后方规模最大的综合性兵工厂，第二十一工厂在产量稳步提升基础上，产品结构和制造工艺也得到长足发展。1940年8月，由步枪厂主任赵国才、工程师施政楷等具体负责，筹划将汉阳式步枪改型为中正式步枪。经过三年的研制，1943年10月，中正式步枪方得正式出品，此后可月产7000余支。第二十一工厂随即增加设备与人员，以提高产量，以实际生产规模推动了我国步枪的统一制式。在1940年捷克式轻机枪试制成功基础上，过静宜、李耀普等工程师积极规划改进，至1942年实现了该枪部件的标准化生产，使各种零件便于互换利用，使用

第二十一工厂总工程师及多名技术人员在美国埃文斯顿西北大学学习兵工技术知识毕业留影

甚为灵活,能立射、跪射及卧射,甚至可以当作高射机枪,用于射击低空飞行的飞机。1943年2月,重机枪厂主任邵焌君督导该厂技术人员,筹备改进马克沁重机关枪。马克沁重机关枪是李承干主持金陵兵工厂以来的最重要兵工产品。1944年11月,改良的马克沁重机枪正式出品。改进后的马克沁重机枪地枪门内各零件均可互换使用,提高了机枪的性能,使枪械更为便捷可靠,"实现空前最大的改革"。

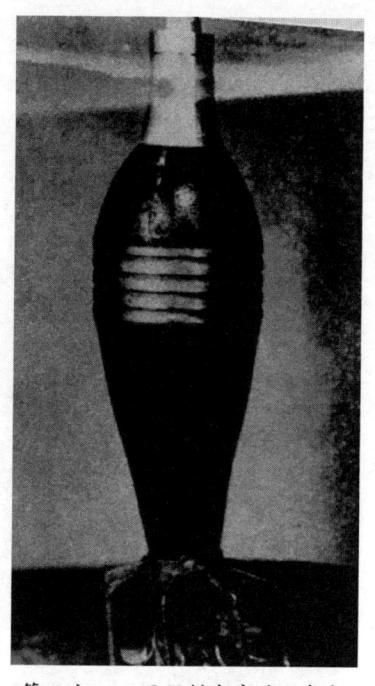

第二十一工厂研制生产的60毫米迫击炮弹

在轻兵器改良之后,第二十一工厂集合有限的人力、物力及机器设备对火炮及炮弹进行了研究改进。1944年6月,经研究将八二迫击炮炮弹壳由手工铸造改良为机械铸造,从而大幅提高了生产效率,使之人工减少五分之二,报废率亦降低一半。翻砂工程师朱洪建再研究制造半铁半钢的八二炮弹亦获成功。自此,八二炮弹以半钢铸造,既可增加弹壳强度,且可提升加装药量,继而增强了炮弹的杀伤威力。7月,在工程师唐凤鸣、金福昌等人的悉心钻研下,成功试制抵御坦克的新式利器——破甲枪榴弹,可击穿72厘米厚度的铬锰钢板,可洞穿66厘米厚度的铬镍钢板。10月,工程师段士珍主持近百人的技术团队,参照法国布朗德式12厘米迫击炮性能重新设计,试制成功了33年式12厘米迫击炮。该炮放列全重212千克,行列全重296千克,最大射程约5000米,就重量论,较法国原型炮减轻一半以上,运动性能大增,操作简单,活动灵便,发火精确,用炮迅速,几乎能片刻间加入战场吃紧地点。再就最大射程而言,则是15厘米迫击炮的1.8倍,是7.5厘米迫击炮的一半多。此炮可弥补七五山炮与150迫击炮阵地间的火力不足,兼具平射与曲射的性能,倘若与本厂研究制造的重弹及破甲弹配合使用，当可完成攻坚破固之使命，诚不失为攻守战之利器也。

第二十一工厂重炮厂研制的12厘米迫击炮

11月，第二十一工厂又试制成功了麦特森式20毫米机关炮，但因原材料匮乏，未投入批量生产。

这些兵工技术的研制改进，在严酷的战争环境下，尤显得弥足珍贵。这些兵工技术研制改进的背后，是一批兵工专家领导的苦心经营，是一群技术人员的辛勤汗水，也是全体兵工人员抗战精神的生动写照。

李承干的继任者俞濯之回忆：第二十一工厂即使最微小的一个生产量，也是全体兵工人费尽心思才得以维持的。当时国内工业基础几乎没有，国内供应的主要物资很少，大量关键物资都需要国外购运。而海岸运输线被切断，第二十一工厂开辟了越南、缅甸一条运输线，这条运输线山高路险，难于蜀道。为了抗日，为了多运一点物资给生产第一线，负责运输的人们不畏艰险，昼息夜行。为防止空袭，夜行不能开车灯，途中车翻人亡，不少人献出了宝贵的生命。厂内的广大职工也是干劲十足，众志成城，千方百计寻找代用材料，呕心沥血地改进加工工艺，以节省贵重材料。如用旧柴油桶作为蒸锅，用桐油自炼汽油和柴油；从纺棉纱开始用土设备自制帆布；把装箱用的木板在80摄氏度的桐油中蒸煮，除去其油脂，省掉了内包装用的马口铁皮。八二迫击炮弹壳，由于生铁质量差，焦炭又含高硫，铸出的弹壳长时间不合格，想了很多办法也过不了关，最后采用最简单的方法，在嘉陵江"洗焦除硫"获得成功。为了节省进口的合金枪件钢，更是想尽办法，以便多节省一些材料，多生产几支枪。如轻机枪的机

第二十一工厂改进的重机枪

匣和重机枪的枪闩，原来都是用整块钢料铣制的，为了减少浪费，采用先以锻模锻成毛坯，然后再进行铣切加工，因此每个毛坯都可以节省三分之一钢料。至于各种产品加工工艺的改进、枪炮主要部件的提高互换性，也卓有成效。

"人可以污染，亦可以净化。"大多数的兵工人在抗战时期都发挥了自己的力量，尽到了自己的职责。他们奋发自强，未屈服于恶势力，不断净化自己。他们发扬高度的爱国热忱，忍受不平等的政治压迫，承受着国仇家恨的痛苦，克服种种困难，全力以赴地工作着，希望多生产些武器弹药，好把日寇早日赶出国门，解救祖国于危难之中。

第三十工厂在1939年试制日式掷榴弹，1940年改进击针和击针配套装置，1943年试制小型木柄手榴弹成功，改进手榴弹引信、外壳及包装箱的防潮技术，等。这些兵工技术的研制成果，虽然并不是完全自创，但在工业基础异常薄弱、原材料极其匮乏的战时中国，依然可填补空白，对推动中国兵工科技进步功不可没。一方面，兵工技术的改进和研制，使得兵工企业大幅增加了产量，提高了质量。如由第十工厂研究改良的苏式3.7铜壳毛口制造技术获得成功后，每日产量由500枚增至5000枚，节省10倍人力。第五十工厂试制的迫击炮"弹道均稳定，精度

良好，射程亦较远，脱底现象益形减少，较以前之情形远为良好"①。第五十工厂引信所主任刘天威努力研究，经久不懈，发明了瞬、延两用引信，"设计精巧，深切实用，而制造简便，配于任何引信，均可适用。即引信本身亦因使用此项装置，制造亦可改简，工料成本均随之减少，发挥威力，裨益经济，实为国防工业一新发现"②。刘天威因此获得国民政府军事委员会陆海空军乙种一等奖。另一方面，这些兵工技术的研制成功离不开兵工技术人员的辛勤汗水，也离不开兵工专家人员的亲身指导。原兵工署第二十工厂的老员工回忆说："我们厂能生产出5.7亿发子弹，陈厂长（陈哲生）做了很大贡献。在重庆，有多少兵工专家付出过血汗啊！"③重庆兵工史专家柴文官也认为："如果没有这样一大批专家，抗战后期那么多新式或改进武器，重庆是造不出来的！"④时光荏苒，战时兵工技术的试制凝结了中国第一代兵工专家们的集体智慧，更蕴含了他们真挚、深沉的爱国情怀。

总而言之，抗战时期，成百上千的兵工专家率领着9万多名兵工技术工人，"在飞机炸弹与大炮袭击之下，冒万死不顾拆迁机器，其精神之壮烈实可歌可泣"。况且"当时交通已甚艰难，复已（以）种种方法强运，溯江而至汉口，冒川江危险，而运至重庆近郊。其中遭敌机袭击与滩险而损失之生命机器不知凡几"。而迁渝之后，"各厂奋斗牺牲之精神，更有相当之价值。于是择地建厂，中央与地方政府便利短期即烟突林立，而机器轧轧之声，响彻于嘉陵扬子两江之山谷"⑤。这些兵工厂的专家人才、员工兵夫以信念为依托，以血汗为燃料，有力保障了前方百万雄师的铁甲钢拳，顽强地撑起了中国兵工事业的一片天，高傲地擎起中华民族的脊梁，浇铸了抗战大后方军民的爱国精神。

---

① 《中国近代兵器工业档案史料》编委会：《中国近代兵器工业档案史料》第3辑，兵器工业出版社1993年版，第715页。
② 引自《中国近代兵器工业档案史料》编委会：《中国近代兵器工业档案史料》第3辑，兵器工业出版社1993年版，第665页。
③ 陈国栋：《重庆兵工八年血战撑起天》，原载2005年7月11日《重庆晚报》。
④ 陈国栋：《重庆兵工八年血战撑起天》，原载2005年7月11日《重庆晚报》。
⑤ 潘仰山：《第一届工业节之展望》，载《西南事业通讯》1947年第4、5、6期合刊。

李承干（1888—1959），字直卿，湖南长沙县人，我国现代兵工的开拓者。早年东渡日本求学，毕业于东京帝国大学电器机械科，并在日本加入中国同盟会。

抗日战争时期，李承干担任金陵兵工厂厂长，后金陵兵工厂改制成为兵工署第二十一兵工厂厂长，兼任第十一技工学校校长，两者分别是今长安汽车和重庆理工大学的前身。由他研制的宁造二四式马克沁重机枪、八二迫击炮等性能精良，享誉于兵工界，曾获国民政府嘉奖九次。在此期间，李承干由周恩来和李维汉介绍，在重庆加入中国共产党，系中共地下党员。

李承干

中华人民共和国成立后，李承干担任首任国家计量局局长。1959年1月，病逝于北京。

张连科（1896—1945），号重山，贵州水城人，冶炼专家。1918年，张连科以官费学生身份赴日本大阪、东京学习土木、矿冶。学成归国后，张连科再赴英、法、德、比、意、美等国考察钢铁产业，终生致力于矿冶建设事业。

张连科

全面抗战前，张连科担任上海炼钢厂厂长，指挥上海炼钢厂率先成功迁往汉阳。1938年3月，钢铁厂迁建委员会成立，张连科主持钢迁会的各项迁建工作，于重庆建立了抗战时期中国最大的钢铁联合生产基地——重庆大渡口钢铁厂，有力支撑了抗战兵工用钢的原料供应。

1945年5月，张连科因积劳成疾，阖然辞世。

江杓（1900—1981），号星初，上海人，德国柏林工业大学机械科毕业。1931年九一八事变后，任汉阳兵工厂枪炮厂主任。后历任兵工署专任委员、驻德重兵器验收团主任、技术司长、广东第二兵工厂厂长、兵工署驻美代表兼驻美物资供应委员会副主任委员,并任驻加拿大战时物资供应处处长。

1949年赴台湾,1981年2月,在台北病逝。

江杓(中)

第六章

英雄留名：咱们工人有力量

1945年10月8日，在中国人民抗日战争暨世界反法西斯战争胜利后不久，《新华日报》发表了题为《感谢四川人民》的社论文章。社论高度评述了四川人民在抗战期间所做出的种种贡献，指出："这个历史上最大规模的民族解放战争之大后方的主要基地，就是四川。自武汉失守以后，四川成了正面战场的政治、军事、财政、经济的中心……四川人民对于正面战场，是尽了最大最重要的责任。"

舍家弃子为抗战，不畏艰险度劫波

"直到抗战终止，四川的征兵额达到三百零二万五千多人。四川为完成特种工程，服工役的人民总数在三百万以上……仅从这些简略的统计，就可以知道四川人民对于正面战场付出了多少血肉、多少血汗、多少血泪！"形成了"两个民主运动的中心——重庆与成都"，"我们想到四川人民，真不能不由衷地表示感谢"。在山河破碎风飘絮之际，昔日的山城重庆一跃成为国民政府的战时首都，成为中国人民的抗战中心；天府之国的四川发展成为中国抗战的保障基地，成为中华民族的复兴基地。空前民族危亡的情况下，在以重庆、四川为中心，辐射贵州、广西、云南、湖南、陕西等地区的大后方，人民群众是支撑中国人民抗日民族解放战争赢得最后胜利的最强大的力量。在这其中，集中于大后方与散布于敌后方的20多家兵工单位的十几万兵工人员无疑是一个特殊而闪耀的人民群体。他们用无私奉献的博大胸怀包容了国仇家恨的深重苦难，用坚强不屈的臂膀撑起了和平自由的一片天空，用默默无闻的辛勤耕耘收获了兵工事业的丰硕成果，用丹心碧血的革命精神保护了新中国的国防资产。

全面抗战爆发后，广大兵工人员保持了全民抗战的大局意识，在政府号召下扶老挈幼，甚至是舍家弃子，历经千辛万苦向南、向西迁移。由于兵器工业的特殊性，内迁过程中的兵工署各兵工厂不仅效率高，而且对拆卸、拣垛、搬迁、装载、押运等各项具体事宜都一丝不苟。时人评论道：

最伟大的最完整的工业内迁……散布在南京、武汉、山西、河南及广东各地的兵工工业。兵工厂的单位不算很多，每一个兵工厂的器材却是很多。兵工署让每一个兵工厂自己拆自己的厂，自己搬自己的厂，连职员工人和他们的家人整个都搬，所以那些职员和工人都把自己的厂当作自己的家了，拼着命拆卸机器、搬运材料，从厂里到站上，从站上到码头上，再从码头上到船上，无不用尽了他们的全力……

同时，为了迁移之后尽快复工生产，广大兵工单位的员工更不愿意丢落一钉一铆，使得兵工搬迁运输量十分庞大。

凡是内地所买不出来的，都是他们所不肯放弃的，所以他们的运输量最大。兵工厂的运输量超过了其他一切国营、民营工厂联合起来的运输总量。①

据河南巩县兵工厂手榴弹厂老技工崔宗祥口述：1937年8月31日，河南巩县兵工厂的工人正忙着开机生产，突然接到上级命令，要求兵工厂工人连同机器设备立即全部转移。于是，工人们连明达夜地将机器设备拆卸装载到火车上，押解着设备赶忙奔赴湖南长沙。抵达长沙后，兵工厂工人一面加紧搭建临时工棚，一面抓紧时间开工生产。但是不久，工厂出了内奸，破坏兵工生产。9月17日上午，内奸在工厂引燃炸药，制造了一场特大爆炸事故，实施了对迁移兵工厂的一次大破坏。爆炸声从8点持续到12点，连响三个小时。之后两天陆续还有爆炸声，致使工人三天不敢进工厂。这次破坏使得内迁的巩县兵工厂损失很大，主要机器设备被炸毁崩坏，人员损伤者据说多达400余人。仅巩县兵工厂原驻地河南孝义镇沙村籍者就有6人被炸死、1人重伤。王石头、崔印、崔海亮、闫治尊等在此次破坏中牺牲，刘柱的一支胳臂被炸掉，来自其他各村的兵工人员亦皆有伤亡。一时之间，谣言四起，人心惶惶。一部分南下的兵工人员思乡心切，返回北方。但大多数兵工人员则坚守岗位职

---

① 佚名：《战时后方工业是如何建立的》，载《新世界》1944复刊号。

责，愈加奋发，努力生产。

在长沙期间，南方阴雨连绵的天气情况亦是巩县兵工迁建工作面临的一个难题。1938年1月，长沙几乎每隔一日即要下雨。工友们则不辞劳苦，忍受饥饿，往往冒着瓢泼大雨，在泥泞之中从早上工作至下午。5月初，巩县兵工厂枪厂的孙同修等受命押船6只去往烟溪，此属于巩县兵工厂运往烟溪的第19批船。在押运过程中，一路上河道险滩多，暗礁多，押运者需不时登上河岸以便指挥船只进退，行走过程异常艰辛：如遇大风，河心浪高，船无法上行，只能放缆停泊；如遇激流，一只船上的纤夫力不能逮，则需汇合多只船只的纤夫共拉一只船方能前行；遇到险滩，每次只能行进几百米路，有时一天也只能行进千米，有时只能勉强倚靠舟叶上纤夫一篙一篙地撑着，帮助货船缓缓前行。南方雨水多，协助押船的纤夫尤其可贵。雨水淅淅沥沥，随风洒落，时缓时急。舟叶上的纤夫头顶斗笠，任凭雨打风吹。纤夫们拼命拉纤，身伏于地，冲锋似向雨中直冲。特别是在猪坡滩，河心一岛，水势甚急，并多暗石，一不谨慎，即有险出。过此滩时，上行船须行右岸之河中，每次只能让一只船过后，再继续前行。

■ 猪坡滩行驶示意图

1938年11月，岳阳被日军攻陷。此时内迁的巩县兵工厂成为日军袭击的目标，每天都面临着日军飞机的轰炸扫射。在当地无法生产的情况下，上级命令巩县兵工厂枪厂、炮弹厂翻砂部、引信厂等迁到湖南安化烟溪镇，火工厂等迁往广西桂林甲山村。其中，迁往广西的火工厂人员乘坐车船辗转途中屡遭日军飞机的空袭。在衡阳转车时，火工厂遭遇日军飞机的炸弹轰炸与机枪扫射，兵工人员从火车上跑到附近一个大坟，躲入墓坑中才幸免于难。炸弹响后，翻土将人们埋了半截，火车头也被炸翻了。历经艰难曲折，往广西途中也牺牲了不少人。到广西后，因为南方夏天蚊虫鼠蚁多，北方兵工人多有水土不服者，患疟疾、痢疾者不少。巩县兵工厂火工厂在广西复工生产了一年时间，又接到南京政府的命令迁往四川。当时，由广西到四川的搬迁缺乏交通线路，火工厂人员又重新折回湖南长沙，乘坐汽筏子出洞庭湖到宜昌，再坐上轮船沿长江而上过重庆到达重庆九龙坡，以后又迁到江津县的鲤鱼滩。①

1. 一位当事工人的反思

对于河南巩县兵工厂南迁的辗转进程，有当事工人亦提出了自己的异议：巩县兵工厂之所以反复搬迁的具体责任在于厂长李待琛。

1937年全面抗日战争爆发后，巩县兵工厂即着手向湖南搬迁。为什么没有像汉阳兵工厂和巩县兵工厂化学新厂那样，一劳永逸地直接搬到比较安全的西南大后方，以致到湖南后，先在辰溪，再迁烟溪，又迁长溪，来个"孟母三迁"呢？这主要是厂方负责人所致。因为厂长李待琛是湖南人，厂迁到那里可以多安插点同乡。至于每搬迁一次，好久不能生产，机器一拆一装一运，难免损坏丢失，这样给国家造成的损失，是不可估量的。如再推而广之，在那抗战紧要关头，如因弹药供应不上而吃了败仗，以致战略要地因此失守，一枝动百枝摇，全盘抗战布署，都将受到影响，这一来"千秋功罪，谁人曾与评说？"②

很多兵工厂的工人与技术人员就此离开故土之后，再也没有回来。

---

① 参见中国人民政治协商会议河南省巩义市文史委员会编：《巩义市文史资料》第23辑，2001年版，第144—145页。

② 中国人民政治协商会议巩义市委员会文史资料研究委员会编：《巩义市文史资料》第17辑，1995年版，第119页。

在迁徙过程中，各兵工厂广大员工奔波于"山路十八弯、水路九连环"的艰辛路途，并沿途频遭日军飞机的狂轰滥炸。广东第二兵工厂在内迁中屡遭日军飞机轰炸，《宋世忱给江杓的报告》中载："昨末尾开出之八十次混合车于鸡处全列车炸毁，死伤二百余人。"钢迁会在汉阳、宜昌等地前后遭遇日军飞机空袭轰炸9次，有几次颇为严重。1938年7月19日，在汉阳被炸，工人死3人，伤13人，包工工人死13人，伤30余人。同年8月，在汉阳鹦鹉洲被轰炸，炸死船工2人，伤船户1人，煤矿锅炉受损2台，3艘木驳被炸毁。在湖北黄石港上游及宜昌下铁路坝2次损失机器材料约420吨，交通工具及建筑物损失，不计其数。①内迁兵工不仅遭受到来自天上日军飞机的追袭轰炸和机枪扫射，还遭受到来自地面日军的炮火攻击。河南巩县兵工厂在南运迁徙途中，被敌人侦知，引敌机轰炸4次，投大小炸弹多达131枚，其重量有300千克及500千克，并被投射射程约15千米、口径10厘米的炮弹400余发，造成房屋损失颇巨，器材被毁，工人艺徒死伤多人。②

据统计，钢迁会为将兵工器材迁运，曾先后在武汉、岳阳、宜昌、重庆等地，征集、雇用了"海轮11艘、江轮27艘、炮舰2艘、铁驳船4艘、拖轮17艘、木驳船218只、柏木船7000只"等参与抢运。兵工人员协同船员、纤夫、民工，既要克服川江险滩激流，又要防止日本飞机狂轰滥炸。其中，钢迁会所属的柏木船损失惨重。钢迁会自己雇佣的140多艘中有124艘安全抵达，失事者17艘；兵工署划拨的228艘中仅有67艘安全抵达，失事者110艘，淹滞途中者51艘。

1938年11月间，被誉为"迁厂之母"的林继庸亲临宜昌，征用上千条木船，近万条的柏木船，数以千计的纤夫、民工参与抢运兵工机件。

川江上行驶的柏木船，大者可载重二十万载（每载约合六、七吨），小者可载二、三万载，一般以十载的为多。木

---

① 参见钢迁会：《钢迁会给资源委员会的呈文稿》，重庆市档案馆藏，钢迁会，289卷。
② 参见兵工署：《巩县兵工厂遭日机轰炸及炮击情形纪略》，重庆市档案馆藏，兵工署1目，455卷。

船在静水无风时,每日可行五十里。有顺风时,张帆每小时可行五十里。但在三峡的激流险滩上行,必须有纤夫拉纤,方能前行。在有的急滩上,虽尽一、二百纤夫之力,每小时仅能上行两丈,有时甚至寸尺难行。木船过巫峡时,峭壁数百尺,纤夫不能上岸拉纤,只有扎水候风,或者缓行。大风来时,一天可过八十里长的巫峡,但常常因候风扎水五六天,方得遇风。木船缓慢的原因,是它在黄昏后和大雾里不能行驶,水涨时更不能行,须候至水涨定才能前进,加上宜昌至重庆的川江航道上,险滩林立。各滩又有枯水滩和洪水滩之分,在西陵峡的青滩和泄滩,就有不少木船被撞翻沉。

看到纤夫、民工衣不蔽体,艰难地拉着满载兵工器材或乘客的船舶龃龉前行。林继庸深受感动,他描述当时情景:"一二百名纤夫迎着锋利而寒冷的江风,在前头汗流浃背拼命拉纤,他们口嘘腾腾热气,同声嚷着不成调的短促而苦楚的歌声。船夫和纤夫往往拼命半小时,而船不得前进半尺。""一行人众伛偻身躯,体向前倾,背高于顶,合力前拉。"

赤身裸体的纤夫船夫

而对于人员物资逃难般地迁移景象,林继庸亦动容道:"每逢夜间停船,船夫和乘客念及一路的艰难困苦,静听江水滔滔,各人心中都如同江涛怒吼,个中艰辛,非笔墨所能形容,充满着我民族的冤仇血恨。"

2. 亲历者记述遭遇轰炸的惨景

"我们的船负责拖运一部分工厂机器到重庆,开始有兵舰保护我们。他们有高射炮,敌机不敢低飞,只在高空用炸弹炸我们。后来,兵舰不幸被敌机炸坏了,日机就开始低飞用机枪一次又一次地向船上扫射。我们不能按航道行船,只能东开西躲,不小心碰上了暗礁,船头栽入了水中,只有尾部仍在水面上,船上的人全部落入了寒冷的江水中。我的鼻梁被弹片擦伤了,趴在一块船木板浮到了江岸。

"江面上敌机在轰炸,江岸上有个拉黄包车的工人,正拉着车子跑一条下坡路,被日寇飞机丢下的炸弹炸掉了头,脖颈向外喷着血,尸体却由于惯性仍在跑,不多一会血尽人倒下了。坐车人的血肉有一块崩溅到墙上粘住了。"①

但是,敌人的残酷暴行,路途的艰辛万苦,并没有使广大内迁兵工员工屈服,他们视死如归,一心报国,不分昼夜,不计辛苦,鼓舞奋发,甚至冒着生命危险努力搬运兵工器材。如金陵兵工厂,"途中曾多次遭敌机轰炸扫射、触礁、沉船,人们硬是冒着生命的危险把沉下江底的物资一点一点地打捞起来,换上木船、耕牛继续拖运前进。在三个月的险恶征途中,人人都是一身泥水,两脚水泡,因为拉船背纤,肩和背都磨下了几层皮也不叫苦。还有一些职工,竟然置家中老小而不顾,只身登船出发"②

金陵兵工厂员工为了抗日救国,为保护国家物资,公而忘私的凌云壮志,实在让人敬佩不已。对此,厂长李承干在1947年第二十一工厂编印的《抗战中服务兵工回忆录》里总结道:"吾人为期早日复工,赶造械弹,供应国军,杀敌致果,虽雨雪载途,敌机频袭,亦不稍馁。计自汉口,而宜昌,而万县,以至重庆,几经转驳装卸,各人员莫不以同

---

① 重钢集团档案馆编:《中国钢铁工业缩影——百年重钢史话》,冶金工业出版社2011年版,第43页。
② 中国近代兵器工业编审委员会编:《中国近代兵器工业——清末至民国的兵器工业》,国防工业出版社1998年版,第400页。

样之努力，始终不懈，夜以继日，不分职别，部分员工，不计辛苦，不逞宁息，分途担负迁运工作。所谓劳心者亦争而劳力，只求达到任务，不计如何艰苦。"再者，杨继曾在《钢铁厂迁建委员概略》中记述：钢迁会在往重庆搬迁之际，正值前方战事激烈，后方运输紧张之时，"多数重要器材，竟被阻拦于藕池封锁线以下，幸经多数得力员工，详加探查，冒死上行，卒将封锁线通过，安达宜昌"。正是由于广大兵工员工的努力奋斗，才为我国兵器工业保留了一份力量。

遗爱犹存报国志，遍地开花护中华

大多数兵工厂迁移之后，都安排了一定数量的留守人员，遗留了一些没有来得及搬迁的零碎物资，以及少则数十间、多则上千间的厂房，更不必说无法搬迁的几百亩、几千亩的场地。需要道明的是，那些没有南渡西迁的兵工人员，坚持在抗战前沿区域，运用掌握的兵工技术，利用现有的兵工物资，投入各自的抗日战场和生产战线，他们矢志不渝，一心报国。

河南巩县兵工厂南迁后，厂长李待琛任命原测绘技术员何汉忱担任留守处主任，负责带领一个警卫排二三十人看管厂房和部分遗留的物资器材。何汉忱不仅尽忠职守，对兵工厂遗留物资逐一登记造册，并千方百计组织交通工具，将有用的物资分批装载继续向南搬撤，陆续将库存1000多吨的武器弹药运往后方。

由于时局动荡纷乱，民心惶惶不安，几十名留守人员对于巩县兵工厂偌大空旷厂房的物资维护，稍显力不从心。有些物资遭到周边民众偷窃，有些厂房甚至被民众拆迁，据为己有。为从长计议，经过慎重考虑，何汉忱报请上级批准，一面将兵工厂土地租给周边民众耕种，加强与当地农民的关系，一面将部分遗留物资变卖成资金，创办学校哺育当地人才。

1938年5月，何汉忱召集地方乡绅，商讨办学事宜，决定成立董事会，由何汉忱任董事长。学校定名为"遗爱学校"，取意为巩县兵工厂遗留给当地的爱心学校。

巩县遗爱小学第二届学生毕业合影

1939年2月，遗爱小学落成开学。学校门前锣鼓喧天，好不热闹。远亲近邻纷至沓来，喜气洋洋。学校门口宣挂着何汉忱题写的一副楹联：遗恨究何补，霹雳数声，惊起睡狮吼倭寇；爱国须及时，瓦砾重整，栽培英才捍中华。横额为：培育英才。楹联藏头"遗爱"，表达了培育英才、驱寇兴邦的爱国情操。

紧随其后，遗爱中学也得以创办成立。到1943年时，遗爱学校已经发展成为包括小学10个班级、初中8个班级、高中3个班级，拥有学生1000多人的远近驰名的学校，为国家培养输送了一批优秀人才。

1944年巩县沦陷前夕，遗爱中学计划迁到西安继续办学，无奈难以为继，以致遗憾解散。遗爱小学在日军占据之下，经由何汉忱不懈努力，勉强维持。

一直到抗战胜利，尽管日军肆意蹂躏，土匪横行猖獗，何汉忱不顾个人安危，带领家人毅然坚持居住在兵工厂附近村落，尽心尽力地看护着巩县兵工厂，坚如一座石狮。

1.巩厂留守何汉忱先生懿行碑

何汉忱积极筹措资金，奔洽招揽师资，克服重重困难，于巩县兵工厂旧址上创办"遗爱学校"的义举获得了当地群众的尊敬与爱戴。为表彰何汉忱的功德事迹，1939年6月，巩县第二区政府与巩县兵工厂附近方圆几十里的县立中学校、县立师范学校、孝义第一初级小学校、小官庄初级小学校、白沙初级小学校等20家单位共同捐资修建了"懿行碑"以示纪念和勉励之情。

此碑高近3米，青石质地。碑额雕龙刻花，篆有"山高水长"字样。碑身高2米，宽0.78米，厚0.19米，正中镌刻着"巩厂留守何汉忱先生懿行碑"。碑的背面是由当地行政长官、知名士绅张仲友撰写的何汉忱事迹。其中有云：

> 民国四年，供职巩县兵工厂，屈指至今已二十余年……汉忱乃恪尽厥职，与厂相终始。丁丑冬，巩厂南迁，厂长委以留守，半生经历盖如此。
>
> …………
>
> 豫东沦陷，郑州之告急也，曾奉销毁弹料绕道撤退之令，汉忱独具慧眼，谓豫西山河险峻，为恢复中原要地，决不至率尔放弃，乃条陈所见，并拟具处理废厂办法，蒙上嘉纳。刻日招工摒挡，分别弃留厂中积存之旧械弹，南运千余吨。
>
> 当是时也，战祸迫于眉睫，敌机联队扰空，人怀朝不保夕之虞，汉忱竟从容坐镇，承李厂长伯芹平日教育救国之热忱，创办遗爱小学校，先后用款三千余元，又请厂中隙地，以租税作基金，借以永固校本。本年增

懿行碑

设中学两班，蓬蓬勃勃，大有一泻千里之势。……

且夫留守一职，为迁后废厂设有专责焉。至地方学校之兴废，所谓风吹水皱，干卿何事也？乃汉忱胸怀宏廓，遇事能见其大，不以造次颠沛遽改初节。又追念前此工人子弟学校，业有数载成绩。曾几何时，而华屋山丘，瓦砾满目，名其校曰"遗爱"。殆掇拾已往工厂与地方间之关系，眷恋萦怀，并欲继续前此学校，借以救济半途失学之青年，用意抑何周欤！宜乎诸村人士之宗仰汉忱不置也。

该碑原立于白沙界沟，后在"大跃进"时期被拆分，碑身现存放于巩义市博物馆。

广大兵工人员中那些没有跟随兵工机材设备搬迁南下的人员，或被遣散返乡，或流落于原厂周边地区者亦不在少数。这些遗留的兵工人员，有一部分参加了抗日武装，放下铁钳，拿起钢枪，直接奔赴抗战前线。如西北制造厂（太原兵工厂）十八厂相当多的工人积极响应中共山西省委提出的"武装山西工人，支持山西抗战"的口号，踊跃加入山西青年抗敌决死队和山西工人武装自卫队。其中，山西工人武装自卫队成立之时，太原兵工厂参加者多达300多人。十六厂的徐宏文、赵华清等携父兄妻子全家入伍；赵振山、张祥有等家中独子报国心切，亦毅然别离父母报名参军。山西工人武装自卫队下编有五个中队，第一、四中队主要是由兵工厂工人组成，并由原西北制造厂的梁占祥、宋玉枝分别担任中队长。太原兵工厂人员由于对于枪械构造熟悉，既会射击，又能修理，成为山西工人武装自卫队的绝对主力。抗战期间，这支武装队伍配合八路军，冲锋陷阵，参加300多次战斗。其中，原西北制造厂兵工人员亦涌现出一批优秀指战员与战斗英雄。如新中国少将周子祯，从太原兵工厂转入山西工人武装自卫队后，曾历任工卫队政治副主任、第一纵队队长、第二十一团团长等职。国家劳动总局局长康永和原是太原兵工六厂工人，曾任工卫旅政治部副主任等职。

后来，山西工人武装自卫队发展壮大成为工卫旅，编入八路军序列。1942年，晋绥军区司令员贺龙曾赞扬道：世界上只有苏联有个工人师，其次就是我们中国这个工人旅。你们是一支真正的工人阶级武装，这是你们的光荣，也是中国工人阶级的光荣！

那些加入山西工卫队（旅）的兵工人员，不仅为抗战流血牺牲，也为抗战创建兵工。太原兵工厂的郭耀卿在与工友撤退之际，被日军打散，遂与王子华、郑登云、孙宝年等一同加入山西工人武装自卫旅，后工卫旅修械所成立，郭耀卿任所长。此后，原兵工厂的工人，刘银河、智明远、郝文华、张秋风、王子轩、王培业、王锡九、张文焕等十多人陆续加入修械所，修械所人数逐渐达到200多人，发展为修械厂，主要制造地雷、手榴弹、掷弹筒及掷弹筒弹药和步枪等。

兵工厂南迁期间，正值八路军修械所、兵工厂初创时期，因此也有很多国民政府兵工人员辗转到各抗日根据地，直接投身到共产党领导的修械所，不仅成为敌后抗战兵工建设的骨干力量，也为新中国的人民兵工事业发展奠定了良好基础。

根据地的兵工厂

河南信阳抗日根据地的修械所，就是以原巩县兵工厂人员为主组建而成的。厂长史跃（耀）东，副厂长贺富田，技术员张敬德、李国清等，都来自巩县兵工厂。在他们的带领下，修械所由最初的十几人，发展成上百人的兵工厂；出品能力也由最初只能修理步枪、机枪，发展到能够生产制造枪、手榴弹、地雷、金瓜弹等。

八路军总部军政部成立前后，柳沟铁厂、军工部一所（黄崖洞兵工厂）、二所、三所、四所及枪弹厂等主要负责人与技术骨干大部分来自太原兵工厂。太原兵工厂的袁树德、王希哲、贺瑞林等工人最早加入八路军兵工队伍。1937年9月，太原兵工厂的工人刘贵福在南下撤退途中，眼见八路军奔赴抗战前线，深受感召，于是携同工友孙云龙、曹嘉仪、刘先惠、张庆森、王玉青、李玉华、吴长润、吴金鹏、张世杰、范明谦、张洪让、代殿奎、刘来全、石崇江、张贵卿等一行16人，爬上北上列车，参加八路军队伍。此后，陆续加入八路军者达40余人，如太原兵工厂的陕吉泰、郝瑞生、张安润、侯儒林、赵瑞云、张存长、任秉刚、侯应旺等。[①]10月，太原兵工厂的工人齐宣威、刘职珍等52人（一说近百人）也加入八路军兵工建设。此外，太原兵工厂的李作锦、韩忠武、李毅德等亦投入敌后兵工事业，而其他更多的是姓名不可考的兵工人员。

这些人构成了中共抗日根据地兵工建设的有生力量，为敌后抗日根据地的人民兵工事业建设做出了不可估量的历史贡献。其中，刘贵福、刘先惠、齐宣威、刘职珍、李作锦、韩忠武等逐渐成长为人民兵工事业的重要开拓者。如刘贵福、李作锦曾任八路军总部军政部下属机构副所长。刘贵福在根据地潜心研制出无名氏马步枪（后定名为八一式马步枪）、新七九步枪等新式步枪，中华人民共和国成立后曾任山西三四二厂厂长、四厂厂长等职。1949年12月7日，李作锦等则作为军代表负责接管了重庆的原兵工署第二十工厂。齐宣威到根据地后曾担任被誉为"刘伯承工厂"的晋冀鲁豫军区兵工二厂厂长，中华人民共和国成立后还曾任山西机床厂厂长等职。

---

① 参见陕吉泰：《回忆延安兵工厂》，见《兵工史料》第1辑，兵工史料编辑部1985年版，第82页。

■ 太原兵工厂赴抗日根据地技术人才一览表

刘贵福	太原兵工厂技工，八路军总部军工部工程处技师，军工部四所副所长，步枪厂、枪弹厂厂长
马文郁	太原兵工厂机工，八路军总部军工部三所机工股长、冀鲁豫军区兵工三厂副厂长
王化南	太原火药厂技工，八路军总部军工部白不峪化学厂厂长
齐宣威	太原兵工厂技工，八路军总部军工部一所一分厂厂长、兵工二厂副厂长、实验所所长
孙永富	太原兵工厂技工，八路军总部军工部枪弹厂副厂长
李作锦	太原兵工厂技工，八路军总部军工部一所、三所副所长兵工六厂厂长
吴卓然	太原兵工厂技工，八路军总部军工部三所所长、器材处处长
徐璜智	太原兵工厂钳工，八路军总部军工部三所工务科副科长，兵工三厂厂长
吴贵祥	太原兵工厂钳工，八路军一二九师修械所所长、兵工七厂厂长
刘先惠	太原兵工厂钳工，八路军总部军工部一所副工长、太岳区械弹所所长
刘职珍	太原兵工厂技工，八路军总部军工部四所二分厂厂长、军工部兵工技术实验所技师
韩忠武	太原兵工厂钳工，八路军总部军工部新二所一分厂厂长

2.八一式马步枪

1939年5月，由刘贵福主持试制，孙云龙、张庆森、刘先惠等共同参与制造的无名氏马步枪在延安第一届"五一工业展览会"上亮相。毛泽东参观展览会时，对该枪极为赞赏："使上我们自己造的枪啦！枪造得很好嘛，也很漂亮啊，要创造条件，多生产，狠狠打击日寇。"①展览会结束之际，无名式马步枪被评为甲等产品，这是自主研制的第一支步枪；刘贵福被授予"特等劳动英雄"称号，成为中国

刘贵福

---

① 薛幸福编：《革命根据地军工史料丛书：陕甘宁边区》，兵器工业出版社1990年版，第179页。

"八一式"马步枪

历史上最早的一批"劳动英雄"。毛泽东为刘贵福亲自题词,称他为"生产战线上的英雄"。

在"无名氏马步枪"基础上,刘贵福根据八路军军工部部长刘鼎的指示,结合刘伯承对步枪的设计理论,借鉴"捷克""三八"等各式步枪的优点,进一步试制新式步枪。1940年8月1日,新式无名式马步枪试制成功,连打200发子弹没有问题,并被正式定名为"八一式马步枪"。八路军总后勤部将它统一装备到根据地的抗日军队。到1945年,总共有近9000支八一式马步枪装备到晋、冀、鲁、豫、察、绥及华东根据地的抗日部队。八一式马步枪是抗战时期敌后根据地产量最大、质量最好、装备最广的制式步枪。

3. 赵占魁运动

赵占魁曾为太原兵工厂的化铁工、翻砂工。1938年9月,赵占魁投奔延安,同年加入共产党。1939年,赵占魁主动请缨到延安农具厂(后改为温家沟兵工厂,即八路军留守军团第一兵工厂),成为一名翻砂工人。在兵工厂的合并组建期间,赵占魁自觉抵制罢工风潮,团结群众,艰苦奋斗,发挥了模范带头作用。1942年9月11日,《解放日

赵占魁

报》发表社论《向模范工人赵占魁学习》："在他的工作作风中，所一贯表现出来的——始终如一、积极负责、老老实实、埋头苦干、大公无私、自我牺牲的精神，也正是我们新民主主义地区公营工厂工人所应有的新的劳动态度。这种新的劳动态度是宝贵的，值得大大发扬的，值得我们来学习的。我们希望全边区有千个万个赵占魁一样的模范工人涌现

赵占魁运动歌

出来。"毛泽东指出："赵占魁同志就是中国式的斯达汉诺夫。"他指示中共中央职工运动委员会书记邓发，"你们把他的优点总结起来，树立标兵，推广到各工厂各生产单位去"。随后，陕甘宁边区总工会发出《关于开展赵占魁运动的通知》。由此，赵占魁运动作为一场轰轰烈烈的"新劳动者运动"率先在陕甘宁边区兴起，并广泛推广到敌后各抗日根据地。

在陕甘宁边区推广开展赵占魁运动之际，各敌后抗日根据地涌现出一批赵占魁式的普通劳动者，其中也不乏原国民政府兵工署兵工厂的工人，如晋西北的张秋风。张秋风，原为太原兵工厂工人，1937年七七事变后加入山西工卫旅修械所，逐渐成为一名优秀的兵工技术人才。1941年、1942年，张秋风连续被评为"晋绥边区特等劳动模范"。《抗战日报》称颂张秋风是"晋西北工人阶级抗日生产的光荣旗帜"。1943年4月底，晋绥行署、总工会及军区后勤部联合举办庆祝"五一"纪念大会，决定开展张秋风运动。其间，张秋风曾致函赵占魁，两人彼此交流，开展劳动竞赛。据统计，到1944年10月，张秋风所在的兵工厂，不仅质量大幅提升，效率大幅提高，产量更增加5倍以上。

此外，还有一部分遗留的兵工人员留在黄河以北地区，凭借自己掌握的技术，转入民用工矿企业，从事与工业相关的行业，不仅为当地近代工业的进步发挥了积极的作用，对于当地现代工业的发展也发挥着开拓意义。譬如，根据当事者回忆指出，巩县兵工厂南迁后，总共留下近4000名技术人才。对此，巩义市文史专家董洪贤认为：巩义的工业确实是很有名的，作为一个新兴的现代化工业城市，巩义连续多年跻身全国综合实力百强县（市），追根溯源，这些傲人业绩得益于兵工厂遗留下来的那批产业工人，从某种程度上说，是他们打下了巩义机械工业辉煌的基础。

赤胆忠心忙生产，钢筋铁骨铸英魂

迁移到大西南内陆的兵工厂并非一劳永逸，依然面临着日军飞机的狂轰滥炸，广大兵工人仍然处在水深火热之下，生活工作极为不安定。

兵工署第二十一兵工厂内迁重庆后，"1940年6、8、10月，1945年5—8月，被炸14次，炸死6人，炸伤35人，房屋多座被毁"。①

钢迁会在1940年9月14日的空袭中，被炸死职员、兵役及工人等38人，重伤30人，轻伤54人。厂房、机器、设备及生活区房屋等损毁惨重，以致生产工作受到严重影响。据不完全统计，1941年5月16日、8月22日、9月1日的3次日军空袭中，钢迁会被炸死工人、职员、卫兵及眷属等13人，重伤15人，轻伤20余人，机器设备也受到不同程度的损坏。

1940年9月11日，徐万邦及同学陈茂力到钢迁会报到。数日后，即遭遇14日日机轰炸大渡口钢铁厂：

> 行至沪汉村，路上人山人海，但见工人食堂炸垮，家属宿舍多处炸塌，因皆捆绑房也。见路旁停尸约二三十具，均置地上盖以竹席，家人抚尸痛哭，真是金石震而色变，骨肉悲而心死之情境也。人们错估日军炸不到大渡口来，紧急警报后在食堂睡午觉，以致惨死。闻伤者百余人，多已送至香涛院门诊所急救，乃转至香涛院，小小诊所（约百平方公尺）布满伤者，公路侧卧于门板竹床上之伤者排成两行，等待救治。但见有手腕炸断，医生一手喷红药水，另一手正

---

① 曾祥颖：《中国近代兵工史》，重庆出版社2008年版，第249页。

剪断残皮者；有头破血流，臂足残，正消毒捆扎者；有弹片嵌入腹内，医生正探视者。伤者呻吟声、家属哭号声、医生安慰声，悲惨场面，令人魂断，我亦不觉凄然泪下。闻死伤者多为沪、汉随厂赴渝之工人及家属，均割慈忍爱，离乡来渝，抗日牺牲之烈士也。①

1941年8月11日，第五十工厂遭到17架日机轰炸袭击，在住宅区投弹50余枚，毁坏房屋48间，炸死员工及家属28人，炸伤42人。8月31日，日机27架再次袭击，投弹100余枚，炸死员工3人，受伤6人，致使营造承包商死亡工人6人，以致修缮工作受影响颇达两周之久。原第五十工厂工人何兴元在接受记者采访时说：第五十兵工厂"外地人特别多，他们大多是技师或技工。但不管来自哪里，大家很团结，一心想着多造炮"。面对日机的轰炸，"全厂愤怒了，大伙边建厂房边造炮"。并且，第五十工厂在复工的很长一段时间里，各项基础设施建设并不完善，厂区道路只有土坯道路，每逢重庆阴雨连绵之际，泥浆深及数寸，工人们上下班只有赤脚趟在泥水之中。入夜时，厂区内没有路灯，唯靠自持灯笼，或抹黑觅路。但为了抗击日军侵略，就是在这样的危险、艰苦的困难环境下，各兵工厂工人毅然生活着、抗争着、战斗着，依然夜以继日地加紧生产，支援前线，把对侵略者的仇恨，转化为攻坚战险的力量，为世人展现了一幅幅不屈不挠、共赴国难的历史画卷，谱写了一幅幅讴毅中华魂、民族情的生动图景。

生产子弹的工人

第二十工厂厂长陈哲生在抗战胜利后的《第二十工厂厂史》序言中写道：

---

① 《重庆钢铁公司冶金军工史》编委会编：《重庆钢铁公司冶金军工史》，1986年版，第375页。

第六章 英雄留名：咱们工人有力量

> 正敌骑深入内地，四处滥炸之秋，举目四瞩，漫山烽火，遍地腥氛，而抗战情绪，上下一心，坚逾金石。前方既寸土必争，坚强抵抗，而枪弹一项，消耗量之大，难以数计。本厂为制造枪弹工厂，任务至为艰巨，而又格于基本条件欠佳，殊难达到理想之供应。唯有殚精竭虑，宵旰从公，一面自筹发电，建筑厂房，疏散机器，免受空袭影响，一面改进技术，加强管理，以增进质量。

面对日军惨绝人寰的战略大轰炸，兵工署各厂兵工人并没有被吓倒，反而义愤填膺、同仇敌忾，激发出对日寇的满腔的国恨家仇，加紧赶制武器弹药。

内迁的广大兵工人，在军事上遭受着日军飞机的频繁空袭轰炸；在经济上饱尝不公平体制的剥削压迫，生活惨淡而潦倒；在政治上则缺乏民主自由，时刻面临着军警特务的言行控制，承受着严酷而血腥的各种社会现实。因而，重庆地区的各兵工厂工人曾一度出现了纷纷前往陕北的浪潮。各兵工工人工作若稍微犯错，即遭罚扣工资、关禁闭，甚至没收储蓄金等处分，厂中待遇苛虐，工人备感工厂甚是黑暗，生活痛苦甚深。在1938年6月的两周之间，各兵工厂逃去陕北者400余人。至1939年，各兵工厂工人群众要求前往陕北接受培训者，更不可胜计。

1939年以后，大后方物价开始普遍上涨，很多兵工人员的工资难以维持最低生活，强烈要求增加工资。兵工署第二十一工厂决定给一部分有眷属职工每人临时补贴10元，大部分工人却得不到，大家极为不满。因为工作是全厂职工共同所做，生活均同受物价影响，补贴应发给每一位职工。步枪厂的黄治强站出来，组织工人与厂方据理力争，但厂方不予理睬，问题久拖不下。于是，步枪厂、药厂、重枪厂、机器厂、弹带部、砂厂等单位工人为了追讨补贴，进行了为期四天的罢工斗争，最后厂方的退让，终于取得胜利，但黄治强被厂方开除。还有一些兵工人生活十分困苦，甚至凄惨到难以度日，而走上绝境。工人王忠庭无钱租赁民房，曾在官山坡依靠坟堆安置三口之家；工人戴海庭一家人也在一个桥洞里栖身很久。工人吴福生因一家生活实在困难,度日维艰,被迫自杀身亡。

原钢迁会的职员易大元回忆说:

衣不蔽体的煤矿工人

1940年以后,生活更加困难了。虽然我已被提升为绘图员、助理工务员,工资加了四五级,但与物价相比,仍无济于事。这时厂方设法搞来军米,发放给职工本人和家属,以适当缓解矛盾。每人每月可供给28.5升,约合40余斤。后来还发点军服,以安定职工情绪。军米不要钱,但很难吃。如果是好米,也只是去掉谷壳的糙米,煮成的饭有一层皮包着,很难下咽。而大多数时候是有"谷""稗""水""砂"的坏米,煮成的饭像是人吃了吐出来的一样,有一股浓烈的霉糟味,闻了就恶心。记得当时遇到这种米,只好买一点豆瓣酱,搅在饭里囫囵吞下。不仅如此,后来还发过一回麦子,工人食堂就用麦煮成饭让工人吃,这种饭更难下咽,工人吃了以后,消化不了,拉出来仍然是麦子。工人实在气极了,有人竟在晚上将大便拉在总务处长的办公桌上。

而兵工厂内管理者与普通职员、技术人员及工人、学徒等阶层间的工资待遇相差悬殊,存在着严重的贫富两极分化。如河南巩县兵工厂的厂长及副厂长月工资均是400元左右,处长是300多元,厂主任是200元,技术人员最高者200元,最低40元,工人最高的大工匠只有30元,小工匠月薪仅6元,学徒月薪4元。同一个工厂内的月工资最高者与最低者竟相差100倍。在住房方面,厂领导有的住别墅独院一幢,有的虽然住职员宿舍,房租、水电费等各项开支全部免除。兵工人则需从微薄的工资中，拿出大部分来租赁民间窑洞或简陋民房，以勉强安顿生活。尤让人气愤的是，兵工人进厂需要走指定的偏远大门，出厂还要接受具有人身侮辱性质的"搜腰"做法，被迫让厂内稽查搜遍出厂工人的全身。

军统特务组织更深入各兵工厂，在厂内建立国民党及三青团组织，设立警卫稽查组和警卫大队代替原有的稽查组合警卫队，将管理机构性质变为特务监管性质，将特务情报网广罗在各个厂区车间，对工人控制更为严密，惩罚更为严厉。有些兵工厂内设有禁闭室、讯问室，其管理办法比照监狱规定对工人进行迫害。谁要是订阅进步报刊或参加进步组织，有不满言论或不轨行为，立刻便遭到特务的打击报复，有的被关押，甚至戴上脚镣手铐，失去人身自由。各厂兵工人几乎是在恐怖氛围下生活工作。但是，各厂兵工人不怕高压，不怕牺牲，与军警特务坚决进行斗争。

1939年的一天，在第二十一工厂的陈家馆厂门口，国民党稽查特务要工人看《中央日报》，但工人却要看《新华日报》，因而双方发生纠纷。张正云和工人们对特务们说："《中央日报》尽说假话骗人，我们不看；《新华日报》说真话，我们要看。"兵工人义正词严痛斥了特务的蛮横粗暴，打击了他们的嚣张气焰。面对厂区特务的恣意妄为，厂长李承干为尽力保护进步职工不受特务侵害，他提出："我们一致对外，为抗战多做贡献。"为此，当一块三青团的牌子第一次在陈家馆附近的小屋前挂出时，工人们就去把它砸了。

然而各厂兵工人受到军警特务毒打、逮捕及关押者亦不寡。1942年10月，因缺乏燃料，难以维持正常生活，兵工署第一工厂的数十名工人向厂长反映正当问题，但遭到厂方稽查人员驱赶，有的工人被抓去关禁闭，有的工人被开除出厂，有的工人被迫弃家外逃。同年11月，兵工署第五十工厂部分工人为争取购买平价物品的平等权利而举行罢工，立刻遭到厂内稽查队的镇压，为首的7名工人被毒打或被开除。1943年，有一位技术人员因为对食堂伙食不满意，公开将碗摔掉，竟被稽查抓捕关押。1945年4月，第二十一工厂工人与食堂管理员发生争执，厂内稽查特务认为这是共产党的指示活动，将进步青年工人侯续道等11人抓捕，拷打逼供。而各厂内的大大小小工头打骂下层兵工人也是家常便饭，有些工头强迫工人常年无偿地为他们家运煤、担米、挑水、种菜，将工人当成私家的勤杂工一般使唤。

即便是正常生产，兵工厂的职业病也相当严重。原第二十一工厂工人胡学佑回忆说："工厂里职业病最严重的炮弹车间的工友，常年加工生铁，生铁灰粉尘太重。"当时工厂里有个夸张的比喻，"车一年炮弹相当于吃了一颗炮弹"，因而"加工炮弹的工友不少都有尘肺病"。虽然厂医院引进了先进的医疗设备，但尘肺病实难以治愈根除，厂医院开设的"肺病疗养院"，工人们称为"等死院"。并且，兵工厂内的恶性危险生产事故也屡有发生，且往往弄不清楚事故起因，而无法采取有效的防范措施加以防微杜渐。1940年6月1日，第二十一工厂药厂的两栋厂房突然爆炸起火，有3人当场死亡。厂方事故责任难以断定，仅得出"大概是因天气炎热，烘药温度过高所致"的认定，结论似是而非，结果不了了之。

同时，兵工署各工厂地下党组织与进步工人不惧艰难险阻，在广大兵工人中间积极宣传抗战思想，倡导进步观念。其一组织读书会，组织工人学习《新华日报》《抗战三日刊》《群众周刊》等。其二举办时事座谈会，发动积极分子、进步工人参加李公朴、邹韬奋、陶行知等民主进步人士的报告会。其三建立抗战文艺队、宣传队，组织工人演出，观看抗日戏剧，传唱抗日歌曲。其四开办工人夜校，向兵工人宣传抗日救国的道理和革命思想，提高工人的斗争觉悟。其五组织防奸队，在日机空袭时监视汉奸言行，防止汉奸破坏活动。在中共地下党组织的引导下，兵工署广大兵工人万众一心、同仇敌忾，克服种种困难，排除艰难险情，加紧生产抗战物资，支援前线浴血奋战的将士。

尽管深受战争环境的影响，深陷各种势力的侵扰，但在爱国热情的鼓舞下，在抗战精神的感召下，在民族精神的激励下，各内迁兵工单位广大职工的生产积极性普遍较高，各种械弹的生产形势亦普遍较好。据以下第二历史档案馆馆藏资料对比可见，内迁之后的兵工署所属各厂较之前的械弹品种大幅提升，产量也有极大进步。

第六章　英雄留名：咱们工人有力量

五十三工厂革命宣传画

兵工署各厂1932—1936年主要械弹出品统计表（1937年4月）[①]

品名	1932	1933	1934	1935	1936	总计
步枪(支)	45,830	64,418	60,174	56,574	98,948	325,944
机关枪(挺)	663	686	598	544	1006	3497
八二迫击炮(门)	50	30	200	131	565	976
七九枪弹(发)	38,700,000	67,072,215	71,959,285	96,771,700	127,764,000	402,267,200
七五山野炮弹(发)	40,400	86,300	72,861	44,475	91,126	335,162
八二迫击炮弹(发)	66,050	158,900	154,500	146,292	247,840	773,582
手榴弹(个)	586,390	804,940	1,064,000	1,019,303	1,976,900	5,451,533
飞机炸弹(枚)	2820	6550	32,860	30,200	33,050	105,480
信号弹(枚)	—	—	38,200	163,855	130,000	332,055
防毒面具(具)	—	—	10,000	2400	44,634	57,034

---

① 《兵工署各厂1932—1936年主要械弹出品统计表》，中国第二历史档案馆藏，七七四，835卷。

其中，以抗战时期军队最为常备、最具杀伤力的几种武器——迫击炮及炮弹、机关枪、手榴弹为例，在内迁之前，兵工署各厂在1932年至1936年的五年内总计出品八二迫击炮976门，八二迫击炮弹为773,582发，机关枪为3497挺，手榴弹为5,451,497个。

在内迁之后，以同品单年最高产量作为比较，1943年八二迫击炮产量为1381门，是1932年至1936年五年总和的1.4倍；八二迫击炮弹为715,979发，是最高出品年份1936年产量的2.9倍。1943年机关枪总产为12,331挺，包括轻机关枪9391挺、重机关枪2940挺，是1932年至1936年五年总和的3.5倍，则是最高出品年份1936年产量的12.3倍。单年最高1941年手榴弹产量为5,759,000个，是1932年至1936年五年总和的1.1倍，是最高出品年份1936年产量的2.9倍。总体而言，内迁之后兵工署各厂单年同种械弹产量几乎都大幅增加。这也在一定程度上展现了内迁兵工的生产能力与生产水平的提档升级，反映了内迁兵工人抗日救亡的生产热情。

■ 兵工署各厂1940年至1943年实际产量统计表（1944年）

弹械名称	1940	1941	1942	1943
七九步枪（支）	54,510	39,000	59,200	68,831
信号枪（支）	38	400	2,420	910
轻机枪（挺）	1324	2440	6000	9391
重机枪（挺）	2982	2380	2290	2940
八二迫击炮（门）	900	500	760	1381
6厘米迫击炮（门）	—	—	200	1100
三七战防炮（门）	—	—	24	40
七九枪弹（发）	113,878,000	120,584,580	140,010,340	144,050,000
八二迫击炮弹（发）	641,900	413,661	545,192	715,979
6厘米迫击炮弹（发）	—	7944	92,144	203,118
15厘米迫击炮弹（发）	9642	6345	4964	22,805

续表

■ 兵工署各厂1940年至1943年实际产量统计表（1944年）

弹械名称	1940	1941	1942	1943
七五山野炮弹（发）	61,614	23,072	62,956	119,638
三七炮弹（发）	—	244,838	286,143	209.980
掷榴弹、枪榴弹（发）	809,262	828,280	978,499	1,001,864
手榴弹（个）	3,700,000	5,759,000	4,697,000	2,733,000
信号弹（发）	104,150	30,000	—	40,150
TNT药包（个）	1,113,000	260,000	1,546,000	928,000
防毒面具（具）	101,810	102,000	101,500	71,500
防毒衣（件）	20,024	9960	19,547	6266
望远镜（架）	500	550	1450	3850
瞄准镜（架）	25	263	3492	—
测远镜（架）		65	20	60
指南针（具）	—	—		1150

　　普通的兵工人，是这些兵器械弹的直接制造者与生产者。抗战兵器的产量，离不开内迁兵工人的不懈努力，每一件兵器的产出无不浸透着兵工人的心血。广大兵工人以兢兢业业的态度，以无私奉献的精神，以大无畏的气魄，为中国抗战兵器工业的发展，为保家卫国的国防安全奉献了自己的青春，贡献着自己的力量，甚至是生命。兵器好比是兵工人用血汗浇灌的花朵，每一位兵工人都辛勤付出，为中国抗战的胜利铺就了一条艰辛崎岖的成功道路。

　　汉阳兵工厂（第十一工厂）在迁移到湘西山区过程中，边搬迁，边安装，边坚持生产建设。在兵工厂的职工当中，几乎每一个家庭有人被日本人杀害，他们将国恨家仇牢记于心。广大兵工人为了支援前线，工作热情十分高涨。在生活极其艰苦条件下，工人们都是自觉自愿地加班加点，多生产武器弹药，支援抗战，支援前线。兵工厂里常常日夜两班倒，每个工人每天工作几乎在十个小时以上,有时甚至白天黑夜连轴干。

老工人成竹林回忆说:"当时战局危急,前线对枪械弹药的需求量大,工人们也不大计较工作时间、工作强度和工作环境,都是一门心思想着如何多造枪弹,支援战场。

"我们当时是做十二个小时,两班倒,从早上7点上到晚上7点,接班的工人就是晚上到早上。

"有一次,早上我们刚刚上班,干了一会儿,大约8点钟的样子,空袭警报响了,我们就赶紧躲到山上的防空洞里,平时里日军的飞机来轰炸,丢一些炸弹就飞走了,但这次飞机飞来飞走,一会又飞回来,警报一直到12点才解除。"

成竹林说,空袭警报解除后,大家继续上班,一直工作到晚上12点,"都自觉地把'躲飞机'耽误的工作时间补起来"。①

为了支援抗战前线的将士,多生产械弹抵抗日军侵华战争,在工厂人手不够的情况下,很多兵工的家属子弟也常到厂里帮忙做工。

从南京搬迁至重庆的第二十一工厂,"不少工人都是从南京来到重庆,家乡遭遇了日军轰炸,忍受着家破人亡的悲恸投入兵工生产"。生产工作期间,工人随时都要躲避空袭。而为了抢时间多生产武器弹药,只要条件许可,工厂开工都特别早,很多工人早上6点30分就要上班。"我们走上生产线,一心一意只想多造枪炮打鬼子,职业病、个人生死早已置之度外。"虽然面对万分险峻的战争环境,全厂"员工均立志至坚,或则轮班就食,使机器继续不停工作,或则自动延长工作时间至十四小时以上,毫不休息"。"我们多流汗,将士少流血""一切为前线,一切为胜利""劳动、生产、报国"等标语口号,悬挂、张贴、图画在整个厂区,表达了兵工人的爱国热忱,展现了兵工人抗战到底的决心。

1944年9月3日,钢迁会署名为"乙丐"的工人在一篇题名为《我们的生活》日记中,这样记述:

---

① 李立:《荣光与使命——辰溪老军工回忆抗战烽火岁月》,原载2015年09月18日《湖南工人报》。

第六章　英雄留名：咱们工人有力量

马达扑扑地在耳边嚣叫，轮轴迅速地在转动。车工们将枪筒、节套……一件一件地装上车床，让车刀车成和样板一样；刨工们同样地把零件装上刨床，也一件件地刨成各种图样；钳工们精心地拿着各种各样的锉刀，把零件锉平或者磨光；锻工们赤着脖子，从熊熊的火光、煤烟缭绕的炉中，用钳子夹出来烧红的铜料，一锤又一锤地打出应具的式样；检验的把成品拆开又装好，仔细地观察着尺寸的大小，精度与硬度是否和技术员设计的一样；领首们在身旁踱来踱去，监视着正在工作的我们，(看)是否偷闲或做私物，以及指示我们"在制品"应该改良的地方；技术员僵硬地坐在台子前设计他应该设计与改良的图样，或者集体地磋商……在我们的中间，没有聊天的话语，也没有诙谐的欢笑，除了时论疑难，我们彼此是沉寂的。我们的工作是这样地紧张，同时也是这样地单调！汗在背上流，煤烟往眼里钻，灰往身上飞，但是我们并不觉得讨厌。相反地，我们觉得高兴，因为成品是我们汗液和劳力的结晶。①

钢迁会人工运料

---

① 参见重钢集团档案馆编：《中国钢铁工业缩影：百年重钢史语》，冶金工业出版社2011年版，第65页。

另一位钢迁会工作人员手记写道:

抗战是这样紧急,人们的生活是这样煎迫。我们并不觉得难过,因为我们早已了解了现实。我们的生活目标不是为了钱,也不是为了利,我们只有一个愿望,一个思想,一个期待,那就是努力造械,争取抗战大业早日的完成,以及和平的早临。①

重庆钢铁工厂

---

① 陈舒、刘恩黎、柯高阳:《抗战大后方的"钢铁记忆"》,载于2016年8月15日《四川日报》。

爱憎分明不忘本，立场坚定斗志强

事实上，需要我们从情感上接受的是，抗战兵工的迁移并非完全是一幅"赳赳老秦，共赴国难"般的壮志图景，也有一些不顾大局、贪图私利的人，也存在着一些"不合时宜""不和谐"的场景与画面。譬如，在大多数兵工或主动地战略搬迁，或被动地实施搬迁的过程中，还有一些人不顾大局，为个人私利而争斗。"搬迁兵工厂时候，不但机械、原材料、工人及其家属上了船，工人的全部家当都要运走，就连他们的门窗也不肯丢下。兵工厂的工人为了争夺有限的运输能力，相互之间寸步不让，有时甚至互相射杀。"①

值得注意的是，在北方兵工的迁移早期，由于阶级立场的不同，出于阶级斗争的需要，北方诸兵工厂工人曾屡次举行罢工运动，甚至掀起了反对、阻挠兵工南迁的工人浪潮。在中国人民抗日战争的历史背景之下，这期间兵工厂爆发的工人运动的地位和作用尤值得深思。

从晚清时期，兵工厂作为最早的一批近代化由国家经营的工厂，到民国时期已经逐渐成为我国产业工人的重要聚集地。这里的工人阶级有着较强的组织性与革命性，也是中国共产党开展党组织活动与工人运动的重要地方。在20世纪20年代初，各兵工厂特别是北方的主要兵工厂开始成立工会组织，发动起零星的工人活动。到20世纪30年代前后，各兵工厂逐步成立了中国共产党的地下组织。中共党组织在兵工厂内发展党

---

① 佚名：《战时后方工业是如何建立的》，载《新世界》1944年复刊号。

员，壮大党的力量，团结发动工人，争取工人利益，组织工人斗争，使工人运动走上有指导、有组织性的斗争。

1. 河南巩县兵工厂的工人运动，引起刘少奇的关注

1928年，中共河南省委派遣李震刚（李占元）进入巩县兵工厂开展工作。次年，又派张绍珍进厂加强党的领导，发动工厂群众，并逐步建立了中共巩县兵工厂党支部——这也是河南省第一个中共党支部。到1931年，巩县兵工厂各分厂，甚至连警卫队都发展了中共党员或积极分子。其时，巩县兵工厂发展党员25人，团员13人，党外积极分子20余人，成为河南省委麾下一支强有力的地下组织队伍，这支队伍曾带领兵工厂工人开展过"背面粉""反克扣""抗祝寿""争双薪"等工人运动，将工人运动引入高潮，不仅受到中共河南省委的重视，亦引起时任中共中央职工部部长、中华全国总工会党团书记刘少奇的关注。

1932年3月18日，刘少奇在中共中央机关机关报《红旗周报》第32期上发表了署名仲的《某某兵工厂罢工斗争的经过和教训》一文。文章总结了河南巩县兵工厂罢工失败的经验与教训，批评和纠正了全国工人运动中出现的"左"倾教条主义错误。文章指出：该厂党支部及其上级领导机关，在领导罢工斗争中，不是在切实地分析群众的不满情绪之后，提出群众的迫切要求，而是从自己脑筋中幻想出十四条纲领。他们以为要求愈多愈好，愈革命，以为把经济要求与政治口号写在一起，就是经济与政治联系，就是罢工政治化。这些条文把群众目前的迫切要求和宣传鼓动的政治口号，混淆到一塌糊涂，使工人不知道为哪一个要求而斗争，而且在看了这些"苏维埃、红军"的口号之后，连经济罢工都不敢发动了，甚至会"离开我们，怕和我们接近"。当我们脱离了工人群众之后，"厂主就可以很简单地把我们几个'光杆'同时开除了事"。

2. 山东济南兵工厂举行罢工，反对机器南迁

早在1923年，山东济南兵工厂（当地亦称新城兵工厂）就开始有了工人进步活动。当时，作为中国共产党创始人之一的王尽美曾进入济南兵工厂宣传马克思主义。到1928年，在中国共产党的领导下，济南兵工厂的工人运动逐渐发展壮大，并于年底在兵工一、二厂分别建立了党支部。1933年春，中共新城兵工厂党支部重新组建，石哲（石吉亭）为支部书记，张师钰（张洪涛）为支部组织委员，陈太平（陈德林）为支部宣传委员。6月，为反对厂长胡天一将制药机器南迁、裁减工人，兵工厂党支部发动了一场1500余工人集体参加的大规模的工人运动。工人们在济南市区主要街道、路口，张贴出"打倒胡天一""反对机器南迁、减裁工人"的标语口号，派工人代表赴山东省政府请愿，并在新闻报纸宣传报道，从而形成了一次震动全国的罢工事件。最后，厂长胡天一被调离，工人恢复年终奖工资，此次工人运动取得胜利，以至在工人中流传着"打倒胡天一，工资升两级"的说法。

1937年全面抗战爆发后，8月济南兵工厂奉命西迁，成为北方最早实施迁移的兵工厂。到10月，由工务处处长左令德负责组织，将机器、员工及材料等分14批先后迁运到西安，济南只留下少数留守人员。遵照济南市委的指示，兵工厂地下党员亦全部随厂西迁。随厂西迁的党员有张洪涛、安铁志、杨万来、杨万福、陈德林、程国珍、于志

济南兵工厂

声、周保田、许毓英等10人。工厂迁往西安后，除去部分去延安外，其余党员又随厂迁往重庆。

11月，济南兵工厂在西安改名为陕西第一兵工厂（筹备处）。1938年4、5月间，陕西第一兵工厂党组织在南迁之前，曾经组织进行了两次罢工运动。该厂由济南向西安转移之时，恐工人群众不愿随厂西来，故用经济拉拢工人，曾向工人声明，在工厂迁移之中工资照发，愿随西移的由厂方津贴一月工资，作为沿途工人家庭费用，并给工人本人发3元路费。可是到陕之后，已经开工两三月之时厂方忽然颁布扣除该月份工人的工资，交给中央军政部作为补还过去在济南时的支借数。当时工人滋生不满，有些人主张罢工示威，以致捣毁厂房机器。厂内的中共党组织商议之后，决定反对采用罢工示威、捣毁机器的办法，认为这是汉奸的做法。同时为保持工人的斗争热情，与厂方提出合理、双方可接受的条件。中共地下党员的举措，在工厂工人中得到较为普遍的认可，党组织的威信也在陕西第一兵工厂中开始建立起来。

正当台儿庄战役胜利之际，陕西第一兵工厂接到命令再次迁移到重庆。其间，兵工工人思绪万千、议论纷纷。有的人不愿去，到南方离家更远，将来不便归乡，有的怕到南方受四川工人的排斥，同时听到济南一部国民政府军队正逼近城垣，期望能够东到郑州回济南，加上厂方恐工人不愿意随厂迁移，不发给工人津贴，却提前发给少数职员、领工各一个月薪水，因此又有不少员工义愤填膺，找厂方理论，并准备罢工。这时，工厂的共产党组织一面向工人阐释兵工南下的抗战意义，并剖析不去而回济南的错误做法；一面向厂方要求工人与职员的经济待遇一样，为广大兵工工人争取经济利益。最终，在党组织及进步工人的积极斡旋下，厂方答应给愿随南下的员工发薪半月，不愿去的工人发给一个月薪水作为遣散费。于是，大多数兵工工人欣慰地愿随南迁重庆，从而结束斗争。在南下登车时，工厂的共产党与进步工人组织起了防护队，以严防敌人来袭击。这一组织更得到了广大工人一致认可，并在斗争的过程中发展了许多新党员。①

尤其重要的是，不管在什么时候，济南兵工厂都保存了一个坚强的中共党组织，培养和发展了一定数量的进步工人和积极分子。济南兵工厂被日军侵占后，改名为新中华火药厂。在全面抗战时期，共产党组织通过厂内外的进步工人和积极分子李森（赵洪彬）等，几次有组织地在厂里搞出子弹、火药从陆路或水上运往黄河北抗日根据地，支援八路军和人民武装的抗日斗争。此外，济南工委还指派该厂的工人魏福成等，去临邑、济阳一带参加抗日武装组织。抗战胜利后，原济南兵工厂改名为联合勤务总司令部四十四工厂第五制造所。广大工人与国民党军警、稽查人员展开了不懈斗争，阻止了将机器设备搬迁，直到济南解放，为中国保留了一支兵工火种。可以说，济南兵工厂谱写了中国近代史上工人活动中光辉的一页。

3. 重庆解放前夕的护厂工人急先锋

抗战胜利后，国民政府对兵工厂进行了调整合并，遣散裁减了不少工人，致使大批兵工职工失业，流散社会。不久，随着解放战争的爆发，国民党政府统治区域政治日益腐败，经济混乱，通货膨胀问题日趋严重。各兵工厂工人叫苦连天，生活难以为继，消极怠工现象十分普遍，生产积极性与抗战时期亦是天壤之别。与此同时，特务横行霸道，"白色恐怖"气氛弥漫在社会各个角落。1946年3月23日，钢迁会举行了"反饥饿、反压迫"的总罢工运动，遭到厂警卫队、稽查特务的开枪镇压，当场打死工人谢汉生等4人，重伤8人，轻伤及失踪多人，在路边做小生意的一个妇女及她的小孩也被枪击，当场死亡。"死伤者倒在血泊中，有的胸部洞穿，有的脑浆迸裂，惨不忍睹"，酿成震惊山城的"三二三"事件。1947年4月间，兵工署第五十工厂因各种原因被罚工或关禁闭的工人多达625人，平均每天20多人。1948年7月，第二十工厂

---

① 参见中央档案馆、陕西省档案馆编：《陕西革命历史文件汇集·一九三八年（一）》，1992年版，第173页。

的工人郑寄松因拟写"工人活不下去""想办法欢迎共产党执政"的标语,以及刻印号召工人怠工的传单遭到国民党特务逮捕,于1949年11月27日在重庆渣滓洞监狱被杀。

到1949年,兵工署各工厂生产面临着比抗战劫难更为艰辛的困难。《兵工署工业司三十八年上半年各兵工厂业务报告》中坦言:

> 各兵工厂,本年度上半年,因交通阻隔,经费奇窘,业务之不易维持,困难之不易克服,前所未有。材料工具,无力购进,罗掘旧存,有竭泽而渔、油尽灯枯之势。生产动力,以电费日昂,煤焦飞涨,或停工省电,或分组开工,生产数量低落已多。尤以员工薪饷,所入甚微。饔飧不继,俯仰有亏,工作情绪不安,工作效率速减。

在重庆解放前夕,蒋介石特意从台湾抽调爆破专家和技术工作队,空运大批炸药到渝,准备实施城市破坏计划。1949年11月17日,在蒋介石的授意下,毛人凤成立了重庆破厂办事处(也称破厂指挥部),具体执行对重庆兵工厂等主要工业设施的炸毁任务。27日下午,毛人凤召集破厂办事处处长廖宗泽(兵工署警务处少将处长)、技术大队上校大队长杜长城,以及各兵工厂稽查组组长、交警总队长、重庆破厂办事处各组组长与技术员等,研讨部署了破厂计划。会议决定,重庆的破坏目标划分为10个地区,计有500多处,主要是兵工厂和电厂,包括兵工署第十、二十、二十二、五十、三十、三十一、二十三、二十四等兵工厂,以及大渡口钢铁厂、军械总库、大溪沟重庆电力厂等。爆破所需解决的炸药、运输、技术、人员等方面问题,均安排专人负责。交通警察第三师为掩护爆破部队,担任具体爆破的为军统人员(志农部队)。

28日,国民党向各兵工厂发布公告:"下午3时各兵工厂一律停工,所有员工一律离厂回家。"同时,重庆卫戍总司令杨森宣布各兵工厂紧急戒严。疯狂的破厂计划开始实施,一时之间,地动山摇、哭声震天。同日,第十工厂第二、六、八生产所被炸毁,其中6台精尖德国制造设备全部被炸毁，生活区工人衣物也全部被抢劫或烧毁。第二十工厂1000千瓦、2000千瓦发电机厂房在29日深夜、30日凌晨相继被特务引爆，工厂发电厂房设备被炸为一片废墟。29日晚上，第二十工厂第一分厂被炸毁厂房3202平方米，重要设备如弹头制造设备、枪弹装备等机器及水电设备均遭到严重破坏。第二十四工厂第一发电厂1500千瓦发电机组连同厂房被全部炸毁，炼钢厂的两座电弧炉和厂房也遭到严重破坏。30日下午，钢迁会第一所发电厂被炸毁，第二所100吨高炉被破坏严重……

面对穷凶极恶的国民党特务的罪恶计划，各兵工厂积极开展了护厂斗争，甚至不少工人英勇地献出了宝贵的生命。重庆大学"六一社"成员李存亭，与兵工署第二十四厂的技术员刘耀光、王成高等，联络部分工人，提出"工厂是工人的饭碗，保厂就是保饭碗"的口号，奔走呼号，维护厂房安危。11月29日早晨，在厂警卫队撤退时，工人杜清海等截留了一挺机枪和十几支步枪，架在工厂第二发电所文昌宫门楼上。王成高等数十名护厂工人，轮流巡逻，彻夜监视，在一定程度上确保了第二发电所的安全，使之未被破坏。30日上午，钢迁会技术人员陶振德在防空洞口碰见副工程师古传贤匆匆走出来。他劝诫古传贤不要出去，厂房内全是炸药，十分危险。古传贤说："我是工程师，不能眼看厂丢了，要争取时间保护厂啊！"与古传贤一起的，还有副工程师简国治、助理工程师刘家彝（共产党员）等17名护厂职工，他们不顾危险，冲入厂房清除炸药。然而，正当他们查找引爆器时，炸药被特务引爆了。17名英勇的护厂职工壮烈牺牲，尸骨无存。

在"破厂"计划的爆破名单上，兵工署第二十一工厂是10个重点目标之一。为保护中国建制最齐全、规模最大的兵工厂，第二十一工厂成立了防护团，提出"工厂就是工人的饭碗，工人离开厂就活不了""管它国民党共产党，工人就是要保护厂"的口号，团结了广大兵工职工。他们与国民党特务斗智斗勇，开展了一场惊心动魄的护厂斗争,并涌现出了一位护厂英雄——吴坤山。

在破厂计划实施过程中,第二十一工厂的石罗汉新发电所、刘家台大板桥火药库等厂房设备遭到破坏。火药库爆炸后有许多石头竟飞到几十米外的山上。刘家台、简家台房屋倒塌,尸横遍野,惨不忍睹。

吴坤山

此次爆炸造成职工20人、家属63人死亡,受伤者59人,职工房屋全部炸毁的有249间,部分毁损者约300间。

29日,第二十一工厂修枪所的厂门守卫工人万东康,坚守岗位,不给特务军警开门。在敌人费劲地破门而入之后,他又拒绝协助他们搬运炸药,并严词批评道:"你们这群狐群狗党,活不了多久了!解放军就要到了,看你们还能横行多久!"因此,万东康遭到特务军警的残酷暴打,而他的阻止拖延了敌人的爆破时间。此时,解放军的炮火越来越近,特务军警不敢逗留,还没来得及安装起爆引信就各自逃命去了,修枪厂因而幸免于难。遍体鳞伤的万东康被工友急忙抬回家中,但由于伤势过重,吐血数日,医治无效,最终伤重身亡。

第二十一工厂最重要的步枪所,在英勇的兵工职工的不懈努力下,也较完整地保存了下来。29日,步枪所老木工、防护团分队长吴坤山,回到厂房内,看到稽查杨剑指挥人员在厂房堆砌着美国制造的TNT黄色烈性炸药。他心里清楚这是要准备炸毁厂房及设备的。吴坤山悲愤地说:"这种事情伤天害理,干不得哟!这些机器都是我们辛辛苦苦从武汉、南京搬来的,不能太狠心了哟!"他又说:"人总得讲点天理良心。厂子炸不得,管它国民党共产党,都是中国人,工厂总是得要的,厂子周围那么多老老少少。这一炸,要毁多少人啊!"杨剑嫌他啰唆,呵斥他不要多管闲事,并没有理会吴坤山的劝解。

到傍晚时分，解放军的炮火再一次响起，炮火声音似乎越打越近。吴坤山急中生智，对杨剑说："好多稽查都上轮渡渡江去了！我亲眼看见秦稽查、高稽查都坐上宝福轮走了，还有许多内二警也争着向船上挤。"杨剑已是惊弓之鸟，故作镇静，嘱咐吴坤山不要动炸药，自己却慌慌张张地悄悄离开厂逃跑了。

这时，吴坤山发现，老工人余兴发、徐龙华都还没有走。于是，三人商议，将大门顶死，留在厂里守护。晚上10点钟，三个骑马的国民党官兵来到门外大叫："快开门，我们是奉毛局长之命来检查的。"吴坤山知道来者不善，不慌不忙道："莫要慌，我们是奉蒋委员长的命令来把守的。"来人问："你们是哪部分的，多少人？"并推拉枪栓作恐吓状。吴坤山镇定地答："我们是指挥部的，有六七十个人。"并说："大家都是自己人，不必紧张，我们一切都弄好了，不需要再检查。要检查，那就拿蒋委员长亲自批的条子。"三个特务摸不清虚实，只得悻悻然退去了。

敌人退去了，但修枪所、步枪所、机器所等厂区内安放的147箱炸药仿佛是定时炸弹，险情还没有排除。大家商议，比较稳妥的做法是可以将炸药丢到嘉陵江里。但是，大家却踟蹰不前，没人敢动手。这时，吴坤山再一次挺身而出。他说："我看到敌人安的药箱，没装雷管火线，箱里还有什么其他机关？不晓得。要是有定时炸弹，更应该早点拔掉药箱。我也向火工师傅请教过了，总之，不管怎么说，只有一个办法：快搬。"他又说："大家拖儿带女的，有顾虑，我单身一人了无牵挂，我搬第一箱。"于是，吴坤山带头搬起第一箱炸药，老工人朱永贵和刘相臣也跟了上去。在他们的带动下，大家一起动手，不到两小时147箱炸药就被沉入嘉陵江江底，险情得以彻底排除。

11月30日，西南重镇重庆解放。军管会迅速派出接管人员，重庆诸兵工厂终于回到了人民的手里。

后 记

　　说来十分惭愧，本书稿筹划有三年之久，但撰写成稿则仅在数月之间。究其缘由，一则是拘囿于本人的学识水平和经验能力，常坠入思想僵化的窠臼而难有新意；二则是由于平日业务工作繁杂，只得利用闲暇时间偶有衔续，且身边俗世喧嚣、人事纷扰，各方掣肘之处颇多，故而又多有耽搁。

　　言及书稿渊源，可谓颇有机缘。据我所知，2014年5月，陕西师范大学出版总社的王西莹编辑辗转联系到广西社会科学院的李建平研究员，协商出版"抗战大迁徙"系列丛书。随后，李建平研究员将我的联系方式转给出版社，始有接触。在学术研究领域，我只不过是一个初出茅庐的年轻人，默默耕耘于业务科研工作的第一线。李建平研究员与我素昧平生，乃以零星文字取信于我，向出版社引荐我这样的晚辈后生，将学术出版机会留于吾辈，实在可歌可敬，令人深为感动。到8月间，经出版社多方接洽，确定西南大学潘洵教授为该套丛书的总主编。再经由王西莹编辑举荐，承蒙潘教授不弃，仍将我添加其中。

　　在此，特别向上述诸位致以最崇高的敬意，呈以最诚挚的谢意。

　　承诸提携之情，更为惶恐不安。言及书稿成形，在感激不尽之余，心里亦倍感踌躇，生怕辜负了诸位的信任和厚爱。然论及抗战兵工，当不可偏之表功。胡适曾戏言"历史是任人打扮的小姑娘"，鲁迅则讽曰"大禹原来是条虫"。但不可否认的是，历史不可避免地由后世人为层累着堆砌而成。顾颉刚指出"时代愈后，传说愈长，人物愈放愈大"，历史的真确状况往往有着雾里看花、水中望月之惑，似难见真章。事实上，人处于历史与现实的连绵不绝的时空之下，对于其中的对象的认识，颇有"盲人摸象"之感，正所谓"不识庐山真面目，只缘身在此山中"。况且，"人"作为历史关键性的"永恒变量"，更是无法计算清楚。由此，探寻由"无数变量"组成的人类历史，又谈何容易？

抗战时期的兵工事业，秉承于晚清洋务运动的军工变革，奠定了新中国兵器工业的基础，改变了中国现代工业的整体布局，造就了西南地区的工业基地，促进了西部地区的经济、人文开发，培育了中国崭新一代的兵工专业人才，如中国航天事业的"总总师"任新民院士、中国战略导弹与运载火箭技术专家谢光选院士等殿堂级的尖端科技开拓者。与此同时，抗战期间，我国兵工人走过了一段凤凰涅槃、浴火重生的艰苦岁月。在历史长河中逐浪淘沙，既有可歌可泣的动人事迹，也有伤天害理的丑恶行径；既有舍生取义的英雄人物，也有贪生怕死的汉奸走狗；既有仁人志士树立的丰碑，还有趁火打劫者的身影。历史不能只是歌功颂德，或是口诛笔伐，超越时代局限的个体，超脱现实束缚的个人，终究只是少数。绝大多数人，更多的是时间的当事者，是事件的经历者。拨开时空下的层层迷雾，对于抗战时期兵工建设事业及其历史，我们有没有夸大其词去粉饰功绩？有没有抛开个人成见而做到持论公允？但到底又有多少史实真况值得我们重新探寻，恐怕可能还是仁者见仁、智者见智。

本书得到国家社科基金抗日战争研究专项工程项目"中国抗战大后方历史文献资料整理与研究"（19KZD005）的支持。对于抗战时期的中国兵器工业历史，本书只是"管中窥豹"。谨此希望能够在对掌握史料的脉络梳理中，不仅让读者能够了解基本史实，更借以提供多一点的佐证，以期让读者有自己的认识。不管是认可，抑或质疑，乃至批评，都将是本书稿的价值所在。同时，本书稿虽经编辑老师们的严谨审阅与认真校订，亦难免遗有舛误。需要强调的是，本书稿的所有不足，均应由我个人承担。

最后，感谢支持、指摘乃至无感于我的人，谢谢所有人。

2020年5月28日